让我们一起追寻

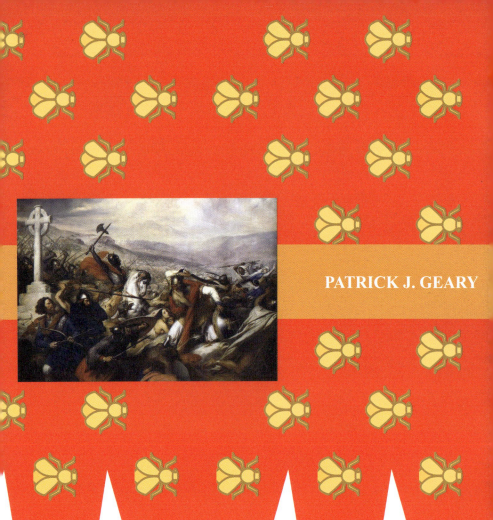

PATRICK J. GEARY

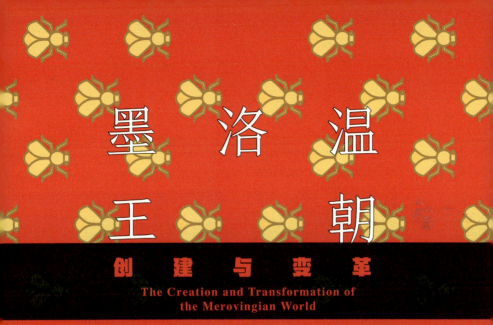

墨洛温王朝

创建与变革

The Creation and Transformation of
the Merovingian World

BEFORE FRANCE
AND GERMANY

〔美〕帕特里克·J. 格里 著　　郭建龙 译

社会科学文献出版社
SOCIAL SCIENCES ACADEMIC PRESS (CHINA)

献给我的父亲——

老华尔特·托马斯·格里（Walter Thomas Geary, Sr.）

目　录

序

日耳曼世界也许是罗马的政治和军事天才所创造的最伟大
和最历久弥坚之物。虽然这一创造物及时出现，取代了它的创
造者，但这不应该掩盖如下事实：它（日耳曼世界）的存在
恰应归功于罗马的主动性，归功于数个世纪以来，罗马皇帝、
将军、士兵、地主、奴隶贩子、普通商人持之以恒的努力，是
他们将（罗马人眼中的）混乱的蛮族世界塑造成他们能够理
解或者控制的政治、社会和经济活动形式。在很大程度上，蛮
族本身也特别渴望参与这一进程，成为"真正的"民族，也
就是取得成就，以便在古典文明诱人的轨道上占有一席之地。
这种努力是如此成功，以至于从古代晚期开始，哥特人
（Goths）、勃艮第人（Burgundians）、法兰克人（Franks）以及
其他已经成为西罗马帝国主人的"民族"，都不可能在罗马的
民族志、政治和习俗范畴之外，理解他们的自身和过去，正如
他们不可能脱离罗马的农业和商业传统而繁荣，也不可能在脱
离罗马政治和法律传统的情况下行使权力。因此，像普林尼
（Pliny）和塔西佗（Tacitus）这样的古典民族志学者，在呈现
蛮族的历史时，用的是希腊 - 罗马分类下的部落、民族和国家
术语；在描述他们的宗教和社会习俗时，也总是将之与罗马的
价值观及罪恶观相提并论或对比。到了公元 6 世纪，当卡西奥
多鲁斯（Cassiodorus）和图尔的格列高利（Gregory of Tours）这

vii 样的作家写下胜利的野蛮人的历史时，不管是作者本人还是他们的罗马化蛮族资料提供者，都采用了同样的分类方法，来将这些野蛮人的过去和现在修饰得更加易于理解。

　　由于主导现代学术的历史学、民族志和社会学学科都是这些传统的直接继承者，对现代历史学家来说，要脱离这一套分类和结构，退回到过去，观察欧洲社会的起源，已经变得非常困难。直到最近几十年，人类学家和民族志学者才开始通过关注非西方传统社会的内部结构，来展示学者如何能够摆脱西方经验的感性分类，以了解其他社会，以及在某种程度上了解我们自己的遥远起源。考古学家的工作也有助于这一进程，他们提供的证据是理解无文字的蛮族社会的唯一来源，这一社会没有被希腊－罗马语言渗透，也就没有被这些文化重新分类。因此，我们对古代晚期蛮族世界中稀少证据的解读，也处于不断的变化之中。

　　然而，当人们开始用现代民族志和考古学来重新阐释这个世界时，他们还是会不断地被提醒，早在罗马征服或蛮族迁徙之前，罗马文化就已经深深地渗透到这个世界之中了。罗马人对蛮族世界的创造，不仅仅是一种感性的创造，在这一过程中，罗马人通过罗马价值观的网格，处理关于与蛮族的联系的资料。罗马人的观念和影响，无论是主动的还是被动的，都在试图理解这个世界的同时改变和构建它，这一点直到最近才被人们意识到。这个过程在法兰克人身上尤其明显，而他们的起源和早期历史构成了本书的主题。他们的存在以及他们的每一段历史，只有在罗马帝国在欧洲北部存在的语境下才有意义。这是因为作为一个民族，他们的起源以及他们向"欧洲大部分地区的征服者"的逐渐转变，都是以他们在罗马帝国的经历为起点的。然而，这种罗马经历与大多数人对经典罗马世界的想象大相径庭。它属于罗马行省世界的一部分，特别是古代晚期的行省世界，从某些方面来讲，对于现代人来说，这个行省世界比蛮族世界更加陌生。

蛮族王国的历史，特别是法兰克人的历史，就是罗马行省世界转变的历史，虽然这样的过程偶尔以在西方意识中产生巨大回响的暴力事件为标志（例如公元 410 年罗马被洗劫，或公元 486 年最后一任罗马高卢指挥官战败），但实际上这个过程更像是一段渐进的，有时是不易察觉的，各个复杂传统相互融合的历史。它的发展绝不总是单向度的，其主要人物，即罗马人和野蛮人，通常也是无法区分的。这种转变与其说是以重大事件为标志，不如说是依附于微小的细节和例子。从某种意义上说，我们选择的起点也是任意的，就像我们的终点一样。我们将从公元第一个世纪开始叙述，那时的罗马帝国刚刚发明了"蛮族世界"这个概念，而我们的叙述将截至公元 800 年，那时的蛮族世界终于感到必须重新将罗马帝国发明出来。

对墨洛温欧洲的呈现

有人提醒我注意公元 9 世纪初的一场极其残酷的学术争论，在这场争论中，里昂的弗洛鲁斯（Florus of Lyon）指责他的对手——梅斯的阿马拉里乌斯主教（Bishop Amalarius of Metz）——犯了中世纪智力活动的首要罪过：标新立异。在给主教定罪的一次宗教会议的记录中，可以看到他是这样解释的：

> 他们问他是在哪里读到这些东西的。他明显保持了克制，回答说，他既不是从《圣经》中，也不是从万能之

主传下来的教义中，甚至也不是从异教徒那里读到的，而
是在自己的心里读到的。

与会的神父们回答："这实际上就是错误的灵魂!"[1]

本书的作者毫无疑问会被弗洛鲁斯和宗教会议宣布无罪。
这本书试图成为介绍墨洛温历史的第一本书，却有着许多不幸
的缺点，它几乎没有脚注，也只有一份简短的阅读建议。熟悉
墨洛温时期欧洲文献的人们在这里几乎找不到什么新奇的东
西：在书中的每一要点上，我都参考了大量的文献资料，这些
资料主要来自欧洲大陆的学者们。写作本书并不是要提出一些
关于欧洲文明起源的新理论，而是要提供大量关于古代晚期和
中世纪早期的文献，出于各种原因，这些文献中只有很少被广
大读者接触到，特别是英语读者。

研究墨洛温历史的专家比其他中世纪专家更倾向于避免为
除了自己之外的任何人写作。此外，直到最近，几乎所有的专
家写作都是用非英语完成的，使用最多的是德语，其次是法
语。因此，对这一关键时期的主流理解仍然是五十多年前形成
的，当时的研究受到了对古代崇高文化传统的怀旧，以及法德
敌对所激起的现代民族主义狂热的双重影响。对法国人来说，
墨洛温时期往往被视为野蛮和毫无信仰的日耳曼部落对高卢的
第一次（后来又有许多次）入侵和占领，这使得这个文明化、
城市化了的世界陷入三个世纪的黑暗。对于过去的一些德国学
者来说，墨洛温王朝代表了新的、充满活力的民族对罗马腐朽
的继承者的胜利。这些观点逐渐被遗弃，如今已经所剩无几。
然而，虽然这些过时的观点已经消亡，但对这种消亡的共识并
没有超出学术界的范围，取代这些观点的对这一关键时期的新

认识仍然很少。我希望把这些重要的重新评价呈现给更多以前很少了解或根本不熟悉这一时期欧洲大陆历史的读者。

虽然我极度依赖那些伟大的学者，特别是 Eugen Ewig、Friedrich Prinz、Karl Ferdinand Werner、Michael Wallace-Hadrill，但我依然在诠释、裁断和选择这些学者的作品中的元素时做出了选择性判断。墨洛温王朝历史中没有一个领域是没有争议的，本书处理的每一个主题都应该附有一篇史学论文，还可以被一系列与本书结论相矛盾的论据取代。在书中的一些地方，不同的立场被提出，但在另一些地方，出于篇幅考虑，省略了不同的立场。因此，虽然本书中绝大多数细节都来自引用，可一旦将之合成连贯的历史，这种合成本身就可能会有些新颖性，当然也会引发争议。人们对本书所能抱有的最好期望是，其他专家将被他们在本书中发现的错误、遗漏和扭曲激怒，这将激励他们写出更好的关于法兰西和德意志出现之前的欧洲的历史作品。

彼得·布朗（Peter Brown）教授最先督促我写这本书，我对他的鼓励和建议充满感激。Maria Cesa 教授、Friedrich Prinz 教授和 Falko Daim 教授阅读了本书的部分手稿，书中许多有价值的内容得益于他们。本书的一份早期手稿曾经在我于佛罗里达大学的学生中流传，他们也做出了许多有价值的批评。Barbara Rosenwein 教授和 Edward Peters 教授阅读了完整的手稿，并订正了大量的错误和矛盾之处。书中剩余的错误均由我本人负责。

帕特里克·J. 格里

1987 年 8 月

盖恩斯维尔，佛罗里达

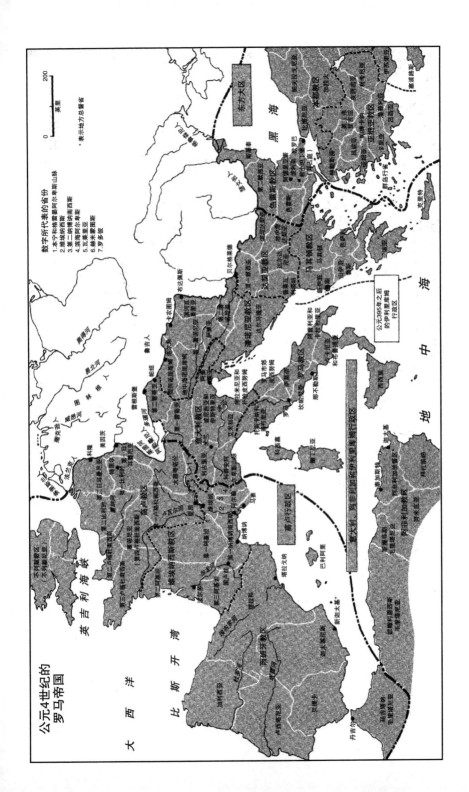

第一章 公元5世纪末的西罗马

在公元 30 年前后，一个名叫加吉利乌斯·塞昆都斯 3
（Gargilius Secundus）的罗马商人向一个叫斯泰卢斯（Stelus）
的蛮族购买了一头奶牛。斯泰卢斯的居住地接近现代荷兰城镇
弗拉讷克（Franeker），这个村庄横跨莱茵河，构成了当时罗
马的下日耳曼尼亚（Lower Germany）行省与被罗马人称为
"自由日耳曼尼亚"（Free Germany）的蛮族地域之间的边界。
塞昆都斯可能在为当地驻军提供物资，罗马军队要靠这些小商
人来获得新鲜的肉食和皮革。罗马士兵们吃得不错，牛肉是他
们青睐的食物。此外，北欧罗马防御工事沿线其他地点的考古
发现表明，建立在罗马边防工事影子下的制革厂，是鞋子、帐
篷、马具等物资的重要（即便不是特别高质量的）来源。这
些物资不仅供给士兵，也供给平民，正是这些人共同构成了罗
马在这一文明世界最边缘地区的化身。这桩花费了这个罗马人
115 努米（nummi，即分）小银币的交易，由第一和第五军团
的两名百夫长见证，并由罗马退伍军人利鲁斯（Lilus）和杜
雷图斯（Duerretus）担保，这两人在服完兵役后，就在原部队
附近定居下来。[1]购买单只牲口是一种小而平庸的交易，这种交
易无疑在整个罗马边境（limes）不断地重复着。这条边境始
于现苏格兰境内的克莱德湾（Firth of Clyde），穿过大不列颠
和英吉利海峡，然后在莱茵河入海口的弗拉讷克以西几英里处

4 　重新开始，沿着那条河横穿欧洲北部，越过今天的荷兰和德国，然后进入瑞士的阿尔卑斯山。在那里，它转向东方，跟随着多瑙河，沿着潘诺尼亚（Pannonian）大平原，穿过今天的奥地利、匈牙利和罗马尼亚，直达黑海之滨。整个边境的长度超过3000英里。

　　该交易发生四百多年以后，在1000英里以外的地方，另一群罗马商人正在另一处罗马前线据点寻求与蛮族的贸易。公元5世纪晚期，在西罗马倒数第二位皇帝罗慕路斯·奥古斯都（Romulus Augustulus）① 被罗马军事指挥官奥多亚塞（Odoacer）逼迫退位的同时，帕绍-因斯塔特（Passau-Innstadt）的商人们找到塞维利努斯（Severinus）——一位以同时保护罗马人和野蛮人朋友而闻名的圣徒，要求他请求邻近的鲁吉（Rugii）部落蛮族国王费莱修斯（Feletheus）建立一个罗马人可以参与贸易的市场。圣徒高瞻远瞩又直率的回答一定让整个社区感到了寒意："这座城市很快就会被遗弃，就像河流上游的其他堡垒一样。因此，当那里不再有任何商人存在，还有什么必要提供一个贸易场所呢？"2 到了公元5世纪末，各地的罗马军团不是已经消失，就是很快会从旧的边境被召回，与军事力量相伴了几个世纪的商业联系也正在迅速瓦解，除了一小部分外，帝国的政治和军事力量从西部的大部分地区消失了。

　　这两次边疆地区谈判的对比，可以被看作古典世界衰落和灭亡的象征。帕绍的文明罗马人即将被费莱修斯的蛮族部

---

① 罗慕路斯通常被认为是西罗马帝国的最后一位皇帝，但本书作者认为，在罗慕路斯之后，还有一位皇位觊觎者尼波斯（Nepos），因此称罗慕路斯为倒数第二位皇帝。但尼波斯并未受到普遍的承认。读者亦可参考本书页边码第13页的叙述。（本书脚注均为译者注，文后注为原注。）

落攻陷，这两个完全不同的世界正处于一场将终结长达千年
之久的西方文明的对抗的边缘。但事实上，这种对比背后的
现实情况是完全不同的。到了公元 5 世纪末，二十五代蛮族
和罗马人相互影响如此之深，以至于诺里库姆（Noricum）的
塞维利努斯的世界，对于加吉利乌斯·塞昆都斯来说是无法
理解的，就像费莱修斯的世界会使斯泰卢斯感到困惑一样。
罗马和蛮族两个世界在很大程度上已经合而为一，当帝国内
部的蛮族化改变罗马世界时，与之相伴的罗马化甚至在蛮族
涉足帝国边疆之前就已经改变了蛮族。只要考虑到罗慕路
斯·奥古斯都皇帝的父亲（很可能还有塞维利努斯）曾是蛮
族匈人王阿提拉（Attila the Hun）的随从，以及作为蛮族的
鲁吉人最终试图进攻位于罗马的意大利王国①正是受到了东
罗马皇帝芝诺（Zeno）的鼓动，我们就会意识到，在古代晚
期，早期文明和野蛮的分类已经不再适用。在这最后的对峙
中，"蛮族"鲁吉人变成了中央帝国权力的代理人，而对帝
国稳定的威胁则来自由贵族奥多亚塞领导的意大利王国的
"罗马人"。

　　为了理解这一转变是如何发生的，本书的前两章将考察这
些商业交易中的当事人，首先是罗马商人和士兵，然后是蛮族
牧民，并考察他们及其继任者从公元 1 世纪到 5 世纪末居住于
其中的世界。由于书中呈现了两种不同的视角，这些叙述有时
会重叠，甚至相互矛盾，这是因为当时所谓的"现实"往往
取决于不同居民的看法。我们的目的是勾勒出这几个世纪中改
变欧洲的动态社会和文化进程的概貌。只有在这样的背景下，

5

---

　　①　西罗马帝国的皇帝逊位后，西部已经不能称帝国，而变成了王国。

我们才能开始了解从公元 6 世纪到 8 世纪新世界的法兰克人和他们的邻居。

西部行省

莱茵河河口附近的贸易虽然平庸，但它是罗马和蛮族宽广边境上双方关系的一个缩影。这条边境线并没有将两个世界截然分开，而是为它们的互动提供了舞台。双方的敌对行动，不仅在公元 1 世纪，甚至在动荡的 4 世纪和 5 世纪，都不是最频繁的互动形式。比持续数年的战争重要得多的是持续几十年甚至几个世纪的和平，在这期间，两个社会变得更加相似，而不是只去效仿各自的过去。

在边境线的罗马一侧，一种文明化的进程——被称为罗马化——已经进行了一个多世纪，并将再持续三个世纪。在这个世界的边缘地区，正如罗马人习惯抱怨的那样，居民非常原始，他们甚至不喝酒，他们的文明与高雅文化没有什么关系。相反，这一地区以普通人为代表，就像我们提到的牛贩子和他为之提供后勤保障的士兵们。这些人大多数是来自西部人口更多的地区的农民，他们希望退役后能在曾经服兵役的地区成为当地的富裕农民，罗马文明对于他们而言只意味着一种粗糙的识字能力，拥有它可胜任军事工作，但这种识字能力与修辞学校教导出的那种语言能力有着遥远的距离；罗马文明也意味着舒适的生活设施，如浴池、竞技场等，它们可以使北方阴暗的冬天更好过一点；罗马文明还意味着对权力带来的好处的享用，在这里，不仅有钱人可以享用，甚至住在老军团营地周围的普通士兵、商人和退伍军人也可以享用。

尽管如此，在罗马式生活的这些物质层面之外，行省乡间别墅中的名流，波尔多（Bordeaux）、里昂（Lyon）、特里尔（Trier）和其他城市学校里的修辞学家，以及罗马的行政管理人员，也在继续培养许多传统的罗马价值观。这些价值观中首要也是最重要的，是罗马的公正和法律。它们包括对传统罗马责任（pietas）的强烈坚持，也就是对家族、宗教和职责的从属和献身精神。它们还包括对拉丁（如果不是希腊）文字的热爱，这得到了各省悠闲精英的培养和支持，这既是一种参与罗马文明本质的方式，也是一种让自己越来越相信这种文明的精髓永远不会溜走的方式。这些价值观在帝国西部各省都不会被完全抛弃。

　　罗马帝国对这块辽阔领土的征服是无序的，而最终形成的边界也只是罗马由盛转衰无力继续征服的结果，而不是有意设立的。高卢在行政上分为由罗马元老院控制的纳博讷高卢（Gallia Narbonensis），以及由皇帝控制的卢格敦高卢（Gallia Lugdunensis）、阿基坦高卢（Gallia Aquitania）① 和比利时高卢（Gallia Belgica），这些行省的罗马化，从行政机构所在的城市一直蔓延到周围的凯尔特人乡村。这些配备了浴场、纪念碑、剧场以及学校和神庙的城市，为罗马行政人员提供了文明生活的基本便利条件，同时吸引着土著凯尔特人进入罗马轨道。与罗马世界的其他地方一样，这些城市都有着自己的地方公共生活——以地方元老院［被称为库里亚（curia）］为中心，由市政当局的头面人物组成，这些人从地方行政官阶层（decurions）中选举出来以填补公职。除了道路和桥梁的维护外，市政府几乎没有其他直接责任，而元老院成员则承担着各种各样的公共

---

① 阿基坦又译为阿奎丹。

服务（被称为 munera，如收取税费、供养帝国邮传系统的牲口，以及招待来访的罗马治安官）。

尽管高卢到处都是生产传统精工金属制品和纺织品的凯尔特人作坊，以及后来仿照意大利和帝国东部地区建立的陶器和玻璃制品制造厂，但高卢和日耳曼诸省的绝大多数地区都是农业区。在法国南部大部分地区，罗马人土地测量和田野划分的痕迹依然可以从空中看到，这些划分构成了乡村组织的基础。尽管由罗马人引进的酿酒业在高卢发展到了这样一个地步：多米提安皇帝（Emperor Domitian，公元 81 ~ 96 年在位）为了保护意大利葡萄酒生产，曾试图限制高卢的葡萄种植。但谷物依然是高卢大部分地区的主要农产品。从本质上讲，高卢对帝国其他地区几乎没有构成经济竞争方面的威胁。在这里发财也是可能的，但主要是通过生产当地消费品，也越来越多地是通过供应位于日耳曼边界上的罗马军队——这些军队分布在从北海到多瑙河的区域内，指望高卢给他们提供人力和物资。

每座城市都与周围的乡村紧密相连，城市中的重要人物在乡村拥有地产或别墅。这些地产由从边境地区进口来的奴隶以及自由的凯尔特农民建造，占地数千英亩，为主导省内生活的富裕元老家族奠定了经济基础。当地的贵族阶层由通过皇室服务获得财富和显赫地位的人组成，也包括一些通过官职和军队系统崛起，或者通过婚姻进入罗马地方精英阶层的当地凯尔特人。这种社会流动要求人们采纳罗马宗教和接受古典教育。因此，凯尔特人在社会光谱的两端都被拉进了罗马的轨道，在地位低的那一端，村庄和分散定居点的农民融合进了罗马的农业体系，在地位高的那一端，凯尔特精英们试图为了他们子孙后代的福祉而主动接受罗马文化，以此作为参与罗马世界美好生活的一种手段。

在这个罗马化的世界里，罗马的军事存在表现在各个方面。在公元前 52 年维钦托利（Vercingetorix）起义①被镇压之后，高卢各省基本上接受甚至欢迎被并入帝国的命运。然而，当继续向北方和东方的莱茵河和多瑙河移动时，相对于平民城市和庄园，军事要塞（castra）的影响力就有所增加了。与高卢不同，上、下日耳曼尼亚诸行省是由驻扎在那里的军事指挥官直接管理的，这为莱茵河沿岸的人们继续对罗马文明（Romanitas，一个涵盖涉及罗马的所有事物的广泛概念）构成威胁提供了证据。这里，军队无处不在，所以前面提到的奶牛生意的两个目击者是百夫长也并非偶然。军队的存在依赖于像高卢这样的定居人口更多的区域，因为从那儿可以获得物资，以及服装和武器等在日耳曼尼亚当地无法获得的制成品，还有兵员。莱茵河沿岸的罗马军团和退伍军人定居点，就像在多瑙河沿岸的那些一样，保护了与蛮族进行贸易的罗马商人（如塞昆都斯），并保护了边境地区新生的罗马农业结构不受当地反罗马起义的影响、免遭渴望获得战利品和荣誉的蛮族青年的闪电袭击。更重要的是，军团的存在有助于削弱更加可怕的大规模、有组织的边境侵略的威胁，这种侵略甚至有可能威胁到高卢和多瑙河诸行省的居住区。

在罗马人存在于西部的五个多世纪里，就罗马人的利益而言，不列颠、高卢和日耳曼尼亚地区属于边缘地带。帝国本质

---

① 罗马的高卢总督恺撒于公元前 58 年到前 51 年间发动了一系列对高卢的战争，公元前 52 年高卢蛮族领袖维钦托利的起义被镇压后，高卢基本上被并入罗马帝国。

9 上是地中海式的，并在它存续期间一直保持着这个特征；由此，意大利、西班牙和北非才是对帝国来说最重要的西部区域。然而，帝国的文化、经济和人口中心是东部的大城市：亚历山大港（Alexandria）、安条克（Antioch）、以弗所（Ephesus）和后来的君士坦丁堡（Constantinople）。西部只有一个真正的城市——罗马，它无可否认是所有城市中最伟大的。在帝国的最初几个世纪里，罗马负担得起维持西部罗马文明的奢侈支出。这些地区虽然为边境军团提供了人手和武器，并为当地元老提供了闲适的生活方式（这种闲适对于领导一种文明的文化生活是必须的），但对作为整体的帝国的文化和经济生活几乎没有贡献。

在西部，最重要的边界是多瑙河附近的北部边界。罗马有三个军团长期驻扎在不列颠，四个军团在莱茵河畔放哨，却有十一个军团驻扎在多瑙河沿岸，这是有原因的。从中亚大草原一直延伸到阿尔卑斯山的潘诺尼亚大平原，是入侵欧洲的主要通道之一，而流经平原的多瑙河，不仅仅是一条边境线，更是一条通往巴尔干半岛（Balkans）和意大利的水桥。由此，从阿尔卑斯山脉一直延伸到黑海的省份——雷蒂亚（Rhaetia），诺里库姆，上、下潘诺尼亚（Pannonia Superior and Inferior），达契亚（Dacia）和上、下默西亚（Moesia Superior and Inferior）——成为横跨帝国北半部的重要防线。早在公元 2 世纪下半叶，罗马军队在莱茵 - 多瑙河边界的存在就阻止了"自由日耳曼尼亚"一侧各个部落的所有入侵，尽管上日耳曼尼亚和雷蒂亚偶发性跨越边界的尝试很容易被镇压，可一旦罗马的军事存在减少，这也是一个坏兆头。

这种减少就发生在了公元 2 世纪 60 年代，当时的哲学家皇帝马可·奥勒留（Marcus Aurelius，公元 161～180 年在位）的注意力被吸引到了帝国东部的军事问题上。为了继续与帕提亚人（Parthians）①作战，皇帝从罗讷河（Rhône）和多瑙河向东移动了军队。他并没有移动太多，可能只有三个军团，且来自相距甚远的地区，但这就足够了。在帕提亚战争期间，多瑙河两岸的各野蛮部落以马科曼尼人（Marcomanni）之名，开始巩固阵地和做军事准备，这些准备工作将很快挑战罗马帝国。

　　在本书的下一章中，我们将从蛮族的角度审视这一过程。从罗马的角度来看，蛮族世界的迅速变化在本质上是非常重要的，因为它导致了马科曼尼战争——这场战争始于公元 166 年，当时超过 6000 名蛮族越过多瑙河，开始破坏丰盈的潘诺尼亚腹地。蛮族的第一次进攻被击退了，但并非毫无困难。这既是因为蛮族的力量还不够强大，也是因为当时正好发生了一场瘟疫，可能是一种天花，它是由参与了帕提亚战争的军团带回来的，蹂躏着罗马各省。随着秩序的重建，马可·奥勒留计划发动一次主要攻势，要将蛮族赶回到多瑙河的对岸，并在北方的山区构建一条更加容易防守的防线，但日耳曼部落突然快速移动。公元 170 年，马科曼尼人和夸迪人（Quadi）组成的庞大部队越过多瑙河，穿过潘诺尼亚，深入诺里库姆，最终到达意大利本土，袭击了现代威尼斯北部的阿奎莱亚（Aquileia）和奥德尔佐（Oderzo）两座城市。蛮族到达了意大利，虽然马可·奥勒留和他的儿子康茂德（Commodus）最终击败并征服了他们，但帝国再也不是原来的样子了。

———

　　①　帕提亚帝国是占据波斯的游牧帝国，中国史籍称之为安息帝国。

公元 3 世纪到 6 世纪的帝国

罗马帝国晚期的政治史是众所周知的，这里只须简单地勾勒一下，以便我们之后对这一时期的西罗马社会进行更系统的考察时进行参考。多瑙河流域蛮族和东部帕提亚人带来的压力加剧了帝国内部本就存在的不稳定，并带来了一个持续了约九十年的政治和经济动荡时期［从公元 192 年康茂德遇刺到 284 年戴克里先（Diocletian）登基］，这一时期被称为"麻烦时期"或者"3 世纪危机"。在这一时期，军队拥立又摧毁了一个接一个的皇帝，试图找到一个合适的领袖，这个人应该既能使军队更强大，又能领导它在对日耳曼部落和波斯人的持续施压的抵抗中取得胜利。这一帝国的不同觊觎者之间及其军队之间存在暴力冲突、出现了巨大的通货膨胀和普遍的不安全感的时期，以戴克里先的改革告终。戴克里先曾是达尔马提亚（Dalmatia）的一名士兵，后指挥帝国的禁卫军，他通过层层晋升，最终穿上了紫袍。

戴克里先（公元 284 ~ 305 年在位）能够通过成功的军事远征以及精明的外交手段来遏制外部和内部的威胁。为了更有效地统治这个庞大的帝国，他任命他的副手马克西米安（Maximian）为他在西部的共治者，并授予他奥古斯都的头衔。公元 292 年前后，他增加了两个更加年轻的伙伴——伽列里乌斯（Galerius）和君士坦提乌斯（Constantius）——到这个共治体系之中，授予他们恺撒的头衔，指定他们为两位奥古斯都的继承人。东、西部帝国的划分和分治体系的建立暂时没有成为永久性制度，但从长远来看，它指向了一条道路，即在接下来的几个世纪里，东、西两部分在政治、社会和文化上的分裂将日益加剧。

戴克里先花了十多年的时间来重新建立对整个帝国的军事控制。他还试图重组其行政和经济结构。他完成了这个任务，方法是将帝国的东西两部分又分成了若干个行政单元，再继续将帝国打散成将近 100 个行省（大约两倍于之前的数量），又将军事和民事行政体系分开，并扩大后者的权力，以解决日益增加的司法和财政负担。稍后我们将更详细地研究这些官僚机构。

戴克里先通过价格、薪水控制和货币改革来改革经济的努力，远不如他的行政和军事措施成功。他统治期间的和平促进了繁荣，特别是在城市之中，但随之而来的是为其扩张的官僚机构和军队提供资金所需的税收的增加，这使得帝国的资源严重紧张。

戴克里先最不成功且最臭名昭著的计划是迫害基督徒。可能是在共治者之一伽列里乌斯恺撒的鼓动下，他在公元 303 年颁布了法令，下令人们交出并烧毁所有圣经副本，摧毁礼拜场所，禁止基督徒集会，剥夺基督徒的公民资格，并下令逮捕所有主教和神职人员。这场运动被称为大迫害（Great Persecution），在东部比在西部进行得更剧烈，但它最终被证明是徒劳的，尽管它的影响在基督教团体中长期存在。 12

起源于犹太教内部改革运动的基督教派，到公元 3 世纪末已经蔓延到了帝国各个城市的中心。它的成员在主教的领导下团结在一起，有着各样的职业和生活方式，但他们私人的和准秘密的宗教仪式与信仰，又和他们的邻居形成了鲜明对比。他们极端和排外的一神论、他们对少数选民获得永生而其他人遭受永恒折磨的信仰、他们对只有相信他们的教义才能获得拯救的坚持，都有可能让社会的其他部分产生怨恨。然而，他们对上帝有着坚定的信仰，基督徒创造的奇迹故事亦富有成效，而他们的传教士又善于将权力的表现与基督教信仰的内容联系在一起，这种令人信服的态度，帮助了基督教在整个城市世界传播，并吸引了那些最需要权力的人的兴趣，这些人就是在公元 3 世纪的动荡中崛起，并希望进一步崛起的新的精英阶层。

公元 305 年，戴克里先和马克西米安这两位奥古斯都退位了，由两位恺撒（伽列里乌斯和君士坦提乌斯）继任。然而，整个帝国的军队都对宪法继承原则提出了异议，他们认为继承应该是一项世袭权利。公元 306 年君士坦提乌斯死后，新的战争爆发，并持续到公元 312 年，那一年，在罗马北郊的梅尔维安桥（Melvian Bridge）附近的战斗中，君士坦丁（Constantine）打败并杀死了马克西米安的儿子马克森提乌斯（Maxentius），此人也是他在西部的竞争者。之后，君士坦丁将他的胜利归功于基督教上帝。随后，在一年内，他和他东部的共治者李锡尼（Licinius）就像对所有其他宗教一样，对基督教给予了完全的宽容。

13   君士坦丁不是那种只满足于半个帝国的人，到公元 324 年，他入侵了东部帝国，在齐索波利斯（Chysopolis），他打败了李锡尼及其恺撒，将两人都处决了。不久之后，他决定重建拜占庭城（Byzantium），这座城市紧临博斯普鲁斯海峡（Bosporus），从而控制着地中海和黑海之间的一系列战略要道。他用自己的名字给这座经过修复和强化的宏伟城市命名，并把它作为基督教上帝最后胜利的纪念。虽然这座城市最初只是一个皇家驻地，就像西部的特里尔和米兰（Milan），以及东部的萨尔迪卡（Sardica）和尼科米底亚（Nicomedia）那样，但它很快就成了"新罗马"——基督教帝国的首都。

　　君士坦丁建立的皇朝饱受自相残杀的困扰，公元363年尤利安（Julian）去世后，潘诺尼亚士兵瓦伦提尼安（Valentinian）建立的皇朝也面临同样的问题。瓦伦提尼安把重点放在帝国的西半部，当时这里受到阿勒曼尼人（Alemanni）和法兰克人的威胁，他把东部帝国交给了他的兄弟瓦伦斯（Valens）。公元373年，匈人到达黑海地区，给罗马带来了新的压力，东、西部帝国的皇帝都越来越多地受到其军事指挥官的控制，这些指挥官通常是依靠为帝国服务而崛起的蛮族。此外，公元378年，在瓦伦斯于阿德里亚诺波利斯（Adrianopolis，又称哈德良堡）战役中被哥特人击败并死亡（我们之后还会讨论这一决定性事件）之后，他的继任者狄奥多西（Theodosius）与哥特人签订了一份条约，允许后者在帝国境内定居，而这是一个不祥的先兆。尽管在东部帝国，依赖蛮族指挥官及其追随者的趋势在公元400年前后受到了一股反对蛮族指挥官的潮流的遏制，但在西部帝国，长期的军事危机和公共财政的缺乏，使得这些蛮族指挥官个人及其军队的影响力都在不断增强。公元476年，斯基里（Scirian）军官、国王奥多亚塞废黜了西罗马皇帝罗慕路斯·奥古斯都，并在四年后也不再承认皇位觊觎者尼波斯，到这时皇帝的职位在西部早已失去了意义，因为西部帝国已经几乎完全由蛮族国王控制，这些蛮族国王的实际地位又因东部帝国皇帝授予的罗马式头衔而得到加强。在君士坦丁堡（东罗马）皇帝们的眼中，这样的蛮族领袖，比公元486年被法兰克人推翻的西亚格里乌斯（Syagrius），或与他同时代的半神话的安布罗休斯·奥理安（Ambrosius Aurelianus）——

他对不列颠的撒克逊人的抵抗催生了亚瑟王的传说——这样的"罗马人"更为合法。

西部社会的转型

西部帝国的蛮族化并不是从公元 4 世纪晚期到 5 世纪日耳曼人的定居开始的，也不是从 3 世纪的危机开始的，甚至不是从马科曼尼战争开始的。它也不仅仅是一个将蛮族及其习俗植入帝国的过程。在西部居住着的一直主要是凯尔特人和日耳曼人，从公元 3 世纪到 5 世纪，随着意大利在政治和文化上的垄断地位的下降，这些民族的本土传统日益得到了重视。这个进程也不是西部独有的。事实上，它在东部更为显著，在那里，拉丁文化同样是一种外来物。但在东部，"次罗马"（sub-Roman）传统的复兴，意味着当地古代高级文化形式的重现，其中最著名的就是产生于当地的希腊文化；而在西部，由于在罗马之前没有更高级的文化形式，这种传统的复兴则只意味着凯尔特和日耳曼传统的重申。

所谓蛮族化，只是罗马的社会、文化和政府在公元 3 ~ 4 世纪发生的快速变迁的一部分而已。这部分是出于内部原因，诸如瘟疫、出生率下降、宪法不稳定，以及罗马世界未能从一个主要以奴隶制为基础的劳动密集型体系，发展成为一个更有效率的商业或原始工业体系；部分又是由于过度扩张的边界所导致的外部压力的增加，这一切都让帝国不得不去寻求一种新的均衡。结果，在公元 3 世纪末和 4 世纪初，一个非常不同却至关重要的世界形成了。

正如军队是整个帝国罗马化的主要推动者一样，从公元 3 世纪起，军队成了帝国蛮族化的主要推手。军队的这种内部变

革与罗马社会和政府的军事化密切相关,因此,当帝国军队日　15
益蛮族化的时候,它就成了无孔不入的代理人和其他帝国组织
的榜样。

军事化

保卫边疆的罗马军团的存在是罗马化的有效手段之一,原
因有很多。首先,他们是相对永久性的军团,通常几代人甚至
几个世纪都在特定的地点驻扎。其次,即使在边境地区,实际
的军事活动也极为罕见,在帝国的前几个世纪里,大部分士兵
都是从意大利农民中招募的,他们有充裕的时间和资金参与当
地的农业和制造业。最后,军人退伍后往往在驻扎地被授予土
地,退伍军人和军团士兵与当地妇女的通婚率非常高,这使得
现役和退役军人主导了当地的生活。

因此,罗马士兵的存在导致了一个地区的经济和社会的根
本性变革。在农村中,向军队提供给养和向退伍军人提供土地
这两种必须,也是农村组织发展的主要动因。每个军团都拥有
大量的土地,这些土地可以由士兵 - 农民耕种,或者授予退伍
军人,也可以出售或租赁给平民。营地附近涌现出任何军事据
点周围都不可避免会存在的平民定居点。它们被称为 canabae,
即夜总会(cabaret)或酒馆的专业称呼,这种称呼清楚地表
明了它们的主要作用。这些简陋的定居点为士兵提供酒水、女
人,并逐渐开始提供工坊、旅店服务,以及其他服务和消遣。

只要军团定期从罗马化的农民那里招募新兵,这种军事存
在的罗马性就能得到保证,尽管这种罗马性只是一种温和的形
式。然而,自从皇帝哈德良(Hadrian,公元 117 ~ 138 年在
位)执政以来,罗马招募的新兵不断被分配到他们家乡省份
的军团。虽然这能收到增加新兵数量和提高军事效率的效果,

16　但由于土著新兵是在保卫自己的家园，这也鼓励了地方主义的发展，并增加了宗教、艺术、语言以及政治认同方面日益强大的地域排他性。到了公元 4 世纪，在军队服役同其他职业一样，已经成为一种世袭的义务。因此，军团和它的辅助单位在很大程度上成了能使自身永久存在的实体。退伍军人和士兵的妻子（尽管理论上在公元 197 年以前，士兵不被允许在现役期间结婚，但他们几十年来一直在建立家庭）主要来自当地的居民群体。因此，边境地区一代又一代的士兵 - 农民和当地名流，越来越多地与当地非希腊 - 罗马的习俗和传统联系在一起。然而，公元 3 世纪之前，这种转变的影响在边境地区之外并没有被广泛地感受到，因为这些人在帝国内部生活中的作用是非常微小的。

　　帝国内部的政治权力长期以来一直是一种杂技表演（juggling act）①，元老院、军队，当然还有皇帝都参与其中，但直到公元 192 年康茂德去世，这三方都基本上是由意大利人控制的。半数以上的元老来自意大利，其余的几乎没有例外，都来自拉丁化程度最高的省份——西班牙、非洲和纳博讷高卢。此外，由于他们已经在意大利土地上投资了相当多的财富，必须定期参加在罗马举行的会议，需要获得意大利境外旅行的许可，并普遍倾向于通婚，来自各省的元老家族很快就成了意大利人，这和在较低级的地方社会中军人家族很快就会属地化是一个道理。元老院将其重要性归功于宪法、经济和社会因素。首先，根据宪法传统，皇帝必须选出元老，让他们来指挥除在埃及的军团以外的所有军团、管理主要的边境省份，并

----

　　① 指同时做几件事又难以做好的局面。

指挥军队作战。其次，虽然元老的主体是以血缘和遗传为核心的，但每一代都会对某些候选人开放，这些新元老家族与老元老家族一起控制着巨大的财富，特别是土地财富。这一点在西部帝国尤其明显，即使在危机时期，帝国财政的匮乏也往往与个别元老的私人财富形成鲜明对比。最后，通过他们在罗马世界的政治附庸和土地所有权网络，元老院的影响力遍及帝国的每一个角落。一旦受到挑衅，元老院甚至可能成为最有野心的皇帝的强大对手。

17

在公元3世纪之前，能够左右帝国控制权的军事力量主要还是体现在皇帝的禁卫军（Praetorian Guard）上，这是一个由大约一万名士兵组成的精锐部队，他们为皇帝及其家族服务（有时也会选择或消灭皇帝）。禁卫军必须是罗马公民，而且和元老一样，直到公元2世纪末，大部分禁卫军都来自意大利。因此，他们也使拉丁特征在帝国的中心地位得以保持。

因此，皇帝都来自意大利的元老家族也就不足为奇了。无论皇帝、元老院和军队之间有什么不同——他们像通常那样充满仇恨、血腥、残酷——这些冲突都是在共享主要文化、社会和政治价值观的派系之间发生的。

随着塞普蒂米乌斯·塞维鲁（Septimius Severus，公元193～211年在位）成为皇帝，这位被其军队推为皇帝的出身多瑙河部队的指挥官，开启了罗马历史上一个重要的新阶段。随着帝国的控制权落到那些拯救它的人——边防军和他们的指挥官们——手中，各省的守军，特别是西部的守军，现在都找到了独立存在的价值。从古老的意大利元老院贵族以及定居文明区域的居民的角度看，这是一个充满灾难和危机的时期。一连串常常公开蔑视元老院的行省军事指挥官，却被军队披上了紫袍，他们为争霸而战，当他们被证明既不能战胜国内外敌人，也不能使其支持者获得足够的财富时，他们就常常因自己的野心而被杀。元老院试图控制对皇帝的选择，但常常受到各省军队的阻挠，后者更倾向于将继承权视为世袭，尤其是当新皇帝来自军队时。然而，从边境地区的人，特别是潘诺尼亚人的角度来看，这是一个黄金时代。西部军团展示了他们的力量和活力，当塞维鲁家族的皇帝们（the Severans）试图巩固他们的地位时，他们总是向边防部队寻求支持。

最初，塞维鲁本人愿意与元老院合作，他也是元老院的成员，但元老院的反对使他不得不依赖行省的军队。作为回报，他和他的继任者给军人们提供了相当可观的加薪、捐款或特别奖金，以及结婚的权利。这种对军队的慷慨产生的额外开支，是通过清算和没收他在元老院的敌对者手中的巨额财富来筹集的。他的儿子后来以其在军队里的诨名卡拉卡拉（Caracalla）闻名于世，[1] 他发展了父亲的亲军队政策，将士兵的军饷提高了50%。为了给这项政策提供资金支持，他采取了两种方法。第一，就像他父亲之前做的，他将第纳尔银币（denarius）贬值，这种银币是用来给军队开军饷的；在随后几十年内，这种做法导致帝国货币的彻底崩溃。第二，他将所有罗马公民传统上应缴纳的5%的遗产税翻了一番，而为了扩大这一税收的基础（只有罗马公民才缴纳），他又授予帝国境内所有的自由人罗马公民权。后一项措施更像是对既成事实的一种事后追认，

---

① 卡拉卡拉原名为马尔库斯·奥勒利乌斯·塞维鲁·安东尼乌斯·奥古斯都（Marcus Aurelius Severus Antoninus Augustus）。所谓卡拉卡拉，指的是一种高卢风格的连帽短袍，这位皇帝喜欢穿这种短袍，并将之变成一种风尚，于是卡拉卡拉就成了他日后最为人所知的名字。

因为在这之前，公民和外国人之间的区别已经不再具有太大的
实际意义了。然而，它又确实加强了行省势力在帝国中的相对
地位，从此以后，从不列颠到阿拉比亚，人们都把自己看作罗
马人，拥有和意大利人一样的权利和机遇。这些措施，像增加
军饷一样，往往是以牺牲处于帝国中心地位的人为代价来加强
帝国外围人民的地位，而从这些变化中受益最多的，是士兵和
退伍军人。

　　这些措施导致帝国尤其是各行省的军事化程度不断加深，
而各行省的民政管理部门长期以来一直是由各种重叠的职位和
管辖权组成的混合体。这是第一次，不仅是军官，甚至是普通
士兵都拥有可观的可支配收入，以让边境地区的平民社区也变
得更加富裕。像潘诺尼亚这样还没有从马科曼尼战争中恢复过
来的地区，突然间经历了一场新的建设狂潮。例如，在阿昆库
姆（Aquincum）①，老平民社区（canaba）被赋予了殖民城镇
（colonia）的地位，为了适应这一新地位，那里旧的木头和泥
土棚屋消失了，取而代之的是石头房子，它们整齐地排列在铺
好路面的网格状街道上。这些新房子配备了火坑供暖系统，并
由一个巨大的城市供水系统提供活水，还装饰着美丽的壁画。
这座城市有一堵城墙和一个新的公共广场，它们更多是被用来
炫耀而不是为了商业，因为原本旧的系统也是足够的。在同样
被提升为殖民城镇的卡农图姆（Carnuntum），类似的改造也
发生了，包括建造一座宏伟的公共浴室，其中有一个 143 ×
103 米的公共柱厅和一堵约 8 英尺高的墙。

　　这些建筑，无论是公共的还是私人的，都和奢侈品生产甚

19

———————

　　①　现在的布达佩斯。

至是当地工艺品制造的增长相匹配，这表明帝国的地方省份首次繁荣到足以支持本地的工匠，即便其产品的质量基本不能与他们所抄袭的高卢、雷蒂亚、叙利亚和意大利的产品相媲美。所有这些繁荣的迹象都与军队地位的提高和军队财富的增加直接相关。

通过提高边境省份的经济地位，军队甚至在平民的日常生活中发挥了核心作用。在地方上，行省库里亚越来越多地由军官和退伍军人主导，由于拥有丰厚的退休金，他们能够获得进入地方元老院的资格。由于纪律的松散以及保护平民定居点的必要性，军营和平民定居点的物理隔离消失了，两者逐渐合而为一。渐渐的，随着塞维鲁王朝任性花钱的日子恶化为军营的无政府状态，农民在日渐加重的税收的驱使下，开始诉诸武装抢劫，甚至是有组织的抵抗。到了公元3世纪，这些不法团伙已经遍布各地，对付这些"土匪"的唯一办法，就是用那些维持省内和平的士兵去镇压他们。在一个日益敌对的社会里，军事指挥官在税收和司法方面扮演着重要的角色，因此把士兵当警察用越来越成为一种常态。

具有讽刺意味的是，这些导致军队作用扩大的危机都是由军队造成的。因为塞维鲁王朝从来不能指望元老院支持他们，他们被迫想方设法规避元老院在指挥军队方面的作用，并不断增加军队的军饷，以表明他们的善意。为了获得财政支持，皇帝不得不制造更多实际的或者想象的阴谋，没收更多元老的财产，并让银币更大幅度地贬值。这自然进一步疏远了元老院，给帝国的财政稳定带来了巨大的问题。使这一切进一步恶化的是，行省军队尝到了"立王者"（emperor-makers）的权力之后，便以极大的热情投入这一使命，他们以极快的速度和频率杀死老皇帝，换上新皇帝。在从亚历山大·塞维鲁逝世（公元235年）到戴克里先登位（公元284年）的这段时间，至少有20个合法皇帝，以及无数的觊觎者、篡位者和幕后操纵者。这一时期统治时间最长的是一位皇位觊觎者——博斯图姆斯（Postumus）。在长达九年的时间里，他在高卢、不列颠、西班牙，以及有时在北意大利部分地区，建立了自己的统治。

戴克里先对秩序的恢复巩固了军队日益重要的角色。尽管人们认为他的功劳在于将民事和军事行政部门分开，但在他及其继任者的领导下，民事行政制度是按照军事路线进行改组的。这也并不令人吃惊，因为在公元3~4世纪，通往高级职位通常意味着进行军事服务。因此，许多雄心勃勃的公职人员要么主要通过军队升迁，要么在军队中度过一段时间再回归民事行政。到了公元4世纪初，军事组织和结构，连同士兵的文化和政治价值观，已经成为罗马社会秩序的主要模式。但是，这些士兵已不再是早期的意大利农民，而是越来越多地来自他们被征召来反对的蛮族。

蛮族化

皇帝马可·奥勒留发现有必要利用奴隶和蛮族去与其他蛮族作战，并将边境地区的日耳曼战士团体招入罗马军队之中。　21
当然，虽然他这样做的尺度非同寻常，但在军队中使用蛮族并不算新奇。虽然只有公民才能在军团和禁卫军中服役，但外国人长期以来一直被用于辅助部队。然而，在公元3~4世纪，由于来自东部和北部边境的压力越来越大，加之内部冲突频繁，对军事人力的需求超过了帝国内部资源所能满足的情况——由于瘟疫和出生率下降，内部人力资源是在减少的。作为对策，军队中各个阶层越来越多地充斥着蛮族。

罗马军队中最早的蛮族是从邻近部落招募的。罗马的外交政策不断地试图将边境地区的部落领袖置于罗马的影响之下，因此常常向他们提供罗马公民身份、礼物、军事和经济支持，以便利用他们来使部落人民保持和平，并将他们作为对抗更加敌对的部落的缓冲力量。为了达到目的，罗马往往与这些部落签订条约，通常还为他们的首领提供黄金，为他们的民众提供粮食。作为回报，罗马得到这些部落的军事支持。在公元 3 世纪下半叶，这种做法得到了极大的发展，罗马军队从整个帝国的边境招募士兵，并以蛮族的名字给军事单位命名。仅在东部帝国，我们就发现了以法兰克人、撒克逊人、汪达尔人（Vandals）、哥特人、萨尔马特人（Sarmatians）、夸迪人、查马维人（Chamavi）、伊比利亚人（Iberians）、亚述人（Assyrians），以及其他人种命名的军事单位。正常情况下，这些蛮族被罗马招募后会服役一段时间，然后返回自己的族群之中，成为古代世界的流动劳动力。对于这些人来说，这样的军队经验是变得富有、学习罗马世界一手经验的机会。但这种使用外来军队的做法常常引起紧张和冲突，对新兵施加的压力也常常导致对罗马人及其在蛮族世界的傀儡领导人的抵抗和反叛。罗马人认为，发生这种抵抗是由于蛮族的新兵接触了生活在"自由日耳曼尼亚"的敌对部落，在精神上受到了他们的污染，因此，部分是为了避免这种情况，在公元 3 世纪的某个时候，罗马人开始在帝国内部安置这些蛮族军人。

22　　第一批被安置在帝国内部的蛮族被称为拉提（laeti）。他们是一些小的群体，要么是难民，要么是战俘，被分配给罗马的行政官员或者单个的土地所有者。他们与家人定居在高卢和意大利人口稀少的地区。安置这些人有两个目的：第一，他们被分配去耕种因瘟疫、人口普遍下降和自由人口逃避税收而被遗弃的地区；第二，由于他们和他们的孩子有义务在军队服役，他们所在的社区便在罗马的监视下为军队培养和招募新兵。

这些拉提和自由蛮族部队［或者被称为福德拉提（foederati）］之间存在巨大的差异，后者在公元 4 世纪末开始主导军队，特别是被称为野战部队（comitatenses）的精锐机动部队——大约在公元 300 年前后，从君士坦丁开始，这些部队就驻扎在各个行省的主要城市之内或附近，而不是边境地区。这些部队可以迅速部署在边境上的任何一处，以对付入侵者，或者在入侵者已经突破边境的情况下阻止他们前进，这是一项重要的战略创新。然而，他们与负责供给和装备他们的罗马社区之间的近距离加速了蛮族士兵和罗马平民的同化。

这些福德拉提由他们自己的部落领袖指挥，虽然这些领袖往往出自那些已经为罗马服务了几代人的家族，但他们却将自己的权力归功于他们的蛮族追随者。来自帝国不同类型蛮族定居点的考古证据表明，虽然拉提定居点被有意地与罗马土著居民区隔离开，并且距离自由日耳曼尼亚地区更加遥远，但帝国中的福德拉提发现自己不仅与当地居民有着密切的联系（他们往往通过军事角色来控制当地居民），而且还与莱茵河或多瑙河对岸的部落保持着密切持久的联系。

这些被学者们称为"帝国日耳曼人"（imperial Germans）的集团领袖，在公元 4～5 世纪已经升到了罗马军队中的最高等级。但是，只要考虑到日耳曼军队的整体重要性和罗马固有的通过军事服务来获得升迁的传统，这就一点也不奇怪了。早

23

在君士坦丁统治时期，我们就听说了一个叫博尼图斯（Bonitus）的法兰克人，他后来成了罗马的将军。随着公元 4 世纪的到来，法兰克的指挥官们拥有了西部帝国军队的大部分领导权，成为可以随意安排和推翻皇帝的幕后统治者：阿伯加斯特（Arbogast）、鲍托（Bauto）和里科默（Richomer）都是格拉提安（Gratian）和瓦伦提尼安二世（Valentinian II）统治下的军事指挥官（magistri militum），鲍托和里科默甚至担任了执政官（consul）。在公元 385 年鲍托担任执政官之际，为这位来自莱茵河对岸的法兰克异教徒撰写赞美词的，是后来被封圣的基督徒圣奥古斯丁（St. Augustine），当时他是帝国首都米兰的一位年轻的修辞学家。

这样的日耳曼－罗马指挥官绝不是文盲和没有文化的蛮族。他们进入帝国最高等和最文明的圈子，有些人甚至与米兰的安布罗斯主教（Bishop Ambrose）这样的人相处融洽，并与利巴尼乌斯（Libanius）这样的修辞学家通信。他们的确是异教徒，但他们的异教是元老院贵族普遍采纳的宗教（即罗马多神教），比如里科默交往的对象是文人西玛库斯（Symmachus），而不是自由日耳曼尼亚信奉的野蛮宗教。阿伯加斯特在公元 392 年迫使皇帝瓦伦提尼安二世自杀后，任命了一位叫作尤金尼斯（Eugenius）的修辞学家当皇帝，部分原因是，这两个人拥有罗马异教文化的共同价值观。阿伯加斯特和他的异教徒罗马傀儡在两年后被正统基督教皇帝狄奥多西打败，但正统基督教的胜利主要是另一群蛮族的功劳，他们是信奉阿里乌斯教派的西哥特人（Arian Visigoths），领袖是阿拉里克（Alaric），此人由于对从狄奥多西处收到的奖赏不满意，在大约十六年后洗劫了罗马。到了公元 4 世纪晚期，对蛮族与罗马、异教徒与基督徒的划分，往往比人们想象的要复杂得多。

蛮族在帝国中存在的最后一个、最具决定性的，也是被误解最深的阶段，是整个族群（gentes）一起进入帝国内部这一阶段，这一过程始于阿拉里克领导的西哥特民族。这其中的诱发因素是公元 376 年匈人的到来，他们摧毁了生活在黑海周边、处于哥特人统治下的蛮族的相对稳定的联盟。本书下一章会更多地讨论这些哥特人，一个多世纪以来，他们一直与帝国保持着密切的共生关系，时而服役于帝国军队，时而与帝国军队作战。在与匈人的对抗中，属于哥特人的格鲁森尼人［Greuthungi，后来成为东哥特人（Ostrogoths）］的王国被摧毁，他们的国王厄尔马纳里克（Ermanaric）在仪式中将自己当作祭品献给他们的神，自杀身亡。他不同族裔的人民后来基本上被并入了匈人联盟。哥特人的另一支——瑟文吉人（Tervingians，后来被称为西哥特人）——面临着王国的崩溃和即将到来的饥饿，他们抛弃了国王阿塔纳里克（Athanaric），在亲罗马的将军佛瑞提根（Fritigern）和阿拉维乌斯（Alavivus）的领导下，以提供军事服务为条件请求瓦伦斯皇帝接纳他们进入帝国。瓦伦斯想解决兵源不足的问题，便同意了他们的请求，并承诺在色雷斯（Thrace）人口稀少的地区安置他们。

将整个民族并入帝国的后果，无论从短期还是长期来看都是灾难性的。起初，哥特人被分割，一部分人立即被派去增援东部边境，另一部分人则在阿德里亚诺波利斯安营过冬，而大多数人则被安置在色雷斯，正是在这里，罗马当局开始利用哥特人绝望的状况发财，他们迫使哥特人卖掉自己的同胞换取狗肉充饥（通行的价格是一条狗换一个哥特人）。冲突随之而起，随后又因东哥特人的到来而加剧，再加上居住在阿德里亚

24

诺波利斯的哥特人以及其他被卖作奴隶的哥特人的不满，冲突发展成了普遍的叛乱。当瓦伦斯在公元 378 年 8 月 9 日试图镇压他们时，出乎所有人（显然也包括哥特人自己）意料的是，皇帝的军队被摧毁了，他本人和许多高级指挥官一起被杀。

哥特人和其他蛮族一起向君士坦丁堡进发，但他们真正的目标是食物，而不是战利品，无论如何，他们都无法占领一座坚固的堡垒化城市。各派之间开始争斗，公元 382 年，皇帝狄奥多西与西哥特人签订了一个正式条约，承诺将他们安置在色雷斯的多瑙河沿岸，在那里他们被允许由自己的首领统治，并作为福德拉提在首领的指挥下作战。这次定居持续时间不长，在阿伯加斯特被打败后不久，西哥特人在他们的首领阿拉里克的率领下再次开始迁移，并在公元 410 年洗劫了罗马，最终于公元 418 年定居在高卢的西南部。

这一次对整个民族——有人估计人数超过 20 万——进行的安置，为今后吸收蛮族提供了一个模式。这些民族要么是越过多瑙河和莱茵河逃走了，要么是前来入侵并被制止了——如果不是被击败了的话。这些民族包括东哥特人、汪达尔人、勃艮第人（Burgundians）、苏维汇人（Sueves 或 Suebi），以及后来的伦巴第人（Lombards 或 Langobardi）。传统上，重新安置被认为是直接将空置的土地或没收的财产转让给蛮族。西哥特人、勃艮第人和东哥特人定居的过程，通常被视为客居法（hospitalitas）制度的延伸；在这种制度下，士兵直接被安置在平民人口中，并被授予安置地所有土地的三分之一。这种程序表明，蛮族定居地区的经济和社会结构会遭到大规模破坏。最近有人认为，罗马并不是把不动产直接转让给蛮族，而是让他们分享一部分土地税收收入，从而使地主不受干扰地占有他们的土地。[3]真实的情况或许介于两种极端情况之间，并因地域的不同而有着巨大的差异。当代作家毫不含糊地谈到了给哥特人和其他人分配土地的情况，并且系统性地试图将所有资料都解读为，这种转让许可得到了强迫性执行。另一方面，从考古学证据判断，蛮族士兵被安置在有人居住的地方，比如高卢和意大利，但通常并不在物理上占有他们分得的土地。他们倾向于留在城市或所属区域边界沿线的战略要地，并像许多罗马贵族一样从被分配的财产中收取租金或税收。罗马官方渴望至少保留帝国制度的假象，有时可能会乐于在税收方面做出这样的安排；传统上三分之一的税是交给中央政府的，现在这笔税可能交给了族群化的蛮族。蛮族收取的，或者罗马人支付的，到底是税收还是租金，这一点也并不十分清晰。然而有一点是清楚的，那就是：在公元 4 世纪至 5 世纪，帝国的税收系统发生了巨大的变化，这直接影响了它提供公共防御、维持社会结构的能力。

26

税收

帝国军队的维持需要巨大的开支，这只能通过国家财政收入手段的转型来满足。罗马帝国尽管拥有所有的财富，却从来没有通过类似债券的方式来发展一种以未来收入为抵押的借贷体系，这种体系直到中世纪才被发明出来。相反，皇帝们试图通过彻底改造税收制度来满足他们急剧增长的财政需求，这一改革不仅对经济，而且对社会和政治结构都有深远影响。

传统上，帝国政府每年从各省收取的收入是各种贡品（tributum），显然也就是中央政府授权地方库里亚，为完成它们的共同义务而征收的各种形式的直接税款或"捐款"。这些税款要如何收取，似乎很大程度上都留给了各个社区去自己决定，只有各省的总金额是由中央政府敲定的。由于富人有通过展示当地公民的美德来获得威望的需要，在经济繁荣时期，这些摊派额通常几乎全部由富人支付，这已经成了富人作为公民、库里亚议员（curiales）、行政官等群体的领袖的一部分职责，而这些群体都属于地方库里亚。同样，帝国的许多公共服务建立在参与公职的富人自愿捐款，而穷人提供劳动力的基础上。这一制度对地方权贵有利，因为它把公众注意力的焦点放在了地方社区，而权贵们往往在社区中起主导作用。它也使帝国政府受益，因为它利用了地方官员的服务和财富，节省了总的人力和财力。然而，这个制度又是有缺陷的：由于主要捐款人大都有着显赫的地位，他们可能会对帝国政府施加影响，暂时降低摊派额（这就会导致帝国财政收入不足）。在皇帝马可·奥勒留统治时期，这样的事情就发生了——皇帝由于无法将未来的财政收入抵押出去借款，被迫贬值货币以弥补财政缺口。然而，在财政支出扩张和通货膨胀失控的时期，税款收入却是固定的，它没有办法满足帝国军队的财政需求。虽然到了公元 4 世纪，由于货币贬值，军人和公职人员的实际薪水已经下降到了公元 2 世纪末的一半，但军人和公职人员数量的增加、税收的不平等、人口的减少，以及掠夺和战争造成的破坏，使帝国财政陷入严重危机。

在公元 3 世纪的危机中，货币的崩溃以及财政为满足军队而面临的巨大需求，迫使这一税收体系发生了变化。第一个变化是在戴克里先统治时期发生的，他引入了一种税，被称为粮食税（annona），本质是征收农产品，它类似于之前的摊派额，也由地方政府征收。为了确保这项税的适当分配，一个新的体系在公元 4 世纪被设计了出来，这是一个基于个人而不是集体税额的体系。所有的公民都有一个表明他为粮食税做贡献的能力的纳税义务额度。这种额度的计算方式被称为尤古姆（iugum），是根据耕地数量和一个被称为资本额度（capitatio）的概念来计算的。所谓"资本额度"，有些学者认为它是一种人头税，而另一些学者则将其宽泛地解释为某一个体或某份财产的"纳税义务"。虽然最初这种对额度的评估是以公民个人财富为基础的，但到了公元 4 世纪末，整个体系都以土地价值的份额为基础。[4]最终，罗马税收举措的重点，是以黄金的形式从富人那里抽取这些税收。由于自由佃农［被称为科洛尼（coloni）］自己没有土地，他们有义务耕种特定的土地，以履行纳税义务。逐渐的，那些向佃农出租土地的地主被放在了佃农收税人的位置上，由此他们被授予了相当大的权力，他们可以干预佃农的人身自由，以确保佃农能够从土地上获得必要的收入用来交税。

最初，这种评估要定期更新，且与之前一样，税款由当地库里亚行政长官负责征收。然而，随着人口和农业产量的递减，随着某些个人在评估中获得了对其个人份额的豁免，也随着帝国对军事财政的需求越来越大，这一制度中出现了极其严重的不平等现象。与此同时，这种评估额度越来越被看作潜在税收收入的抽象单位，可以从一个税册转移到另一个税册。

这种税收制度在公元 4~5 世纪的影响，导致了地方精英在帝国政府中的角色转变。库里亚议员个人即便在税款无法在当地实际征收的时候，也要负责支付年度摊派额，因此面临着经济崩溃。由此，过去传统的志愿公共服务的声望和重要性都下降了。虽然一些富人可以通过各种合法和非法的手段避税，减轻他们的个人负担，但由于收税困难，社区负责人的负担却

28

在不断增加。结果自然是，作为公共生活中心的库里亚和作为威望标志的公民服务传统的重要性都已经被摧毁了。库里亚成员的负担如此之重，以至于要去强迫人们担任这些职务，并禁止他们逃离城市以逃避职责。那些愿意甚至渴望参与税收征管的个人（总有一些这样的人），显然希望利用自己的权力向民众勒索钱财，谋取个人利益。随着这一至关重要的地方机构地位的下降，行省政府开始更直接地参与到粮食税的征收工作中，帝国税收代理人的长臂第一次伸向公民个人，这些公民大多过于弱小，无法获得那些专门为保护强权者而设立的特权。志愿公民服务的减少是税收负担过重的直接结果，它导致了帝国官僚机构的增长，反过来又增加了对更多税收的需求。

赢家：地主贵族

29　　这一转变的主要受益者是西部帝国那些身居元老院的大地主，他们凭借与皇室的关系和私人军事手段，可以几乎不受日益增加的税收负担的影响。因此，西部帝国陷入了个人极度富有而国库亏空的矛盾之中。根据估算，在公元5世纪中叶，东部帝国的年度财政总收入大约在27万金镑，其中4.5万金镑用于军事开支。与此同时，西部帝国全年的财政预算大约是2万金镑，这是一个非常不起眼的数字，特别是考虑到，一个富裕的意大利元老院成员轻而易举就可以获得6000金镑的年收入。对这些人来说，他们对罗马文明的忠诚主要意味着对精英文化传统的忠诚，以及对他们所属阶级的豁免权和特权的维护。长期以来，他们对特权的关注一直优先于对帝国控制权的维护，这种控制权如果还意味着点什么，那就是对其自治构成的威胁。这件事还影响了元老院对蛮族的态度：如果某些蛮族是君士坦丁堡用来让少数富有的人承担义务的手段，他们就会受到抵制；如果某些蛮族及其国王可以维护元老院贵族的特权，他们就会受到欢迎。难怪到了公元 5 世纪中叶，在勃艮第国王的宫廷里，一个属于贵族阶层的高卢－罗马地主可以嘲笑一个早就预言罗马帝国要毁灭的基督教圣徒，问他这个预言为什么没有实现。其实帝国作为一种政治现实，在勃艮第人控制的地区早已消失，但由于这个地主的个人地位没有受到不利的影响，他并没有觉察到罗马帝国是在什么时候消亡的![5]

这个不知道自己已经不生活在罗马帝国的罗马人，代表了一个相对较新的贵族阶层，这个阶层的起源满打满算也不会早于君士坦丁时代。对于那些在西部帝国享受皇家恩宠的人来说，公元 4 世纪尤其繁荣。最初，这个阶层指的是特里尔宫廷里的罗马贵族和蛮族贵族。直到公元 4 世纪 90 年代，特里尔一直是皇家行在和高卢行政长官的驻地，在中世纪，它可以被比喻性地描述为罗马和君士坦丁堡的"亚匹"。这座城市被奥索尼乌斯（Ausonius）和其他拉丁诗人称赞不已，是罗马和日耳曼精英相互交流和吸收的重要中心。在这里，许多法兰克和阿勒曼尼酋长第一次进入罗马的服务体系，也是从这里，"帝国日耳曼人"可以被送回去统治他们的人民，以确保他们与罗马的合作。

尽管特里尔拥有丰富的财富和重要的地位，但它的重要性几乎完全建立在它作为行政中心的角色上。当皇帝霍诺留（Honorius）将他的住处转移到米兰，并最终在公元 4 世纪末的最后几年将之转移到拉文纳（Ravenna）后，特里尔这座城市就开始衰落。公元 395 年，军事指挥官斯提里科（Stilicho）决定将行省机构迁往阿尔勒（Arles）。那些在宫廷中受到恩

30

惠、被带入权力中心的家族，也追随着皇帝和行政长官向南和向东迁移。公元410~435年，由于受到蛮族的至少四次洗劫（但显然不是摧毁），这座城市的衰落进一步加速。

在西部帝国，还有一些家族的势力不仅建立在皇室的支持之上，还建立在他们在当地所拥有的资源的基础上，这些家族大都位于距离边境地区更远的地方。尤其是在罗讷河谷、阿基坦和地中海沿岸地区，像西亚格里（Syagrii）、庞帝（Pontii）、阿维提（Aviti）、阿波利纳雷斯（Apollinares）、马格尼（Magni）这样的大家族，更是扩大了他们通婚、赞助和占有土地的网络。在这里，罗马文明已经深深地扎下了强大的根基，这些伟大家族的成员在西部帝国权力消亡之后，延续着罗马文化的传统。

上面所讨论的地方权力的转变过程，长期以来一直助长着帝国内部的地方主义情绪。早在公元3世纪，高卢的贵族们就表现出愿意看到政治控制权转移到地方的权力觊觎者手中，其结果是军队有能力推举出一连串高卢皇帝。事实上，是这些地区出现的来自篡位者的威胁，而不是来自莱茵河对岸的蛮族的威胁，使得斯提里科将行政机构迁往罗讷河下游。

这种贵族统治最清楚地界定的西部帝国文化，已经与东部帝国文化越来越不同。在东部，希腊文化穿过了拉丁文化的锈层，完成了复兴，这使得哲学的重要性日益增加，并在基督教精英中引发了教义的派系主义斗争。在属于欧洲的西部帝国，公元4世纪和5世纪见证了严肃的希腊式研究逐渐被放弃的过程，与之相伴随的是对哲学的轻视和对修辞的热衷。教育仍然完全属于教授语法和修辞的世俗学校的领域，其目的是培养具有共同文化背景和演讲技能的精英青年，以指导帝国官僚机构的工作。这种教育由受国家雇用、由国家支付报酬的学者承担，完全是文学式的，也就是说，是属于异教（非基督教）的。基督教会在其成员的正规教育中没有发挥任何作用——不像在亚历山大和安条克等东部城市那样，西部没有神学院存在。因此，年轻的贵族，无论是基督徒还是异教徒，都继续被共同的文化遗产绑在一起，而这是在帝国服务中进阶的先决条件；此外，在一个阶层化日益显著，以至于出现职业世袭制的社会中，这是除了日益蛮族化的军队之外，剩下为数不多的保持社会流动的手段之一。

这种对罗马文学和修辞传统的训练，是罗马贵族社会最强大的黏合剂。在公元 4 世纪和 5 世纪早期，基督教罗马人和异教罗马人的价值观几乎没有区别，真正的鸿沟存在于受过教育的精英和其他人之间。正是在教育，而不是宗教或政治组织的基础上，罗马的精英阶层将他们自己与日益出现在他们中的蛮族区分开来。

最著名的一些贵族完全退居到了令人难以置信的奢侈和享乐世界里，很少或者根本没有在公共领域中担任角色，而其他人则把他们的一生献给了文学。比如西玛库斯，他更著名的标签是"玩弄文字的人"以及"罗马异教旧传统的辩护士"，他一生花在公共事务上的时间加起来不超过三年。然而，公共服务的传统并没有完全消失，随着中央政治权力和地方库里亚权力的侵蚀，一些元老院贵族成员纷纷开始在两个领域内占据类似职位，这两个领域是：帝国内部的蛮族宫廷和教会。上述勃艮第皇家宫廷中的罗马人，就是那些为蛮族国王提供必要管理技能的罗马人的典型代表，面临的最复杂任务是，将蛮族安置到罗马世界中。这些顾问甚至在蛮族进入帝国之前，就已经在

32

他们的宫廷中存在了。其中一些人，如意大利东哥特国王宫廷中的卡西奥多鲁斯和波爱修斯（Boethius），以及勃艮第人中的罗马贵族，他们的名字都流传于后世。其他许多帮助蛮族国王们管理财政和行政机关的罗马人都默默无闻，却在他们给蛮族制作的法典中留下了痕迹。这些法典的形式甚至内容都依赖于晚期罗马法，以及源于晚期罗马地方行政制度的皇家行政文件和程序。

从地方上来看，贵族们也通过主教机构填补了民事政府解体后留下的权力真空。在公元 4 世纪和 5 世纪，这种情况在高卢更为普遍，那里的主教来自最高的贵族阶层，而在意大利和西班牙，主教来自重要但并非真正杰出的家族，这或许表明，比起比利牛斯山和阿尔卑斯山以北的地区，在意大利和西班牙，教会之外的地方政府组织形式更加有活力。

到了公元 3 世纪末，教会的基本组织早已建立起来，而其中主教（episcopus）更是具有无可争议的特权。尽管主教是当地社区协商任命的，并必须由另一位邻近地区的主教祝圣，可一旦主教上任，就可以就任终身，只有由邻近地区的主教组成的理事会能罢免他。因此，一位主教实际上享有独裁权力，可以任命他的牧师、男执事和女执事，接纳新成员加入社区，驱逐那些秉持他不赞成的信仰或道德的人，并完全控制教区财政。他的管辖权通常与世俗行政当局的属地管辖权相对应。宗教本质上是城市的，通常每一个城市都有自己的主教。主教的权威在理论上可以延伸到农村，但由于欧洲乡村的基督教化是一个极其平缓的过程，在正式意义上，直到公元 10 世纪之前都没有完成，因此主教的重点依然是城市。

33　　当然，在皇帝君士坦丁之前，主教的实际权力差异很大，特别是在西部帝国，主教在基督教社区之外很少受到尊重。君士坦丁及其继任者的皇家崇信剧烈地改变了这种情况。主教的地位第一次变得足够高，这成为贵族保留和扩大权力的手段之一。主教被授予帝国补贴和税款豁免，甚至被授予罗马治安法官的权力，而这些权力在传统上是留给行省长官的。主教们的财富也因虔诚人士的捐款而大大增加，这些捐款主要来自贵族妇女，她们在公元4世纪和5世纪对西方基督教的发展起到了极其重要的作用，但直到最近才受到人们的重视。这种新的宗教为妇女提供了一种少有的手段，使她们能够离开她们通常从属的私人世界，进入公共领域。作为捐赠人、朝圣者，以及越来越多地，通过保持处女身献身于上帝，妇女在完全由男性主导的古代世界中可以获得一种她们前所未闻的地位。

然而，在公元4世纪，贵族被选入教会任职依然非常特殊。当富有的高卢参议员保利努斯（Paulinus）放弃他的事业和财产，加入教会，最终成为一名主教时，这甚至引起了一场丑闻。安布罗斯的情况也是如此。身为一位罗马禁卫军队长的儿子，他允许自己被选为米兰主教——哪怕这个城市贵为米兰，但在当时，这依然是一个非同寻常的选择。

但在公元5世纪，特别是在高卢，贵族加入教会机构已经成了惯例。主教往往来自元老院阶层，他们不是从神职人员中挑选出来的，而通常是从那些有着领导和行政管理经历的人中选出的。被选为主教已经成了一种晋升体系（cursus honorum）的高潮阶段，这种晋升体系反而与教会没有多大关系。显然，这些主教的价值观反映了他们的阶级价值观，以及他们在漫长职业生涯期间所处的世俗社会的价值观。这些主教在他们的墓志铭和葬礼演说中，最为人铭记的美德是世俗的名望和荣耀，

34　这是异教徒罗马社会的传统价值观，而不是什么宗教美德。由于完全缺乏宗教或教士背景，西部的大多数主教很少卷入神学或精神方面的争论。

　　然而，对这样的人物的选择，很可能准确地反映了他们所在社会的真实需求。随着帝国对地方财政的要求越来越高而地方议事机构反而失去了有效处理财政的能力，随着遥远的君士坦丁堡向各省派来了蛮族指挥官，随着地方权贵凭他们自身的实力变得比民事当局更富有、更强大，地方社会的确需要能够为他们提供保护的新权力掮客。在东部，不同的宗教和政治价值观，使奉行禁欲主义的圣徒在社会和政治上取得了越来越重要的地位，他们生活在世俗的人类社会之外，可以通过非常中立的身份充当赞助人和仲裁者。他们作为圣徒的地位，使他们在世俗事务中享有威望和权力。在西部，人们宁肯寻找那些已经在现实世界中取得了声望和权力的人，让他们去当教会的领袖。虽然西部也不时有圣徒出现，但高卢－罗马主教依然成功地确保这些禁欲主义者的威望和权力是严格从属于主教的。最安全的方法是发展对死去的圣徒的崇拜，而不是崇敬活着的人。至少从公元5世纪起，西部对殉道者和圣徒的崇拜——在教会的牢牢控制下——成为大众宗教热情的焦点，而教会的宣传人员在关于圣徒生活和奇迹的文学作品中，总是在强调他们对等级制度的服从。因此，高卢－罗马主教得以在不否认"上帝之友"（圣徒）的重要性的情况下，夺走他们的权力，以加强自己的社会和宗教霸权。

　　对这些西部的主教来说，最重要的美德不是来自基督教精神或禁欲主义传统，而是来自虔敬（pietas），即古代以来一直存在的、与皇帝的父权主义角色（pater patriae）相关联的中心美德；从君士坦丁开始，这种虔敬更是变成了对一切高级官僚的服从。这种本质上属于保守主义的偏好，进一步强化了元老院贵族的权力，因为只有这个阶层能够提供符合条件的人选，几乎所有的高卢主教都来自那里。高卢城市中的职位往往是在某些强大的元老院家族中代代相传，他们利用这些职位进一步促进了家族的利益。甚至在罗马世俗权威的最后残余在西部彻底消失之前，我们就可以恰当地说，"主教制领主"（episcopal lordships）是西部政治格局中最持久的特征之一。[6]

　　然而渐渐的，在阿尔勒的希拉里乌斯（Hilarius）这样的特殊人物，以及被引入高卢的东方修道院传统——从邻近普罗旺斯海岸的莱兰岛（Lérins）修道院引入——的影响下，东部基督教中普遍存在的禁欲主义价值观，开始渗透到西部主教传统中，至少在理论上是如此——如果在实践中并不总是这样的话。主教职位与高卢 - 罗马贵族的关系如此密切，以至于在公元 5 世纪，随着这些新的价值观改变了西部主教职位的理念，它们也渗透到了贵族的思想之中。因此，随着贵族们越来越将主教职位视为他们的核心机构，他们根据基督教价值观，开始缓慢地重新定义他们自己和他们所处的罗马文明。

输家：其余所有人

　　在这样的背景下，那位在勃艮第宫廷中的高卢 - 罗马贵族的地位变化如此之小，以至于他根本没有注意到罗马帝国的消失，就一点都不奇怪了。另一件事也不足为奇：他将他所遇见的圣徒带到宫廷的理由，是穷人的困境。穷人一直是帝国税收的受害者，并继续成为元老院贵族的受害者。穷人也可能没有注意到罗马的灭亡，这仅仅是因为，无论被称为税吏，还是地产管理者，收取租金的代理人在不同的政权之间，甚至在不同的世纪之间，几乎是没有差别的。如我们将看到的，于公元4世纪开始征收的税种，到了8世纪，除形式上稍有改变之外，仍然继续征收着。

帝国的经济当然绝大多数是以农业为基础的，尤其是在西部。传统上，意大利和西班牙以外的大部分农业工作不是由奴隶来做的，而是由被称为科洛尼的自由佃农来完成的。这在一定程度上可能是由于奴隶的成本，以及他们作为农业工人的相对低效；当然，这也是因为自由佃农不同于奴隶，他们有义务去服兵役，而保持大量潜在的新兵源是符合帝国利益的。

即使在从事农业劳动时，奴隶们通常也被安置在他们耕种并为之支付租金的小块土地上。他们通常不会被和土地分开出售。他们可以获得自己的财产，并将这些财产传给子女，还常常能够与较低层的自由社会联姻。

在公元3世纪，自由佃农的身份变得越来越与农奴（servi）无法区分了。在戴克里先统治时期，没有土地的农民被登记在他们所耕作农场的地主名下，因此被固定在了他们缴纳资本额度和粮食税的地方。这种安排对地主是有利的，因为劳动力供应得到了保障；对帝国也是有利的，因为它可以利用地主来强制收税。到了公元4世纪末，在帝国的许多地区，自由佃农与奴隶的区别仅仅在于，自由佃农依然具有司法人格，但即便这一点也受到了严重限制——他们被束缚在他们出生的土地上，没有权利离开它，必须把土地所有者看作主人和保护人。

拥有土地的自由农民在帝国晚期并没有消失，但他们变得极其罕见。没有了强大的保护人或帝国的青睐，他们成为征税官最经常的受害者，文字证据表明，他们的命运往往与自由佃农的命运没有区别。

　　无法逃避这些税收的个人，几乎没有其他生存选择权。在高卢，从公元 3 世纪末开始，人们就不断听说周期性的巴高达（Bagaudae，高卢语，意为"战士"）叛乱，各个省内不同种族的集团都因为税收而被迫造反。巴高达叛乱在公元 417 年、435～437 年、442 年、443 年和 454 年反复出现，对帝国构成了严重威胁，导致长期的军事行动。这些叛乱都规模巨大，需要全面的军事行动来镇压，在某些情况下，它们不单单是农民暴动的雏形，还是真正的分离主义运动，巴高达领袖们驱逐了罗马军官和地主，建立了军队和司法制度。然而，每一次的暴动又都是没有前途的，帝国军队用尽全力对之进行了野蛮的镇压。在公元 5 世纪 40 年代发生于阿基坦的巴高达运动中，帝国将西哥特人派去摧毁了暴动。

　　比巴高达成功的是主教，基于其社会和政治的背景，他们可以代表和保护本地的社区。公元 4 世纪晚期，欧塞尔的日耳曼努斯（Germanus of Auxerre）就是这些来自贵族的主教保护者中最优秀的代表，在成为主教之前，他在军队中已经升到了将军的级别。比如，当高卢两次面临着前所未有的沉重税额时，当一些人作为巴高达开始揭竿而起时，他选择了前往阿尔勒，请求当局减轻人民的负担。最终，叛乱被镇压，领头之人被处死，与之相对，日耳曼努斯却成功地请求到了税额减免。不足为奇的是，当他被来自遥远的阿莫里凯（Armorica，现代的布列塔尼）甚至是不列颠的人召唤，要求帮助他们减免赋税时，他都心甘情愿地前往阿尔勒的总督府，甚至是拉文纳的

37

帝国宫廷，去帮助他们。像日耳曼努斯这样的主教，及时地继承了巴高达的角色，将对他们的记忆基督教化了，使得巴高达战士们成为类似于基督教殉道者的角色。[7]

对受压迫的自由人来说，另一种减轻赋税的方法，是将他们自己置于富有的、有权势的元老或其他显贵的保护（patrocinium）之下，这些人通过他们的军事权力或者财富，在与地方立法机构或者帝国征税机关打交道时，有着更多的操作空间。然而，这种将个人置于其保护人的慈悲之下的选项，也绝不是理想的情况。

最后的可能也是最常见的选择，就是逃离。在整个古代晚期，遗弃土地的现象（agri deserti）变得普遍起来，农民们不管自由与否，都只是为了逃避地主和税吏的压力而选择逃亡，他们通常会在更有利的情况下成为其他地主的自由佃农。背负着未开垦土地的税收负担的地主们，也转而放弃了这些土地。在高峰时期，被放弃的土地最多占了帝国所有可耕地面积的20％。虽然放弃土地的部分原因可能是土壤肥力枯竭，但主要是由无法履行纳税义务和上缴租金造成的。放弃土地的后果是灾难性的，因为在税赋总额一定的情况下，土地空闲意味着税赋必须从其他地方征收，这样一来，那些仍然在耕种的土地的负担就加重了。此外，恢复这些地区的耕作的尝试，也导致了帝国内蛮族的大规模定居。

从征税过度的土地上的逃亡，对足够强大、可以保护农民和手工业者免于公共税负的地主的投靠，导致了西部帝国日益私有化。到公元5世纪末，西部社会开始朝着双阶级世界的方向发展，一方面是富有的、自主的贵族，他们本身就代表了公共机构；另一方面是他们的附庸，这些人依附于土地，在经济和政治上依赖于其领主。在这个世界中，当罗马化的蛮族王国取代了蛮族化的罗马帝国时，无论是在文化、社会、政治上都设法从帝国的制度中分离出来的精英阶层，还是为了避免被帝国压迫而委身于这个精英阶层的普通大众，都感觉没有什么值得哀悼的。

第二章　截至公元6世纪的
蛮族世界

　　蜡板，比如记录日耳曼牧民斯泰卢斯与罗马商人加吉利乌斯·塞昆都斯进行交易的那一块，很可能是他以及与他同时代的蛮族所接触到的唯一书面文件。除了偶尔使用卢恩文字（runes）——通常为了仪式刻在木头或石头上的神秘字母——之外，要几个世纪之后，这些人的后代才学会书写，而用自己的语言记录自己的思想和生活，则还需要更长时间。因此，当历史学家试图去了解这个古代晚期的蛮族世界时，必须始终转向他们文明化了的邻居，也就是接触过他们的希腊人和罗马人所记录的材料。然而，这样做虽是必要的，却又是危险的，因为在描述蛮族世界时，古代的民族志学者和历史学家都有自己的目的，都遵循自己的惯例，而这些与今天所谓的叙述性民族志几乎没有关系。面对一个按照完全不同的原则组织起来的部落世界，古典作家们试图给他们看来混乱的东西强加一种秩序，而他们选择的秩序是公认的希腊民族志传统。在这一传统下，至少从希罗多德（Herodotus）开始，作家们就描述过"野蛮人"了。

　　因此，虽然对蛮族进行观察的古典观察家们通常不会在描述的细节上故意歪曲事实或公然造假，但他们试图通过一种罗马释义法（interpretatio romana），即把他们（蛮族）放在作者

所接受的文化和社会类别中进行解释，来使这些外来的民族更 40
加易于理解。也许是因为好奇、恐惧，或是因要进行说教和传
道，作者们把他们的数据放进预先设想的结构中，用现成的词
汇和图像来描述研究对象，以满足自己的需求。

不是用蛮族的语言，而是用"文明"的术语来理解蛮族，
这种倾向在罗马学者中尤为明显。从普林尼（公元 23 ~ 79
年）和塔西佗（公元 55 ~ 116/120 年）开始，他们借鉴自己
和希腊先辈的经验，来描述罗马边境以外更广阔的世界。罗马
人不是创造者，而是组织者。他们最大的贡献在于，当从被征
服的人民那里继承了大量混乱时，他们提供了结构、形式和规
则性。在建筑方面，这意味着罗马（通过继承被征服者发明
的建筑结构形式）扩大和不断重复那些形式简单的拱顶和拱
廊，从而将更大的空间封闭和组织起来；在政府形式上，罗马
人更是达到了他们的最高成就——组织和管理着一个庞大的多
民族帝国。当罗马人把注意力转向蛮族世界时，他们在这里也
承担着组织的任务。首先是智识上的——通过对蛮族的描述，
把罗马的秩序和价值观强加在这个原本不可理解的世界上；其
次是政治上的——他们积极的外交和军事努力及其文化的诱
惑，使野蛮人逐渐进入罗马的轨道。

对于文明化了的罗马人来说，离城市及其文化和政治形态
越远，就越是远离人的世界，靠近野兽的世界。总之，人是一
种政治的动物，也就是一种特别适合城市（polis）生活的动
物。在像塔西佗这样的作家中，这种倾向尤为明显；即使在就
某些日耳曼部落被罗马文明腐化的程度进行说教的时候，随着
离罗马世界越来越远，他所描述的民族也变得越来越野生和兽
化。最极端的是芬尼人（Fenni），他们没有马匹，没有武器；

他们吃草，穿兽皮，睡在地上；他们劳动时不分性别，甚至没有宗教信仰。他们真的位于罗马人认为的人类边缘。"在芬尼人之外，"塔西佗又加了一句，"还有一些寓言故事——荷露西人（Hellusii）和奥匈尼斯人（Oxiones）长着人的脸，但身体和四肢都是动物的。"[1]

因此，罗马民族志中对蛮族的描述几乎都是单调而又相似的就不足为奇了。在美德和邪恶方面，所有野蛮人都是彼此相似的，他们更像动物而不是罗马人。他们通常身材高大，金发碧眼，气味难闻；他们不是按照固定的成文法生活，而是按照毫无意义和不可预测的习俗生活；他们在战争中凶猛而危险，但又非常懒惰，容易分心，和平时争吵不休；众所周知，他们对本族以外的人毫无诚信；他们爱喝酒，互相争斗，这是他们自取灭亡的原因；他们的语言更像动物的叫声，而不是真正的人类语言；他们的音乐和诗歌粗糙而无节制；当他们是异教徒时，他们的宗教是一种被迷信歪曲的罗马宗教的混乱形象，而当他们是基督徒时，他们的宗教又是真实信仰的一个粗糙的异端版本。

在不断加剧的人口压力的推动下，这些民族从北方那看似取之不尽用之不竭的"民族的子宫"中奔涌而出，去寻找新的乐土。从某种意义上说，野蛮人是如此相似，以至于人们可以认为所有的野蛮人都同属一个民族；那里从来没有新的民族，有的只是活着的人不断取代那些被摧毁或离散的人。

尽管如此，罗马历史学家和民族志学者仍然奋力对这些混乱的部落进行分类和描述，并将其分配到特定的地点和群体——这是一项艰巨的任务，但恰恰是最吸引罗马人的任务。因此，在罗马人的著作中，人们可以找到对据出生地、语言、习俗和宗教组织起来的，各种日耳曼和斯基泰（Scythian）民族的极其详细的描述。再一次，根据最好的罗马传统，秩序取代了混乱。

人们不必对罗马人对待野蛮人的方式感到奇怪——这种文绉绉的方法、分类、模式化的观念以及目的，都与古典文化紧密相连。也许更令人惊奇的是，很少有罗马建筑能像他们所塑造的野蛮人，特别是日耳曼人的形象那样，长久地存在。古典民族志的遗产是双重的。其一，对我们来说也是最重要的一重影响是，它继续主导着大多数古代晚期和中世纪早期关于日耳曼部落的历史描述。根据塔西佗的《日耳曼尼亚志》（Germania）和恺撒在《高卢战记》（Commentaries）中对日耳曼部落的描述所绘制的地图，常常被放在中世纪教科书的开头，人们做出了顽强的努力，将迁徙时期的蛮族附会到塔西佗时代的某个部落身上。更重要的是，学者们倾向于把塔西佗在公元 1 世纪时对日耳曼习俗的描述，直接用于哥特人、法兰克人、勃艮第人以及其他在公元 4 世纪和 5 世纪进入帝国的民族所属的社会；他们还试图用这些早期的部落习俗来解释后来的蛮族王国在社会和政治制度上的发展，这一努力类似于套用 17 世纪对新英格兰的记录，去描述 20 世纪的美国。同样，他们倾向于将经典的对蛮族习俗、性格和一般"蛮族主义"的描述，作为对中世纪早期蛮族征服和定居过程的解释。

其二，也更有害的一重影响是，这些经典描述深深地影响了欧洲和美国对现代德国的看法。在 19 世纪，对早期日耳曼民族中存在着原始共产主义社会的幻想，以及对自由的宗教般的虔诚，影响了许多早期的社会科学猜测。在 20 世纪 30 年代，民族社会主义理论家试图将第三帝国的建立，与塔西佗

42

《日耳曼尼亚志》中的蛮族部落联系起来，将蛮族大迁徙时期的历史视为"德意志国家和民族"历史不可或缺的组成部分。虽然这种利用德国神话般的历史进行现代宣传的企图，在二战后遭到了压倒性的拒绝，但过去一个世纪中的欧洲战争给德国和德国人留下了不少猜疑和敌意。在对近代德国历史进行解释时，人们依然可以看到古老的对日耳曼人的负面评价：凶猛、懒惰、好斗、酗酒和不守信。

43　　这两种令人遗憾的倾向都是必须拒绝的。学者们必须根据古典民族志的关切点和传统，非常谨慎地阐释古典资料，并在牢记考古学家所收集数据的情况下来考察它们。学者们应该非常小心地使用这些珍贵的、由古典作家提供的信息，并意识到罗马和希腊的观察家试图在其中构建他们自己的体系。此外，无论好坏，我们必须将蛮族世界的历史视为古代晚期的历史，而不是任何现代意义上的"德国的（German）历史"①。因此，它不再属于现代德国的历史，就像它也不属于法国、意大利或美国的历史那样。

迁徙前的蛮族社会

　　如果我们试图从考古学材料和实物证据的角度，而不是从罗马作者的角度来重建日耳曼牧牛人斯泰卢斯的世界，我们会发现自己身处一个非常陌生和令人迷惑的领域之中。首先，我们不仅找不到日耳曼人内部小部落林立的物证，而且我们甚至

---

① "日耳曼"（German）与现代的"德国"是同一个词，因此作者提醒人们，这里的 German 指的是包括现代法国、德国等多个国家的地理范围的古代日耳曼，而不是现代的德国，也不应该看到对古代日耳曼的讨论就联想到现代德国人。

很难谈论到底是什么明确的界限将他们与凯尔特人和斯拉夫人（Slavs）区分开来。被古典作家统称为"日耳曼人"的民族是一个复杂的民族混合体，其中一些人无疑说的是印欧语系中被称为日耳曼语的语言；但另一些人是斯拉夫人、凯尔特人和芬兰人（Finns），他们不断被吸收和重组为新的社会群体。因为语言学的证据并不存在于"日耳曼"文明的最早期，所以从考古学的角度来探讨它是比较安全的做法。根据考古学证据，日耳曼社会起源于铁器时代的一些民族，这些民族从公元前 6 世纪起，出现在中欧北部和斯堪的纳维亚半岛南部地区。这个社会最早的阶段以"亚斯托夫文化"（Jastorfkultur）闻名，它与铁器时代早期分布在更南和更西部的哈尔施塔特（Hallstatt）和拉坦诺（Latène）文化是同时代的，并且常常无法与这两者区分。根据我们的研究，它的主要特点是重视养牛和精通铁器，前者将它团结起来，后者在某种程度上将它与邻近的凯尔特和斯拉夫社会分开。

日耳曼文化

日耳曼人定居点的大小和形式因所在地区的气候和地形而有所不同，因此很难对其进行概括。通常，除了沿海地区，它们都建在天然空地的边缘，以开展广泛的耕作。日耳曼部落成员定居在莱茵河和奥得河之间的北海沿岸，居住在相当大的木屋里。木屋由四根柱子支撑，而这些柱子将其分成三个平行的房间。这些房间不仅可以容纳家庭成员，而且可以存放珍贵的牛群，牛的体温在冬天可以温暖整个木屋。在这种典型的日耳曼建筑中，人类占据了其中最大的房间，这个房间被一堵屋内的带门的墙与其他房间隔开。这扇门的后面是两排饲养动物的厩槽，中间隔着一条走廊。每座木屋能够饲养的动物的数量差

44

别非常大——有的只能装不超过 12 头，而另一些可以装 30 头甚至更多。[2]

在更为内陆的现代威斯特伐利亚（Westphalia）地区，以及易北河和萨勒河之间的地区，日耳曼人居住在不同类型的房子里。例如，在茨文考的哈特（Harth bei Zwenkau，靠近现代莱比锡）发掘出的一个村庄中，传统住宅是一种在青铜时代就已经很出名的长方形小建筑。这些住宅也有立柱支撑，但没有内部支撑柱，长度通常在 5 米到 7 米之间，宽度只有 3 米到 4 米。在这些住宅旁边，建造了各种各样的建筑，包括面积可能高达 60 平方米的有两个房间的大房子，底层空间为 25 平方米的狭长房屋，以及小一点的面积约 12 平方米的、几乎为方形的建筑——它显然是用来做储藏室或者动物厩廊的。最后，在易北河 - 奥得河地区的一些日耳曼人社区中，例如在奥斯特堡（Osterburg）附近的泽达（Zedau），人们建造了一些小的坑洞式建筑，部分位于地下，通常约 12 平方米大小，这些建筑可能主要用于储藏。

45　　无论房子的形式如何，他们（日耳曼人）都倾向于聚集在小村庄里，以农牧结合为生，如果有条件，就以捕鱼为补充。例如，在现代莱比锡附近的一个地方，一个村庄是由两座上面描述的那种大房子和六座小房子及其附属建筑构成。

最重要的作物是大麦，其次是小麦和燕麦，大豆和豌豆也得到广泛种植。亚麻通常分布在海岸地区，主要用于榨油，而没有被广泛地用来做衣服。种植这些作物的田地被分割成一些独立的小块，通常是粗糙的方形，大小差别非常大。对它们的组织和安排表明，为了让土壤从紧张的耕作中恢复过来，已经实行了轮作。在长期耕作的地区，农田也通过在土壤中添加石灰岩和粪肥而得到改良，尽管人们偶尔也会将贫瘠的土壤废弃，通过放火烧山将更多的新地纳入耕种范围。

耕种这些田地有两种方式，显然它们都可以追溯到青铜时代。大多数田地都是用一种相当简陋的犁进行耕作的。这种简单的木制器具本质上是由犁铧（或称犁刀，用来犁开土地）和一个柄（用牛拉着控制方向）组成的。它没有犁板来将土壤翻起以使土壤通气，因此必须以直角两次拉过田地，才能将土壤彻底犁好。

除了这些相当轻的犁之外，一些田地还用一种重型犁耕种，这种犁能够翻动土壤，从而使北欧密实的黏土得以通气。尽管这种工具没有幸存下来（这并不奇怪，因为它们是用木头做的，只有犁铧上用了一点铁），但对一些凯尔特和日耳曼田地的表层土和下层土的细致研究显示，土壤翻种的方式事实上有力地证明了这样一种工具的存在。

谷物是用短柄镰刀收割的，从某种意义上说，这对于凯尔特人同时使用短柄镰刀和长柄镰刀而言是一种倒退，尽管日耳曼收割者的短柄铁镰刀可能比凯尔特人的青铜和燧石工具效率更高。谷物依然保存在谷杆上，为了防止其变质，常常稍微烘烤一下，然后储存在用木头做成的高高的谷仓里，再用泥土密封起来。当人们需要谷物时，再把它从谷杆上分离下来，进行脱粒。谷粒是用几千年来一直使用的那种简单的手工石磨磨碎的。渐渐的，在斯泰卢斯时代，在邻近的凯尔特人和罗马人的影响下，易北河和莱茵河之间的一些日耳曼部落开始使用更复杂、效率更高的旋转磨（grindstone）。面粉一旦磨好，就被混合成一种面糊，或者做成面团，然后在托盘上烤成薄片糕点。相当一部分谷物也会被酿造成一种浓烈的啤酒，这既是一种重

46

要的营养物质来源，也是社交中的重要元素。

谷物种植对日耳曼社会而言是必不可少的，普林尼在其《自然史》（*Natural History*）中正确地描述了其产物，并抓住了日耳曼人饮食的基本元素。[3]但种植业是没有社会声望的，谷物的保存、碾磨和准备工作都留给了妇女——这清楚地表明，在这个男性主导的社会中，农业的地位是低下的。在农业活动中，对日耳曼男性最具吸引力的是畜牧业，特别是养牛，尤其是在相对开放的沿海地区。尤利乌斯·恺撒曾指出："日耳曼人不重视耕作，他们的营养大部分来自牛奶、奶酪和肉。"[4]毫无疑问，他关于日耳曼人的营养来源的说法是不正确的，但他准确地反映了日耳曼人的文化自我认知。牛的数量决定了一个人的社会声望，是财富和地位最重要的物质标志。在传统社会中，牛是财富的典型标志，因此现代英语中的"fee"（费用、报酬）一词由中世纪的"fief"这个词发展而来，后者起源于日耳曼语中的"fihu"（现代德语：Vieh），意思是牛、动产，因此也指财富。（在古代晚期，牛、动产和资本等拉丁术语也经历了类似和相关的发展，晚期拉丁语中的"captale"的意思是普遍化的财产，更具体地说就是牲畜。）

47　　除了养牛之外，斯泰卢斯的同代人也饲养家猪、绵羊、山羊和马，以及新近引进的鸡和鹅（根据重要性降序排列）。尽管日耳曼社会给人留下的形象是人们经常去狩猎，但家畜几乎是他们饮食中的所有肉类。在已经调查过的考古遗址中，野生动物骨骼占所有动物遗骸的比例在8%以上的一个都没有，而驯化动物骨骼平均所占的比例接近97%。最重要的狩猎动物是鹿和野猪。人们猎杀各种野牛，除了获取它们的肉之外，还需要它们的兽皮和角。然而，在村庄遗址中发现的此类动物骨

骼几乎可以忽略不计，这可能是因为人们是为运动（实际上
是为战争而操练），或者是为消灭与牲畜争夺食物的有害动物
而狩猎，而不是专门为补充食物而狩猎。

考虑到养牛的重要性，早期日耳曼人对牛群的管理非常系
统也就不奇怪了。像其他人一样，斯泰卢斯可能在他的牛长到
三岁半之前，就屠宰、交易或出售了大约 50%。这就形成了
牛群的消耗性增长，因此，牛群的规模保持相对稳定。他把剩
下的牛饲养了大约十年，在这期间，它们被作为种畜，并且提
供牛奶。在此之后，由于产量的下降，这些牛也会被屠宰、交
易或者出售给罗马人。

猪是杂食动物，所以猪特别适合欧洲森林茂密的地区，在
人们离开沿海平原后，所饲养的猪的比例会增加，而牛的比例
会减少。它们也是系统分类和管理的对象。大约 22% 的猪在
第一年内就被宰杀，28% 在第二年被宰杀，35% 在第三年被宰
杀，这时它们的平均体重达到 110 磅。

动物的每一部分都要么被用作食物，要么被用于衣服、住
所和家什的生产。烹调肉食的方式包括生吃、烤、烘或者煮。
肉也可以通过烟熏、晒干保存，或者在产盐的地方腌制保存。
牛奶可以喝鲜的，也可以将之做成凝乳保存。黄油既可以食
用，又可以在它酸败后用作调味品、药物和美发剂。罗马人极
其厌恶最后这种行为，他们更喜欢用橄榄油来滋润自己的
头发。

工艺品

与凯尔特人不同，前几个世纪的日耳曼人只能生产相当粗
糙的陶碗和器皿。黏土几乎是无处不在的材料，由于没有转轮
的帮助，人们只能用手将黏土制造成诸如锅、各种各样的容

48

器、汤勺和纺锤等简单的物品。这些物品上装饰着相当简单的
几何图案，这些图案或是刻上的，或是用一个滚动的图章印上
的——图章在潮湿的黏土上移动时，其上的图案留在了上面。
尽管凯尔特人早就知道窑炉，但日耳曼人的陶制品显然是在开
放的木头火中烧制的。这些器皿更加注重实用性，而不是装饰
或象征地位的功能。显然像谷物生产一样，烧制器皿主要是女
人的工作。

　　妇女也负责织布、纺纱以及纺织品的生产，这些方面的信
息之所以被现代人知晓，是因为在威悉河－埃姆斯河（Weser-
Ems）地区、石勒苏益格－荷尔斯泰因（Schleswig-Holstein）、
日德兰半岛（Jutland）以及丹麦众岛屿的沼泽中，那些发现
于因厌氧环境而保存下来的尸体上的衣物，都以极好的状态留
存着。在这些所谓的"沼泽尸身"中，有一些得到了简单的
安葬，但另一些显然遭受了处决，或者是祭祀的牺牲品。这些
尸体穿着的衣物是在小型织机上用羊毛手工织成的。各种各样
的服装图案和款式清楚地显示了不同的社会地位，也可能是不
同的社区。莱茵河口附近的人尤其因他们优质的毛织品而闻
名，这种毛织品甚至在罗马帝国内部都很受欢迎。

　　一般来说，女人穿的是用胸针（fibulae）在肩膀处别起来
的无袖长衫。裙子的下半部通常是打褶的，相当宽松，用皮带
固定。此外，她们还穿着衬衫、内衣，戴着颈巾。年轻女孩常
常穿一种短羊毛衫，可能还会披戴短毛皮披肩。

49　　　除毛皮披肩外，男人们还穿着羊毛长裤、罩衫和斗篷。有
些裤子是全长的，甚至在末端将脚兜起来；另一些裤子只到膝
盖，下面要配上绑腿。一件罩衫穿在裤子外面，用皮带系紧。
斗篷是一块大的长方形羊毛织物，用一根胸带装饰并系在肩

上。皮鞋和皮帽，再加上冬天的毛皮斗篷，构成了这套服装的全部。

　　衣服以及头发和胡子的样式是社会身份的重要标志，但衣物生产在社会上的地位并不高。在古代的日耳曼人中间，最重要和最复杂的工艺是铁器制造。在公元前最后一个世纪和公元后第一个世纪，铁器生产在日耳曼世界里出现了戏剧性的增长。重要的原材料几乎就在手边：在北欧地区，低品级的铁矿石遍布地表或接近地表，而广阔的森林为制造木炭提供了木材。几乎每个村庄或居民点都有自己的生产中心，以及有能力负责铁器和装饰品生产的专家队伍。这些男人（因为像牧牛一样，铁器制造是属于男人的工作）建造了小型、粗糙但很有效的土质熔炉，用炭火熔化矿石，在风箱的帮助下，熔炉可以达到熔化矿石所需的 1300 ~ 1600 摄氏度。炉子可能只能装下 1 升左右的铁矿石，用能够找到的最好的铁矿石，一次可以制造出 150 ~ 250 克铁。整个过程耗时极长，需要相当的资源和技巧。它包括不少于八个步骤，其中三个需要不同的、精心控制的温度。尽管与当时文明世界已知的更大规模的技术相比，日耳曼技术所生产的铁的数量很少，但质量非常高。在一个经验丰富、技术熟练的铁匠手中，这种铁可以被锤打、折叠、再加工，制成质量非常高的钢。这些铁匠所生产的最精良产品是一种刀，刀身用软钢制成，以增加灵活性，而刀刃则使用更加坚硬的材料。这种刀是军械师工艺最杰出的代表，其性能远远优于罗马军队的装备。

　　虽然可以制造出优秀的物品，但它们的总量是非常有限的。直到中世纪，日耳曼世界仍然缺少铁，尤其是在武器方面。需要大量钢材的物品（如长剑）极为罕见，而后来成为

50

日耳曼特色武器的宽头长矛也是如此。更加常见的则是铁箭头和单刀短剑。铁也被用作盾牌上的中心防护体。铁最常用于制作木材加工工具，因为木材仍然是制作日常工具的主要材料，同时铁也用来制作小型装饰品。铁器的质量取决于每个铁匠的能力，而当时生产出来的大部分产品可能都是平庸的。

日耳曼人的农业和手工业主要是为了维持生计，而不是为了进行贸易。货物主要在日耳曼世界内部流通，虽然它们也在日耳曼世界与外部世界之间流转，但这主要不是通过商业进行的。在个人之间或者团体内部，和平交易主要通过礼物交换的形式进行，虽然这种行为看起来可能是自愿的，但实际上是强制性的和规定好的。送礼是一种获得威望和权力的手段——在一次这样的交易中，真正的受益者不是接受礼物的人，而是给出礼物的人，后者以此显示出自己的优越地位，并让接受者欠了一笔人情债。

声望的一个更主要的来源，是一种货物和财产的流通，这种流通是通过掠夺和战争实现的。这比其他任何手段都更决定了日耳曼社会的特征，并定义了其中个体的地位。劫掠发生在部落之间，以及部落内部的世仇氏族之间，战利品主要包括牛群和奴隶。在战争中，日耳曼社会发现了它的目标、价值和身份，而它的经济和社会都是为此而构建的。

社会

我们刚描述的各种群体从来没有想过，自己属于一个可以被赋予集体名字的"民族"。"日耳曼"这个词是高卢人强加的；现代德语词"Deutsch"的意思仅仅是"人民"，而且是在公元 9 世纪晚期才产生的。然而，学者们却早就陷入了诱惑之中，要把"日耳曼人"描述为一个整体，并试图根据一些

51

客观标准对他们进行细分。在第一次这样的现代尝试中，人们完全基于后来发生的后移民时期的语言证据，将日耳曼世界分成北日耳曼民族（包括居住在斯堪的纳维亚半岛的人）、东日耳曼民族（包括哥特人、勃艮第人、汪达尔人），以及西日耳曼民族（包括法兰克人、撒克逊人、巴伐利亚人和阿勒曼尼人）。无论这种划分对于研究大迁移后的日耳曼语言的语言学家有什么好处（事实上，即使这样也存在相当大的争议），这种模式对我们理解公元 1 世纪、2 世纪日耳曼民族之间的差异几乎没有帮助。人们在上述实质性差异的基础上，做出了更有用的划分，并将之与后来的语言学证据相比较。这表明，一种更有用的揭示显著差异的划分方法是，将日耳曼民族划分为易北河日耳曼部落（即生活在易北河和奥得河之间的民族）、莱茵河 – 威悉河日耳曼部落（即生活在这两条河上靠近罗马边境的部落），以及北海日耳曼部落（他们沿着海边居住）。这种划分似乎反映了某些文化的和宗教的从属关系，这些从属关系偶尔表现为团体内部为特定目的而结成的相当广泛的民族联盟。但是，这些群体不能被认为是社会的、种族的或者政治的实体。日耳曼社会的实际结构比这更有流动性，也更加复杂。

日耳曼人定居点的实物遗迹，提供了有关这些民族社会结构的重要证据。正如我们所见，他们通常居住在小村庄里。尽管有人试图把日耳曼人的社会看作共产主义与平等的原始形态，但在公元前 1 世纪，该社会在财富和地位上就已经显示出了广泛的差异，以及关于可被称为明显同质化了的贵族阶层的重要迹象。

日耳曼社会中人数最多的阶层是自由人阶层，他们的社会身份在很大程度上是由他们所拥有的牛的数量决定的，他

52 们的自由是由他们参与的战争所确认的。在一个村庄内部，每一个人拥有的牛的数量相差巨大，这表明了相当大的财富差异。比如，在发掘于西德①的威悉蒙德（Wesermünde）附近的一个村庄中，人们发现，有的房子的牛棚只能容纳 12 头牛，而其他最多的可以容纳 32 头。在其他的村庄，一些小型建筑围绕着相当大而坚固的大房子布局，这表明，在这个社会中，至少有一些人是拥有附庸的，这些附庸被安置在首领家周围的房屋里。

通常由战俘充任的奴隶，也构成了日耳曼社会的一部分。他们一般被安置在单独的家庭中，并被要求向主人提供一定数量的食物、牛和纺织品，尽管他们也可能被用作牧民或家务奴隶。

日耳曼社会是明确的父权制社会，各个家族都是在男性的领导下组织起来的。单独的家庭是由父亲主导的，他可以对所有的家庭成员——他的妻子（有时是妻子们）、孩子们以及奴隶——行使权力。日耳曼人实行由资源决定的一夫多妻制，也就是说，那些足够富有的人可能有两个或更多的妻子，其他人只有一个妻子。

家庭被整合到被称为"宗族"（Sip，德语为 Sippe）的更大家族中。这种更广泛的亲属圈，其规模和组成对历史学家来说极难确定，可能不超过 50 户，而且似乎不仅包括同族（基于父系）群体，还包括同源（基于父母双边血统）群体。宗族的主要统一原则，在内部似乎是一种共同关系的观念——这种观念被一种特殊的"和平"强化，它使宗族内部的暴力冲

---

① 作者写作时，两德还没有统一。

突成为一种罪行，违反这种原则是无法通过财产进行补偿的——也包括一定的乱伦禁忌，可能还有一些财产权。在外部，最强大的团结原则，是有义务代表自己的亲属参加血缘纷争，从而对亲属的行为负责。这种争斗似乎比其他任何东西都更能构成和界定亲属关系的范围。

家族虽然是基本的，但本质上也是不稳定的，处于不断的分裂和转变的过程中。它很大程度上是由内部和平义务和外部战争义务所界定，每一次对和平的破坏都可能导致一个新宗族的建立，因为每一次破坏都可能源自有人拒绝接受互助的义务。同样，由于这些群体是双边的，重要的婚姻很可能导致较小的、不太成功的宗族被吸收进较大的宗族中。同样的不稳定性在更大的社会单位——部落——中表现得更为明显。

日耳曼部落，比其他任何日耳曼机构都更容易成为现代研究人员的受害者。人们总是不加批判地接受希腊－罗马思想，认为部落既继承自罗马人自己早期的部落起源传统，也继承自希腊民族志界定。但是，部落是一个不断变化的群体，他们被共同的观念、传统和制度束缚在一起。当这些共同点发生变化时，部落也发生了变化；他们扩张以吸收其他族群，他们分裂成新的部落，他们消失在更强大的部落中。因此，纵观日耳曼民族的部落历史，这些族群更多的是一个过程，而不是基本结构，并且种族起源或部落的形成是连续发生的，尽管某些历史时刻见证了这个过程的加速。

根据塔西佗所说，日耳曼人相信他们是大神图伊斯托（Tuisto）的后裔，大神的儿子曼努斯（Mannus）是他们所有人的祖先。这种对共同祖先的信仰体现在各个文明中的"部落"一词上：现代德语中的 Stamm、古高地德语（Old High

German）中的 Theoda、希腊语中的 ethonos 和拉丁语中的 gens，所有这些术语都来源于暗示亲属关系的词语，从而强调了共同的生物起源和血缘起源从共同祖先而来的想象。对这个共同的、虚构的祖先的信仰，以及因此产生的对同样神话般纯洁的血缘的信仰，是部落认同的重要组成部分，也是部落其他重要特征的基础。从这个意义上说，部落不过是一个大家族或大家庭，有着共同的价值观和共同的"和平"，这使得大家的合作是适当的。

54　　除了在共同的起源上统一了信仰，各部落还具有共同的文化传统。尽管传统上学者们强调共同语言是这些文化传统中的首要因素，但语言对早期部落的重要性并不明确。主要的文化特征似乎体现在服装、发型、装饰、武器类型、物质文化、宗教崇拜和共同的口述历史上。所有这些不仅有助于区分一个部落和另一个部落，而且也有助于澄清部落内部的社会差别。

　　共同的祖先神话和文化传统构成了法律共同体，特别是和平共同体的基础。部落生存所必需的是共同的和平或互不侵犯的意识，这使得相互合作成为可能。这种和平在部落"法律"中得到了维护和体现，所谓法律，就是部族之间互相打交道和处理争端的习惯方式。英语中的"朋友"（friend）一词，与德语词 Frieden（和平）是紧密联系的。部落成员们是朋友，他们共享着和平，拥有着共同的传统"法律"协议。然而，与宗族内部的和平不同，部落中的这种和平被认为是允许一定程度的暴力存在的，它也不会被暴力争端所破坏；事实上，在部落内部，复仇和争斗依然是各宗族之间处理冲突的正常手段。部落的"法律"与其说是禁止或劝阻部族间的暴力，不如说它规定了进行这些争斗的规则，并对这些争斗的时间和地点设置了某些限制。特别是在宗教节日期间，或者在部落自由人的集会上，以及在军事远征中，内部的暴力都是被禁止的。如果在这些时候不遵守和平，违反的人可能会被自己的部落审判，处以死刑或流放。只要宣布他是一个非法者（outlaw），从字面上讲，他就是一个不再受到部落传统和平保护的人，那么任何人都可以杀死这个非法者而不会冒遭复仇的风险。

最后，部落是一个政治社区。虽然人们主要是按照宗族组织起来的，但联合行动，特别是军事性质的联合行动的必要性，往往需要更大的政治单位。这种政治单位可能比那些共享其他文化、神话和法律习俗的群体更大，也可能更小。比如，许多个部落可能有着共同的信仰传统，却并没有共同的政治组织；另一方面，不同的群体却可能暂时为了军事目的而联合起来。

部落的最高政治单位是自由男性战士的集会。这个集会被称作 Thing，是处理违反了基本部落协定的个人的最高法院，提供了进行会晤和加强成员之间联系的机会，而且往往也是军事行动之前的集会。这个集会的组织和领导阶层，实际上也是整个部落的组织和领导阶层，在不同部落之间差异很大，在同一部落内部的不同时期也有着很大的区别。在一些部落内部，来自特定区域（被称为 gaus）的自由人会处于"亲王"（prince）的领导下，这位亲王可能是被战士们选举出来的，也可能来自重要家族，或者两者兼具。这些亲王在战争时期领导自己的战士，在其他时候则担任部落各领地单位的首领。

在一些部落的顶端站着一个人物，他的称谓在英文中只能勉强翻译成"king"（国王）。通常来看，在迁徙时代之前，日耳曼人有两种国王，一种基本上是宗教性的，另一种是军事

55

性的，尽管并非所有的部落都同时拥有这两种国王。第一种在资料中被称为提乌丹（thiudans）。这种国王通常选自王室家族，也就是与部落的种族、历史和文化传统最为密切相关的家族。这种国王被塔西佗描述为"高贵者"（ex nobiliate），也就是根据高贵的家族起源而当选的。根据推测，这种国王与传统的、相对稳定的"老牌"部落有着密切的关系，这些部落可能与邻国依然有着暴力关系，但至少在这种暴力中处于一种大致均衡的状态。提乌丹与日耳曼（实际上是印欧）的神灵提瓦兹（Tiwaz，又称提尔）有密切联系，提瓦兹是稳定社会秩序的保护者，也是法律、富饶与和平的保证人。

这种国王的角色在不同的日耳曼民族中差别很大。在一些地方，他主要充当宗教角色；在另一些地方，他主要主持集会；在其他一些地方，他还要承担军事指挥。但是，在一些部落中根本就没有这样的一个职位。而在另一些部落中，军事权威被授予一个非王家血统的领袖，塔西佗称之为将军（dux）。他是因军事实力而被选中的，所以由他而不是"国王"在战争中指挥部落。后面将详细讨论这个军事领袖。

"扈从队"制度

如我们所见，部落是由家庭或者类似于家庭的单位，因共同的信仰和社会纽带团结在一起形成的。与这种促进团结的结构形成鲜明对比的是另一个社会群体，它跨越家族甚至部落，可能同时成为部落力量和部落强烈的不稳定性的来源。这就是扈从队，塔西佗称之为 comitatus，现代德国学者称之为 Gefolgschaft。如我们所见，战争是日耳曼男人的主要活动，它很大程度上决定了他们的声望和财富。因此，在社会内部，一些（但并非全部）渴望荣誉的自由青年，让自己与那些以能力著称的重要首领联合起来，组成骑兵精英团体。这些年轻人与他们的领袖建立了私人关系，领袖负责为他们提供给养、装备，并带领他们走向胜利、赢得战利品。对他们来说，他们完全献身于领袖，在领袖倒下时，如果他们不同样战斗到死亡，那就是可耻的。

这种扈从队并非部落的基本军事单位，相反，他们是单独的武士社团，是专门为不断的掠夺和战斗而组织起来的。此外，虽然他们可能参加部落战争，但他们自己的远征并非部落战争，相反，他们是单独的袭击者，可能危及部落内部的和平或者部落间已经存在的停战协议。这样，这些武士团伙是在已经脆弱不堪的部落结构中存在的不稳定集团。然而，他们也是潜在的核心力量，在他们周围有可能形成新的部落。成功的武士领袖通过其追随者的规模，获得了巨大的威望和权力，随着时间的推移，部落内部的紧张局势可能会导致武士团伙及其附庸分裂出去，形成一个新的部落。

显然，日耳曼社会的性质，与军事结构、松散的家族和孱弱的中央组织一起，促成了持续的不稳定。部落间的冲突是一种常态，团结只能通过对其他部落的联合敌对行动才能维持，这些敌对行动让武士们奔波，维护了亲王们的威望，并通过宗教和社会仪式加强了民众的团结。部落内部的家族领袖们则主要通过用女儿联姻来尝试将各个家族团结在一起，从而防止或结束争斗。其他消除冲突的社会仪式包括在宴会和酒会上表达团结。这些场合在乡村部落社会中极为重要——分享食物，尤其是酒，对于维持脆弱的社会纽带至关重要。当然，宴会和饮酒也很容易成为破坏性的竞争，而醉酒后的争吵可能唤醒旧日的不满，导致新的暴力。

日耳曼世界的部落频繁地出现和消失，是不足为怪的。这些单位本质上是不稳定的，它们不断地变化。随着家族间的争斗和分裂，武士团伙跳出来为自己建立新部落；部落在因内部分裂而被削弱时，被征服且并入其他部落。但是，只要这些过程发生在日耳曼人、凯尔特人、斯拉夫人中间，这种不稳定就会保持一种均衡状态——因为所有这些民族都处于同样的物质和社会组织水平上。不过，这种均衡却因与罗马的接触而被打破了。

罗马对日耳曼民族的影响

尽管日耳曼人与他们的凯尔特和斯拉夫邻居有着密切的联系，甚至常常无法区分这些民族，但即使在公元 1 世纪，日耳曼社会也并不孤立于罗马世界而存在。罗马以各种极为显著的方式，让日耳曼世界感受到了它的存在。首先，在沿边境线约 100 公里宽的狭窄地带，罗马人和蛮族之间相当密集的商业交往将罗马产品带到了日耳曼世界。在这一地区，人们发现了各种各样的罗马商品，正如斯泰卢斯和罗马商人之间的交易所表明的那样，日耳曼牧民正迅速参与到罗马世界的货币化经济之中。

虽然罗马行省制造的日常用品并没有延伸到"自由日耳曼尼亚"的腹地，但罗马奢侈品显然吸引了各地日耳曼精英的注意。在整个北欧地区，从莱茵河到奥得河，考古学家都发现了非常相似的墓葬，里面有武器、珠宝和罗马出口的奢侈品。这些所谓的吕布索类型（Lübsow-type）的墓葬表明了罗马产品和罗马生活方式对日耳曼精英的重要性，以及整个地区精英之间的相似性和可能的联系。我们不知道这些罗马奢侈品是怎样获得的，是通过贸易还是可能性更大的礼物交换。然而，到公元 1 世纪，早在日耳曼人大迁徙之前，一个以军事角色定义自己的日耳曼贵族阶层开始接受罗马的影响。

罗马商业和物质文化的渗透对日耳曼社会产生了深远的影响。首先，货币的引入和市场的扩张，打开了日耳曼人的牛、兽皮以及其他可能的产品（如毛皮、琥珀和奴隶）的销路，极大地扩大了这个社会中已经存在的分化现象。这并不是说在此之前日耳曼人生活在原始共产主义的森林乌托邦中，我们看到每个家庭中牛群的大小之别就已表明社会的等级结构。然而，尽管牛群的差异可能意味着财富两倍或三倍的差异，但积累钱币和来自罗马帝国的奢侈品，却可能大大加剧个人和家庭之间的差异。通过拉大日耳曼部落成员之间的距离，传统领袖的权力和威望大大提高。

其次，对罗马物品——这种物品只能通过贸易或战争获得——的渴望，改变了日耳曼人之间的活动范围和互动程度。当部落被吸引到罗马商业网络中时，他们的领导人必然会被卷入与罗马人的政治关系中，这是罗马帝国官员非常渴望的结果。从罗马人的角度来看，日耳曼部落由独裁的领导人统治是非常可取的，他们可以代表自己的部落与罗马谈判，签订有约束力的条约，而他们个人对罗马的忠诚可以通过礼物来维持。同时，让这些部落依赖于罗马的铁、谷物和其他出口产品，也是可取的。因此，罗马的政策旨在稳定（用罗马的术语来说）蛮族的政治结构、发展蛮族的经济，以保住罗马商品的出口市场。

然而，这种罗马政策的最终结果，是进一步破坏了日耳曼社会的稳定，加剧了日耳曼部落内部的社会和经济分化，并在这些民族内部形成亲罗马和反罗马的派系，这些派系的存在往

59

往导致部落单元的分裂。这种不稳定像连锁反应一样蔓延到整个日耳曼世界，并触发了种族和社会变革的动荡进程。这个过程导致了一系列冲突，这些冲突在日耳曼世界内部并没有名字，但当冲突扩大到边境线的另一侧（罗马）后，就被称为马科曼尼战争。在这场战争之后，一批全新的民族和联盟产生了，其中就包括我们最关心的法兰克人。

罗马人主要将马科曼尼战争视为罗马人和蛮族在多瑙河边界上的对抗。然而，即便是他们，也清楚地意识到，除了马科曼尼和夸迪这两个距离罗马边界最近的部落联盟之外，他们还会面临许许多多的蛮族部落。这两个群体长期以来都位于边境线上的罗马卫星国地带，他们与罗马的关系非常密切，与罗马之间基本上是和平相处的。不明朗的考古证据甚至表明，在生活方式和军事防御工事方面，这些部落的首领正朝着成为罗马人的方向发展。他们可能已经占据了由罗马人为他们建造的乡村别墅和营地——这些住所至少是由罗马军团提供的建筑材料建造的。然而，在战争期间，许多其他族群的成员加入了马科曼尼人和夸迪人。在公元 167 年第一次入侵之后，与罗马谈判期间，马科曼尼国王巴洛马里乌斯（Ballomarius）就代表至少11 个部落参与谈判。

还可能有更多的族群参与了进来。在现代波希米亚（Bohemia）和奥地利地区的考古发掘，发现了起源于这一时期的北日耳曼人的材料，这两个地区是马科曼尼和夸迪人的发源地。此外，在更遥远的北方的石勒苏益格－荷尔斯泰因、日德兰半岛，以及位于现代丹麦的菲英（Fyn）岛，人们还发现了可能是战利品的罗马武器，这些武器被日耳曼战士带回后随葬在了他们的墓葬之中。综合来看，这些证据表明，远至斯堪的纳维亚南部的部落也参与了这次冲突。这些证据也表明，就像罗马人所怀疑的那样，多瑙河前线的压力是由北方民族的迁移造成的。这样看来，整个自由日耳曼尼亚都处在一个不平衡和压力重重的时期。[5]

罗马感受到的日耳曼人的内部变化所带来的影响，并不仅仅是马科曼尼战争。莱茵河－多瑙河防线的每一处都经历了蛮族内部动乱的影响：在公元 166 年或 167 年，伦巴第人和奥比里亚人（Obierii）向多瑙河进发；公元 170 年卡狄人（Chatti）跨越莱茵河发动了袭击，而萨尔马特人和科斯托博契人（Costobocii）在下多瑙河地区也异常活跃；公元 172 年，来自斯堪的纳维亚南部的卡乌基人（Chauci）袭击了位于现代法国的土地；以及公元 174 年，许多"日耳曼"族群进攻了雷蒂亚。因此，日耳曼世界显然经历了从一端到另一端的巨大震动，而对罗马世界的压力只是这种内部动荡的遥远回响。日耳曼世界正在经历一次彻底的重组，在这个过程中，以前强大的部落联盟（如马科曼尼）被肢解，旧部落要么消失要么彻底重组，新的"民族"和部落联盟（如法兰克人和阿勒曼尼人）取代了它们的位置。在这些转变的过程中，许多团体，如哥特人，以前隶属于较大的群体，现在突然扩张为主要的联盟，酋长们带领他们的追随者进入新的地区，一般是南部和东部，而其他人则通过将较小的群体合并成新的民族来寻求保护。总之，在日耳曼历史中，公元 2 世纪的最后十年对于民族的形成来说，是一个非常关键的时期。 61

新日耳曼社会

公元 2 世纪后半叶的动荡彻底改变了日耳曼部落的结构，其中既有距离罗马边境最近的部落，也有距离非常遥远，以至于罗马人对其存在只有模糊认识的部落。

部落军事活动本来就很重要，又在这一持续不断的战争期间变得更加重要了。为了生存，部落变得完全军事化了——它变成了一支军队。这种转变提高了日耳曼部落内部非王室血统的军事领袖的重要性。传统上，这些指挥官被授予指挥战争的权力。然而，他们试图将有限的军事地位变成更广泛和更持久的指挥权，这样的企图常常受到罗马人的鼓励，却总是遭到部落的坚决反对。现在，当有组织的部落战争成为一种持续的、消耗一切的存在时，他们的地位就大大提高了。作为成功的军事领导人，这些指挥官由源自凯尔特语的外来词 reiks（英语为 army-king，意为军事国王）命名，虽然在起源上，他们不一定像提乌丹那样出自王室血统，但他们可以宣称，在战争中获得的胜利是神灵保佑的迹象，这为他们的地位增添了一种宗教光环。

在军事国王（现代德国学者称之为 Heerkönig）的领导下，部落最多只是一种本质上不稳定的群体，其身份和组成也经历着进一步的转变。传统聚居区的混乱导致了对社区农业传统的忽视，同时也导致了对诸如提瓦兹这样的丰饶神灵崇拜的衰落。取而代之的是，许多日耳曼部落转向了崇拜奥丁（Woden或 Oden）。奥丁是战神，特别是军事国王们的保护神，国王们将他视为胜利的给予者，通过胜利，奥丁为他们的地位提供了一种新的宗教理由。这种新的崇拜更适应部落高度流动和快速变化的本性。

这些胜利又创造了新的传统，参与其中的主要是作为奥丁代理人（通常是后裔）的武士国王。这反过来又改变了日耳曼社区的身份。虽然旧的部落名称可能依然在使用，但部落的身份如今却和这些武士领袖的身份相关了。任何和他们并肩战斗的人都是部落的一员，而不管他之前的种族、语言、政治和宗教身份怎样。任何其他人要么是敌人，要么是奴隶。

但是，军事领袖无论多么出色，都不能独自将战争领袖的魅力转化为持久的制度性王权。在一个多民族部落中，一个军事国王如果希望把自己和自己家庭的地位提高到其他贵族之上，需要远超过他一个人能够获得的更多的财富、荣誉和支持。为此，蛮族领袖们需要罗马和罗马皇帝的支持。即便对"自由日耳曼尼亚"的居民来说，也只有罗马皇帝才是那个值得他们讨好，他们希望从那里获得支持的伟大国王。

在东部和西部帝国的北部边界沿线，这些军事领袖寻求与罗马结盟，以获得政治和金钱上的支持。他们需要罗马的头衔和职位，以使他们的地位合法化，这种地位的合法化不仅针对他们自己的民族，而且要体现在他们与其他部落的关系中；他们需要罗马的谷物和铁器来供养并武装他们的战士；他们需要罗马的黄金和白银，以通过招摇地展示这些贵金属来"彰显"他们崇高的地位。如我们在第一章中所见，所有这一切，罗马都非常乐于提供，但这是有代价的。在蛮族能够提供的东西中，罗马最需要的只有一种：军事人力。于是，蛮族军阀与罗马皇帝合作，共同创造了新的蛮族世界。

东部帝国和哥特人

通过考察哥特人逐渐形成的历史，可以最好地说明这一过程在东部的演进，而哥特人是古代晚期其他蛮族和罗马人最尊重也最害怕的蛮族部落。因此，我们不会提供对进入帝国的各种蛮族的全面看法，而是要更详细地研究哥特民族形成的连续

63

阶段。关于哥特民族起源的传说，是在他们于罗马帝国内部取得惊人胜利，并割据了意大利和西班牙之后才形成的。根据传说，似乎整个哥特民族在于黑海周围定居之前，是从斯堪的纳维亚半岛向东方迁移的，但正如奥地利历史学家赫尔维格·沃尔夫拉姆（Herwig Wolfram）所说，哥特人的真实历史可能是完全不同的。相反，人们会看到一群在种族、文化和地理背景方面迥异的人，最终变成了哥特人，并在这个过程中改变了哥特人的含义。[6]

在公元 1 世纪，一群自称哥特人或古同人（Gutonen，这个名字可能只是"人民"的意思，就像许多早期部落的名字一样）的蛮族，定居在奥得河与维斯瓦河（Vistula）之间的地区，他们常常与其他三个日耳曼 - 凯尔特族群——汪达尔人、卢基人（Lugii）和鲁吉人——结成紧密的联盟，有时是委身于对方。在精神和物质存在上，他们几乎与其他与之密切相关的蛮族群体没有区别，虽然——如果相信塔西佗所说——他们的国王在公元 1 世纪就已经异乎寻常地强大，他似乎已经结合了军事国王的权力与提乌丹的宗教威望。这些国王有着以武士组成的核心，是技艺高超的军事组织的传承者，能够吸引非哥特战士与他们并肩作战。在不超过五代人的时间里，这个渺小、具有依附性的部落成长为蛮族世界的主要势力。在很大程度上，是他们沿着维斯瓦河右岸对联盟进行强化时引发的冲击波，触发了剧烈的变化，这种变化对于罗马人来说，就是马科曼尼战争。

在公元 2 世纪晚期和 3 世纪，一些"哥特式"传统的传承者开始渗透到南方和东方，最终前往第聂伯河（Dnieper）沿岸，也就是今天的基辅（Kiev）附近。这并不是说整个

"哥特化"的民族作为一个整体迁移到了该地区，而是已经在第聂伯地区的各种各样的本都人（Pontic）、萨尔马特人、斯拉夫人和日耳曼人，在哥特式军事王权的领导下，组成了一个强大的联盟。从这里，重建后的哥特人不断扩张，终于在公元 238 年与罗马发生了直接而激烈的冲突。罗马人用这个地区古代居民的名称称呼他们为斯基泰人，这些哥特人在国王克尼瓦（Cniva）的指挥下，开始突袭和掠夺黑海周边的帝国东部省份，由此产生的战争对帝国的破坏性远远大于马科曼尼战争。哥特人深入罗马帝国内部，甚至在公元 251 年杀死了罗马皇帝德西乌斯（Decius）和他的儿子，当时皇帝正试图阻止哥特人带着战利品返回家乡。皇帝克劳狄乌斯二世（Claudius II，死于 269 年）和奥勒良（Aurelian）费了九牛二虎之力才抵挡住了这些"斯基泰人"的猛攻，并在公元 271 年击败了他们。

　　哥特人的失败是典型的罗马式彻底击溃，统一的哥特王国几乎被摧毁。但是，就像胜利可以成为一个民族创立的决定性事件那样，失败也可以成为决定性事件。在哥特联盟废墟上成长起来的是两个"新"的哥特民族——在德涅斯特河（Dniester）以东，阿玛尼（Amals）王室重组为一个规模较小的哥特王国；而沿着下多瑙河，出现了一个分散但具有重要地域性的哥特式社会，它由贵族家庭，特别是继承了一部分古老哥特传统的波罗的人（Balts）领导，这个多种族联盟被称为瑟文吉人，他们的领袖避开了国王的头衔，而更愿意自称为法官。在公元 332 年，这个联盟的领袖、波罗的人阿里亚里克（Ariarich）与皇帝君士坦丁缔结了一系列条约（或称 foedera）中的第一个，从而获得了必要的和平与支持，以在罗马帝国的势力范围内整合出一个领土国家。

波罗的人和瑟文吉人

瑟文吉人的社会和文化是来自各种群体的复杂混合物。围绕着强大的战争领袖建立的哥特式政治组织模式，可以迅速有效地膨胀，这样，一小群贵族就可以把任何数量庞大的武士民族，组织成一个"哥特式"联盟。由此，"哥特人"绝不是一个有着共同起源的部落，而更像是一系列小群体（或称 kunja）组成的政治集团。这些小群体在文化、语言和地理上的起源都是不同的，这导致他们有着单独的军事国王，并在内部共享信仰。不同的军事国王在乡村的要塞中进行统治，而不是在村庄和城镇，尽管村庄肯定存在于这片古老的地区。军事国王在他的扈从队的辅佐下统治该区域，即便是自由村民，也大都被排除在政治进程之外。这与塔西佗所描述的参与式政治组织相去甚远，其主要的原因有一个。在塔西佗看来，瑟文吉哥特人并非"日耳曼人"，而是一个近东社会（Near Eastern society）。哥特联盟的统一元素是军队，除了一小部分精锐的骑兵之外，军队主要是由步兵组成的，这一点恰好是波罗的人家族引入的传统。

在与罗马缔结条约后，瑟文吉哥特人整体上扮演着忠实盟友的角色。他们不仅帮助罗马对其他蛮族邻居发动远征，而且许多人在罗马军队中单独或者成组地服役了一段时间。事实上，直到公元 400 年前后，哥特军事指挥官在帝国的东半部都跻身于最著名的军事指挥官（magistri militum）之列。在这一时期，瑟文吉人居住区内生产的精美珠宝、器皿和装饰品表明了哥特精英对罗马、希腊和其他工艺及艺术传统的重视与模仿程度。罗马帝国的价值观和结构深深地渗透到这个社会中，甚至连罗马宪法结构中的标志性语言，都在这个边疆国家受到赞赏和模仿，模仿的结果可以被称为蛮族释义法（interpretatio barbarica），它与我前面提到的更著名的罗马释义法相对应。最引人注目的例子是在希姆莱乌锡尔瓦涅伊（Szilágysomlyó，在现代罗马尼亚）的一个藏宝地发现的一枚罗马纪念章，上面是瓦伦提尼安一世和瓦伦斯（两人于公元 364～375 年联合统治）的肖像，以及铭文 Regis Romanorum（罗马人的国王）——这可能是拉丁语对提乌丹这个词的翻译。对于哥特人来说，罗马皇帝就是最大的国王，是在他们自己的政治框架中一个基本的、有时又矛盾的因素。

66

对帝国的敬仰和与帝国合作，在瑟文吉同盟内部并非无条件的。人们可以在贵族中区分出亲罗马派和反罗马派的领袖，因为不同的哥特领袖试图通过不同的方式来巩固或改善他们在联盟中的地位，要么通过寻求君士坦丁堡的支持，要么通过联合瑟文吉人对抗罗马帝国。在多瑙河的另一边，帝国内部的各派系也试图赢得哥特人的合作，以实现自己的政治野心。在伟大的波罗的人领袖阿塔纳里克在位时期（公元 365～376/381年），瑟文吉人与罗马帝国的关系尤其紧张。他的父亲曾经作为哥特人质生活在君士坦丁堡，虽然皇帝曾经在这个新罗马为他修建一座雕像，但他依然让他的儿子发誓绝对不踏上罗马帝国的领土。这些波罗的人家族的法官（国王）们，显然将罗马的政治花招视为对其联盟控制权的潜在威胁，阿塔纳里克与瓦伦斯皇帝进行了一系列战争，最终在公元 369 年签订了一份条约，允许哥特人以平等的身份，而不是作为从属性质的罗马盟友与之进行交往。

阿塔纳里克与罗马人之间困难的关系，还与他所面临的内部问题紧密相关，他在哥特联盟内部存在着竞争对手，特别是由瑟文吉人佛瑞提根和阿拉维乌斯领导的强烈亲罗马的派别。双方的内部竞争在阿塔纳里克和军事国王佛瑞提根之间进行，保守的阿塔纳里克希望加强联盟在古老的哥特传统之下的团结，而佛瑞提根则主要在宗教对立和迫害上竭尽全力。在联盟内部大量的族群之外，还有许多各种各样的基督徒，要么他们在战争中被抓获，要么他们所在的社区已经被吸纳进了哥特人之中。这些人中最重要的是乌尔菲拉（Wulfila，约公元 311～383 年），他可能拥有一个地位显赫的哥特父亲和一个来自卡帕多西亚的（Cappadocian）母亲，母亲的双亲或者祖父母可能在公元 257 年的一次哥特掠夺中被抓捕。在公元 4 世纪 30 年代，乌尔菲拉作为哥特使团的一员访问了君士坦丁堡，他显然接受了良好的拉丁文和希腊文教育。公元 341 年在安条克，他被祝圣为"哥特土地上基督徒的大主教"，随后返回家乡传播信仰，这种信仰早已被拉丁和希腊的传教士带了过去。他高贵的身份、官方任务，以及良好的教育（使他能够将《圣经》翻译成哥特语），都有助于他在归化哥特人上的成功。

乌尔菲拉在公元 4 世纪的主要神学问题——基督的神性——上的立场，是一种双重妥协，一方面他向那些后来被尊为正统的人（他们认为基督与上帝在本质上是一个）妥协，另一方面他又向阿里乌斯派（他们彻底否认了基督的神性）妥协。为了避免完全接受其中一方的立场，乌尔菲拉选择根本不去谈论神的本质属性。正因如此，他和他的哥特追随者被错误地划成了阿里乌斯教徒。

虽然乌尔菲拉是最重要、最成功的基督教传教士，但其他人也同样活跃。正统派以托米的维特拉尼奥（Vetranio of

Tomi）主教为代表，并在瑟文吉贵族中获得支持。其竞争对
手阿里乌斯派，特别受到了由瑟文吉人佛瑞提根领导的反对群
体的支持，佛瑞提根试图去讨好信奉阿里乌斯派的皇帝瓦伦
斯。阿塔纳里克将所有的基督教派别都视为对哥特信仰传统的
威胁，这些传统已经成为他政治成功的主要宪法基础，于是他
开始了一系列的指控，其中最重要的一次始于公元 369 年，这
次指控不分青红皂白地针对各种各样的基督徒。在这些内部冲
突发生时，问题却被外来的因素终结了——在公元 376 年，匈
人突然从亚洲来到黑海地区，阿塔纳里克领导下的军事联盟被
匈人摧毁了。在该军事联盟被摧毁后，同样多民族的匈人联盟
在原哥特国家的基础上取而代之。瑟文吉主要的显贵们都放弃
了阿塔纳里克，跟随佛瑞提根和阿拉维乌斯跨过多瑙河，进入
了罗马帝国。阿塔纳里克自己也只能打破他向父亲立下的誓
言，在君士坦丁堡寻求避难。公元 381 年，他在君士坦丁堡受
到了盛大欢迎，但两个星期之后就死了。这场危机是哥特种族
起源新阶段的前奏。从此，佛瑞提根的追随者以西哥特人的身
份进入历史。

阿玛尼家族和格鲁森尼人

当波罗的人把多瑙河下游和黑海沿岸的不同民族组织成一
个瑟文吉联盟时，阿玛尼王室的残余正在俄罗斯南部组织起一
个新的哥特王国。这个群体的第一位国王叫奥斯特罗高塔
（Ostrogotha），他是公元 271 年罗马胜利之后的第一代人，可
以被视为这个新的缩小版哥特王国的建立者。因为这个王国距
离罗马的边界实在太遥远，除了知道它也必然是一个多民族联
盟，是根据中央军事王权的"哥特式"模式组织起来的，并
拥有一个彻底军事化的贵族体系，我们对它的历史知之甚少。

68

这个草原联盟部族被罗马人称为格鲁森尼人，或者斯基泰人，前者是一个新的民族标签，后者是一个从希腊古典时代继承来的专门用于草原民族的名称。当西方的联盟（瑟文吉）在波罗的人贵族的政治控制下延续该地区的文化和军事传统时，格鲁森尼王国虽然认为自己奉行哥特传统，但在风俗习惯和种族群体上，尤其是在草原勇士骑马作战的军事传统上，格鲁森尼人完全变成了一个草原民族。

从厄尔马纳里克开始，格鲁森尼的国王就从传说走进了历史。据后来的哥特历史所说，他是"阿玛尼家族最高贵的人"，也是俄罗斯草原上各被征服民族的共同国王。他的王国统治着连接黑海和斯拉夫世界的传统商道。他对这个联盟的控制绝不是无可争议的，当公元376年匈人的到来摧毁了他的王国时，他正与其他团体进行着一场致命的争夺。厄尔曼纳里克死于自杀，他可能将自己作为牺牲品献给了神，他人民中的大部分被吸收到了匈人联盟中，还有少部分在继续抵抗了大约一年之后也被征服，或者像他们的瑟文吉同族一样，逃入了罗马帝国。到匈人联盟瓦解之后，那些延续着阿玛尼传统的人才重新集结起来，形成东哥特。

从瑟文吉到西哥特

在南高卢定居下来之后，西哥特人回首从公元376年到416年的四十年，在这期间，他们与皇帝君士坦提乌斯签订了一份条约，这与希伯来人在西奈半岛（Sinai）游荡的四十年相似。这种认为自己是新的天选之民、带有哥特式神学和政治解释的类比，当然也是恰当的，因为正如西奈的这四十年从离开埃及的不同难民群体中创造了希伯来人一样，四十年的不确定性和在罗马帝国内部的游荡，把佛瑞提根统治下的瑟文吉难民变成了历史上著名的西哥特人。哥特人最终在罗马帝国内部建立了拥有固定土地的王国，这之所以成为可能，是因为传统上按照军队模式来组织的哥特人可以被收编为罗马军队，其领导人可以作为正式任命的罗马军官，获得合法性和帝国的支持。西哥特国家的形成，并不是将野蛮人，更不是将一个"日耳曼"社会引入西部帝国，而是在罗马行政和军事制度的背景下对"哥特体系"的收编。

在前一章中，我们已经看到了罗马帝国对佛瑞提根统治下的哥特人的接纳，以及是什么样的绝境逼迫他们冒险在阿德里亚诺波利斯与皇帝对抗——在这次对抗中，哥特人取得了胜利。然而，在阿德里亚诺波利斯取得的胜利是短命的。哥特人需要食物，而从长期来看，要想获得食物，他们只能选择与罗马帝国合作。因此，在短暂而徒劳的暴乱之后，公元 382 年，佛瑞提根与狄奥多西皇帝签订了一份条约，据此哥特人作为一个盟友民族，可以定居在达契亚和色雷斯，他们将保持指挥结构的完整性，并在需要时为帝国服务。

这次定居持续时间不长，但的确为产生一个强大的新哥特领袖——阿拉里克，提供了足够的时间。阿拉里克更像是一个真正的君主，而不再像佛瑞提根甚至阿塔纳里克那样，只是瑟文吉法官。尽管阿拉里克经常被帝国政府背叛，但他的整个职业生涯，都被他对自己作为帝国最高军事指挥官的角色得到承认并具有合法性的徒劳追求所支配。由于再次受到匈人的威胁，阿拉里克率领他的人民，从色雷斯进入巴尔干、希腊和伊利里亚（Illyrica）。皇帝以前并不把阿拉里克看作国王，而是将之视为僭主或篡位者，但在公元 397 年，他被迫将阿拉里克封为伊利里亚东部地区的军事指挥官，这一举动为将来和帝国

70

内部的蛮族指挥官打交道提供了范式。这份新和约持续的时间甚至比第一次还短暂，公元 401 年，阿拉里克再次率领他的军队穿越了帝国。最终的远征以公元 410 年攻陷罗马而告终。但在罗马获得的战利品并不是他最需要的，他最需要的东西是食物。阿拉里克曾经认真考虑过带领他的人民到北非去，这一目标最终由另一个蛮族——汪达尔人实现。

阿拉里克在他攻陷罗马的当年去世了，他的继承人阿陶尔夫（Athaulf）最终与皇帝霍诺留签订了一份和约，以消灭高卢的篡位者约维努斯（Iovinus）为目的。公元 413 年，他带领他的哥特人民作为罗马军队进入阿基坦。直到皇帝打破了协议，停止了对哥特人的补给，阿陶尔夫才占领了该地区的主要城市。与阿拉里克一样，阿陶尔夫也在寻求帝国的承认，他在公元 414 年与皇帝狄奥多西的女儿加拉·普拉西狄亚（Galla Placidia）缔结了罗马式的婚姻，将他的家族与狄奥多西王朝联合起来，并修复了与君士坦丁堡的关系。他还与阿基坦贵族合作，建立了一个不仅统治哥特人，而且针对该地区所有人口的领主统治。公元 415 年他死于刺杀，这使得这一进程的希望破灭。他的继承人瓦利亚（Walia）带领哥特人进入西班牙，希望恢复阿拉里克对北非的进军，但瓦利亚没有能够到达他渴望到达的目的地，最终反而被征召去为罗马服务。他回到了阿基坦，在那儿他和他的哥特人民——既是一个野蛮民族，又是一支罗马军队——定居在那里，建立了位于图卢兹的西哥特王国。这标志着四十年游荡的结束，也是西哥特民族形成的漫长过程的顶峰。

从格鲁森尼到东哥特

在厄尔曼纳里克死后，格鲁森尼的主体部分被并入了匈人联盟，但有一小部分逃往罗马帝国，并在潘诺尼亚的各个联邦中定居。尽管哥特人面对匈人征服者会产生强烈的矛盾心理，但那些留在匈人身边的哥特人忠实地为阿提拉服务着，甚至在三个哥特王室兄弟——瓦拉米尔（Valamir）、蒂乌迪米尔（Thiudimir）和维迪米尔（Vidimir）——的带领下，跟随阿提拉进入高卢。他们吸收了许多匈人的传统，采纳了他们的衣服、武器，甚至学会了将儿童颅骨挤压变形的风俗。匈人和哥特人之间关系密切的进一步证据体现在他们共享名字上：阿提拉本人的名字和其他许多匈人的名字实际上都是哥特式的，而许多哥特人又都有匈人的名字。然而，在为匈人服务的同时，哥特人仍然保留着自己的组织，甚至巩固了围绕他们早期国王传统而形成的认同感。然而，在公元 378 ~ 453 年，当匈人联盟随着阿提拉的死亡而崩溃时，这个群体出现了一个新的身份和新的名字：东哥特人。

匈人联盟解体后，一些新独立和重组的东哥特人，和许多其他前联盟成员［如格皮德人（Gepids）和鲁吉人］一样，与罗马帝国签订了条约，并作为盟友定居在了潘诺尼亚。像东哥特人这样的军事化部落，只能在罗马农业基础设施完好无损的地区才能繁荣昌盛，而潘诺尼亚在与蛮族的冲突中早已失去了这些条件。因此，每当帝国无法按照惯例提供岁币时，东哥特人就受到诱惑，想打破条约，对帝国发动突袭。在公元 459 年的一次起义结束时，蒂乌迪米尔的小儿子狄奥多里克（Theodoric）被作为人质送到了君士坦丁堡。他在那里大约从 8 岁生活到 18 岁，在这段时间里，他对罗马帝国有了深入的了解，尤其是对帝国政体的了解。

在狄奥多里克回家后不久，他和他的父亲一起，在他伯父 72

瓦拉米尔死后夺取了王国的统治权，又过了不久，他就带领哥特人进入了伊利里库姆（Illyricum），就像西哥特人阿拉里克在公元 4 世纪所做的一样。在那儿，他在帝国内部的政治游戏中十分成功，到公元 485 年时，他与芝诺皇帝的合作为他赢得了大元帅（magister militum）的职位，他甚至被拥有皇室血统的弗拉维（Flavian）家族收为养子。然而，他同样愿意用自己的军队对抗皇帝，以巩固自己的地位。

为了能同时摆脱狄奥多里克和日耳曼国王奥多亚塞，公元 488 年，芝诺派遣狄奥多里克去消灭后者。为了做到这一点，狄奥多里克召集了一支由蛮族和罗马人共同组成的极其混杂的军队，并开始了他最终战胜奥多亚塞的战争，这场战争在公元 493 年底使他成为意大利无可争议的主宰。那份使他入侵意大利具备合法性的条约，赋予他在意大利半岛的最高权力，直到芝诺能够亲自掌权为止。但那时芝诺已经死了，他的继任者忙于其他事务，无法出现在西部。这样，狄奥多里克就可以放手来建立他自己的政治体制了。

他试图通过建立一种双轨制来巩固自己的统治，而这两条轨道无疑都是根植在罗马而非蛮族传统上的。他甚至将他的正式头衔定为弗拉维乌斯·狄奥多里克大帝（Flavius Theodericus rex）。他没有试图消灭或更换罗马政府的体制，在这种体制下，意大利的罗马人继续受到统治。相反，作为弗拉维乌斯·狄奥多里克，也就是皇室的一员，他代表皇帝，按照皇帝的意愿领导政府。

帮助他赢得胜利的蛮族并不属于罗马平民体系的一部分。尽管他已经升为东哥特国王，并明确表示自己与古老的阿玛尼王室传统有联系，但他并没有试图作为一个哥特人的国王进行统治。他统治着他的蛮族追随者，不管是东哥特人还是跟随他进入意大利的其他部落的人，他都将之作为一个彻底的军事组织进行统治，这个军事组织叫作哥特部队（exercitus Gothorum），是官方承认的罗马军队，其成员包括所有参军的人，无论他们的出身是什么。

在这个双轨制系统中，两方面的因素都在这个彻底的罗马哥特人身上达到了顶峰，他已经变成了拥有皇家血统的蛮族，由此东哥特民族起源的过程也终于完成。狄奥多里克的重要性并不局限于意大利的蛮族身上。作为最成功的蛮族指挥官，他在一个松散的联盟中统治着西部的民族，包括勃艮第人、西哥特人，以及北部的阿勒曼尼人和法兰克人。

西部帝国和法兰克人

西部蛮族的民族起源并没有东部那样富有戏剧性，但最终被证明具有更加持久的重要性。这些民族也是在马科曼尼战争下的泛日耳曼大动荡中产生的，当时邻近的武士团伙所构成的威胁，迫使莱茵河沿岸的各个民族建立了新的联盟。哥特人、勃艮第人、伦巴第人和其他一些民族虽然形成于公元 4 世纪，但他们的名字和传统总是与居住在斯堪的纳维亚半岛南部的古代民族联系在一起。然而与这些人不同的是，西部的法兰克人、阿勒曼尼人和巴伐利亚人在很大程度上并没有保留古老的部落传统。尽管阿勒曼尼人通常称自己为苏维汇人，但这些部落联盟在进入帝国之前，并没有组织成稳定的政权（regna）或王国，他们的内部事务，甚至他们到达罗马边境这件事，也没有给罗马同代人留下足够的印象，因此也没有留下太多的记录。他们既不是作为入侵部队，也不是作为盟友到来的，相

73

反，他们的武士－农民是作为一个个小规模的群体，缓慢地、几乎不知不觉地越过莱茵河，到达罗马军队服役或定居的帝国西部省份的。

由于当时的作家们对这些民族保持了沉默，对于这些莱茵河－威悉河日耳曼社会发生的变化，我们最好的信息来源是他们的丧葬习俗所提供的模糊证据。大约在公元3世纪末的某个时候，在与我们前面提到的军事变革相关的背景下，人们在处理死者时首次出现了新的文化态度。比如，在沃姆斯（Worms）以东的兰佩特海姆（Lampertheim）的一片公元4世纪的墓地中，考古学家发现了56座墓葬，这些墓葬标志着早期日耳曼习俗开始转变。在这里，人们发现了不同的埋葬方式：火葬、瓮葬和未经焚烧的埋葬。有29座墓葬中没有任何陪葬物品；剩下的墓葬中，除3座之外，都有个人的装饰和物品，但没有武器；然而，只有3座是武装人员的墓葬。[7]

到了公元4世纪，例外开始成为规律，无论是在罗马边界以内还是以外，人们都发现越来越多的死者被埋在成行排列的、东西向或南北向的墓地中。虽然帝国边界内的早期日耳曼人墓葬中没有武器——罗马士兵使用的是政府配备的武器，而不是个人财产——但后期墓穴中发现的日益增多的武器和珠宝，越来越和在自由日耳曼尼亚发现的墓葬中的物品相似。与此同时，自由日耳曼尼亚的墓葬中出现了越来越多的罗马产品，比如腰带饰品，这可能是士兵们在完成了他们在罗马帝国的军事任务之后带回家的。这种成排墓葬甚至开始出现在罗马的行省公墓和靠近罗马定居点的地方。事实上，这些新墓地显然首先出现在罗马的边境或附近，然后向自由日耳曼尼亚蔓延。从考古证据判断，人们几乎可以得出结论，这种新的蛮族风俗是起源于罗马帝国内部的。总之，罗马帝国的军事化在高卢北部和东部创造了一个越来越富有的日耳曼武士的社会，这些武士与帝国之外的亲友保持着密切联系，并与高卢－罗马人保持着密切的社会接触。

这种丧葬形式在中欧北部的大部分地区是如此特色鲜明，因而现代德国学者给整个蛮族所在的西部起了一个描述性名称：排墓文明（Reihengräberzivilisation，英文为 row-grave civilization）。尽管历史学家一度认为蛮族的迁徙实际上是整个部落的迁移，将这种丧葬形式的转型视为"新"民族从斯堪的纳维亚或其他地方来到这里的证据，但今天的学者们认为，这种变化反映了早已经居住在西欧和中欧的各个民族，在社会、政治和文化结构上所发生的变化。这些变化与早期哥特人转变成一个强大而成功的军事机器的那些变化是相似的。

同样的压力带来了马科曼尼战争，也导致西日耳曼民族中形成了新的军事组织联盟和新的民族。就像在东方一样，不断的战争需求导致军事领袖的作用越来越突出，社会也越来越军事化。在这种新的墓葬形式中，战士们和他们的武器一同埋葬，这就表明了这种军事化的演进。目前不清楚的是，这些武器到底是在来世的军事行动中依然会被需要，还是仅是个人财产——死者在死后依然保留着对它们的所有权。但很明显的是，从这些墓葬中丰富的装饰物和华丽的武器来看，一个团体一旦成功地向新的组织形式转型，它所获得的回报是巨大的。

哥特人、勃艮第人和其他东方蛮族，依然沿用着它们古老的名字，从而在连续的社会形成中产生了一种身份感；与之不同的是，"西日耳曼革命"是如此彻底，甚至大多数西日耳曼部落连一个明确的神话或起源都没有，他们后来只能采用其他民族的起源传说。比如，阿勒曼尼人根本没有什么历史传统，他们的名字可能只是"人民"的意思（在 Alemanni 这个词中，manni 是"人民"之意，ala 是一个强调式的前缀）。虽然他们有时称自己是苏维汇人，但他们可能只是一些长期定居在莱茵河以东、美因河（Main）以南区域内的小部落的联合体。在公元 2 世纪末到 5 世纪中期，发生在莱茵河和多瑙河流域的零星袭击的意义和影响力，虽可能被现代历史学家严重夸大了，却见证了跨越边境的种族起源过程。

谨慎的考古学家避免给他们的发现命名，因为骨头没有护照。但可以肯定的是，多样化的考古材料是几个新民族起源的证据，其中就包括那些甚或在当时就偶尔自称为法兰克人的人。

第三章　克洛维王国时期的
罗马人和法兰克人

　　许多人说，法兰克人最初来自潘诺尼亚，首先在莱茵河岸边定居。然后他们渡河，穿过图林根，在每个县和每个城市都设立了从他们最重要和最高贵的家族中选出的长发国王。[1]

　　神圣的哲罗姆已经写过关于法兰克人古代国王的事情，而法兰克人的故事首先是由诗人维吉尔讲述的：他们的第一个国王是普里阿摩斯（Priam），当特洛伊被用诡计攻克后，法兰克人离开了。之后他们有了另一个国王弗里加（Friga），接着他们分裂成两部分，一部分进入了马其顿，另一部分因跟随着弗里加而被称作弗里吉亚人（Frigii），他们离开了亚洲，在多瑙河与大洋的岸边定居了下来。接着他们又分裂成两部分，其中一半跟随着他们的国王法兰西奥（Francio）进入欧洲。在带着妻子、孩子穿越欧洲之后，他们占据了莱茵河岸，并在距离莱茵河不远处开始建造新的"特洛伊"之城［即科洛尼亚－乌尔皮亚－特拉亚纳（Colonia Ulpia Traiana），今德国克桑滕（Xanten）］。[2]

这两种版本的法兰克人起源，第一种写于公元 6 世纪晚期，作者是图尔的格列高利，第二种由法兰克编年史家弗雷德加（Fredegar）写于公元 7 世纪，它们暴露了两个事实：第一，法兰克人对自己的背景知之甚少；第二，与其他有着古老名字和光荣传统的古代民族相比，法兰克人可能感到有些自卑。第一个传说将法兰克人与伟大的潘诺尼亚平原联系在一起，这里既是法兰克人主要宗教赞助人图尔的马丁（Martin of Tours）的故乡，也是哥特人最近的起源地——正是哥特人上演了移民时期最伟大的蛮族成功的故事。传说由此表明，法兰克人在起源和荣誉上与哥特人是平等的。出现在后来的第二个传说，将法兰克人的起源与罗马人绑定在一起——他们同样古老，来自同一座英雄之城，高卢的法兰克人和罗马人可以声称拥有共同的祖先，并将之作为建立共同社会的基础。

法兰克人的起源

这两个传说当然都只是神话，因为法兰克人在迁徙中，甚至比大多数蛮族更没有共同的历史、祖先或英雄时代的传统。如同他们的阿勒曼尼人邻居那样，他们是公元 6 世纪一个非常新近的创造，是一个莱茵诸部落团体的联盟，而这些部落曾经长期保持着独立的身份和制度。法兰克这个名字最早出现在公元 3 世纪中期的罗马文献中。它指的是一系列所谓的伊斯特瓦尼（Iistwaeoni）部落，这些部落之间的联系是如此松散，以至于一些学者完全否认它们组成了一个联盟，而另一些人虽然不想明确否认它们的统一性，却把它们称为"部落群"。这些群体包括查马维人、查图亚里人（Chattuari）、布鲁克特里人

（Bructeri）、阿姆西瓦里人（Amsivarii）和萨利安人（Salii）①，可能还有其他人，如乌西皮人（Usipii）、图班蒂人（Tubanti）、哈西人（Hasi）和查苏亚里人（Chasuari）。［利普里安（Ripuarian）这个名字要晚得多，它在公元8世纪以前没有出现过。苏刚布里（Sigambri）这个名字被图尔的格列高利和其他人使用过，但它可能只是对古典作家记录的同名种族的一种回忆。］在保持各自独立身份的同时，这些小团体偶尔会联合起来，共同防御或进攻，并用"法兰克"这个名字来标识自己，它的意思是"坚毅的人""勇敢的人"，只是到了后来，通过延伸，它才具有了法兰克人最青睐的意思——"自由的人"。

事实上，早期的法兰克人一点也不自由。这些人生活在帝国附近，相对来说是微不足道又分裂的。在公元6世纪以前，这些人要么是罗马的附庸，要么在罗马边境以内，充当罗马军事人力和指挥官的忠诚来源。从公元3世纪后期开始，我们才听到有零星的"法兰克人"袭击和起义，甚至有"法兰克"海盗侵入地中海，袭击北非和塔拉戈纳（Taragonna）附近的西班牙海岸。然而，在君士坦提乌斯·克洛鲁斯（Constantius Chlorus，君士坦提乌斯一世）和君士坦丁统治时期，他们被残酷地镇压了，首领被扔到了竞技场上的野兽群中，大部分战士被编入了帝国军队。最终，那些被称为萨利安人的人，作为拉提定居在被称为托克桑德里亚［Toxandria，现代荷兰钱皮恩（Campine）附近的铁斯特班（Tiesterbant）］的地区，以恢复当地的耕种，为帝国较文明的区域和其他尚未完全被征服的蛮

①　或称萨利安法兰克人、萨利克人，是法兰克人中的一个部族。

族区域之间提供一个缓冲区，并最终成为帝国军队中法兰克新兵的可靠来源。

罗马粗暴对待法兰克人是非常有效的。从此以后，尽管反罗马派系可能会偶尔尝试突袭帝国，但在一个多世纪里，法兰克人为西部提供了忠诚的军队和领导阶层。正如我们所看到的，阿伯加斯特和马洛鲍德斯（Mallobaudes）这样的法兰克人，即使是在对付法兰克同胞的时候，也证明了他们是帝国忠实的军官。公元 406 年，当西部帝国面对汪达尔人、阿兰人（Alans）和苏维汇人的入侵时，法兰克人在试图击退他们的过程中证明了自己是罗马忠实的盟友。

在长期为罗马服务期间（虽然偶尔被短暂的叛乱和冲突打断），法兰克人的身份及其政治和军事结构，在与帝国传统接触的过程中，都深深地受到了影响。长期以来，在军中服役是罗马化的主要手段，而莱茵河中下游的法兰克部落比大多数人更受这一过程的影响。这种深刻的渗透和转变，在公元 3 世纪一名潘诺尼亚士兵的墓志铭上极好地体现出来：Francus ego cives，miles romanus in armis（我是一名法兰克公民，和一个手持武器的罗马士兵）。[3]一个野蛮人会使用罗马词 civis（公民，铭文中的 cives 为其变位）来描述他的身份，而在没有某种罗马政治和法律传统意识的情况下，这个词是无法理解的，这有力地表明了法兰克社会是在何种程度上被塑造成帝国的一个组成部分。铭文的后半部分同样具有象征意义：一名"法兰克公民"实际上是一个罗马士兵，因为越来越多的人通过在罗马军队中服役，发现了自己的法兰克人身份（而不是更狭隘的查马维人、查图亚里人、布鲁克特里人、阿姆西瓦里人或萨利安人）。

80

他们的服务得到了很好的回报，在公元 5 世纪，萨利安人逐渐从他们的托克桑德里亚"保留地"扩展到今天的比利时和法国北部，以及莱茵河下游更加罗马化的地区，侵占了图林根人的传统领地。尽管在公元 428 年，以及在公元 5 世纪 50 年代，罗马将军埃提乌斯（Aetius）不得不镇压萨利安酋长克洛迪奥（Chlodio）领导的法兰克起义，但他们的大部分扩张是和平的。然而，这样的暴力插曲并没有妨碍其他时期的紧密合作，正如公元 451 年埃提乌斯在奥尔良（Orleans）附近击败匈人时，法兰克人给予支持那样。

公元 5 世纪时，萨利安人在克洛迪奥家族的领导下，统治了法兰克人的"部落群"，其中包括墨洛维（Merovech，可能是但不一定是克洛迪奥的儿子）以及他的继承人（也可能是他的儿子）希尔德里克（Childeric）。无论这些萨利安酋长之间到底是什么关系，他们肯定都属于统治萨利安人的家族的一部分，就像其他日耳曼贵族家族，他们通过留长发与其他人区别开——这就是后来把这个家族的人称为"长发国王"（reges criniti）的起源。

希尔德里克是克洛迪奥家族的几个部落首领之一，他在公元 463 年之前就开始领导法兰克人，他也是最后一位延续传统、作为"帝国日耳曼人"向罗马提供服务的法兰克指挥官。我们知道，公元 463 年，他在高卢军事指挥官埃吉迪乌斯（Aegidius）的指挥下，在奥尔良与西哥特人作战，公元 469 年又在罗马指挥官（comes）保罗的指挥下，在昂热（Angers）作战。虽然某些冲突导致他离开高卢北部，流亡到"图林根"[尚不清楚指的是横渡莱茵河的图林根，还是仅仅指图尔奈（Tournai）]，但他仍然密切地参与到晚期罗马文明世界中。历史学家甚至有理由认为，在他被高卢的罗马指挥官"流放"之后，他可能得到了君士坦丁堡的直接补贴。公元 1653 年，在位于其权力中心图尔奈的陵墓中发现的华丽物品，显示了 5 世纪后期一位成功的罗马盟友的财富和国际视野。他在公元 482 年去世，被埋葬在来自拜占庭、匈人帝国、日耳曼和高卢 - 罗马工匠铺子的武器、珠宝和钱币中间。为罗马服务，依然是获得并扩展财富和权力的最可靠途径。

然而，他所服务的罗马世界与他自己的世界越来越难以区分。公元 461 年，马约里安（Mariorian）皇帝被杀后，埃吉迪乌斯本人就结束了与罗马的关系，他还是强大的里科默的反对者。由于在地理上被勃艮第人和哥特人的领土，与帝国军队直接控制的地区隔绝开来，埃吉迪乌斯从他在苏瓦松（Soissons）的要塞指挥着效忠于他的军队，不过不是通过任何罗马机构，而是通过他的蛮族私人卫队（bucellari）。他在公元 464 年逝世后，他的儿子西亚格里乌斯继承了他的职位，根据图尔的格列高利后来的记载，他被选为"罗马人的国王"（rex Romanorum），这是一个彻头彻尾的蛮族头衔，它或许恰当地反映了他的地位。不管西亚格里乌斯是否获得了帝国头衔［可能是贵族（patricius）头衔］，他权威的基础是他被提升到了他领导的蛮族军队的军事酋长的位置上。事实上，在公元 475 年朱利乌斯·尼波斯皇帝和西哥特人达成和平协议后，由于皇帝几乎把高卢的所有领土都交给了西哥特人，西亚格里乌斯可能被帝国视为叛徒。但他并不是卢瓦尔河（Loire）以北唯一的蛮族长官。希尔德里克的墓葬中有一个带图章的戒指，上面的铭文是"希尔德里克国王"（Childirici regis）。

在西部帝国，最大的强权是西哥特王国，希尔德里克是个非常聪明的指挥官，他不会对它保持明确的敌对态度。他的姐妹嫁给了一位西哥特国王，这证明他与异端但合法的图卢兹（西哥特）王国建立了积极的关系。不过，像在他之前为罗马服务的蛮族指挥官一样，希尔德里克与高卢－罗马社会保持着良好关系，不管是在苏瓦松王国还是在他自己直接统治的地区。虽然他是异教徒（可能更多是罗马式的而不是日耳曼传统上的），但他被视为罗马文明的保护者，由此也成了基督教正统教派的保护者。通过与埃吉迪乌斯和西亚格里乌斯的频繁合作，以及与高卢－罗马主教的友好关系，他明确了自己在追随他的法兰克战士，以及在罗马本土的权力结构之中的地位。通过这一切，他为儿子克洛维（Clovis 或 Chlodovic，公元 482 年继承王位）的崛起打下了基础。

克洛维

希尔德里克死后，萨利安法兰克人的领导权便传给了儿子克洛维，而他延续了父亲的政策。高卢－罗马主教、兰斯的雷米吉乌斯（Remigius of Reims）在写于希尔德里克逝世不久后的一封信中表明，这位年轻的法兰克继承人已经被高卢－罗马的领导阶层承认为第二比利时行省（Belgica Secunda）的行政长官，虽然他是个异教徒，但可以期望他将会为基督教罗马教区服务：

我们听到一个重大的传言，说你已经接管了第二比利时的指挥权。毫不奇怪，你已经开始像你的祖先一直做的那样行事……你善行的赠予必须是纯洁和诚实的，你必须尊敬你的主教，并且必须始终赞同他们的建议。一旦你赞同他们，你的领地（provincia）就会繁荣起来。[4]

这种对异教徒首领的建议——建议他要推行公平的管理和征求主教的意见——没有反映出任何新的事态，而是描述了帝国日耳曼指挥官为现在的基督教罗马人服务的传统。克洛维显然这样做了几年，但军事领袖扩大指挥权的冲动，加上强大的西哥特国王尤里克（Euric）去世给西部留下的权力真空，让克洛维将目光转向了西亚格里乌斯的王国，这个王国包括里昂各省以及第二比利时的一部分。公元486年，在其他法兰克首领的配合下，克洛维发动了反对西亚格里乌斯的战争，战争以一场发生在苏瓦松附近的战斗告终。西亚格里乌斯战败，虽然他逃到了西哥特国王阿拉里克二世（Alaric II）那里，但还是被送给了克洛维，后者将他秘密处死。

83   从某种角度看，克洛维对将苏瓦松王国吞并是一场政变：一个蛮族化的罗马国王被另一个罗马化的蛮族国王所取代。克洛维完好无损地获得了西亚格里乌斯的布塞拉里亚军团（bucellarii）、罗马行省管理权、行省政府的公证权和代理权，以及此前由埃吉迪乌斯和西亚格里乌斯控制的财政土地。同样，根据我们的主要资料来源——图尔的格列高利在两代人之后所写的文字，他的地位在某种正式的场合得到了高卢－罗马贵族的认可。不过，克洛维的征服还有更加深远的影响。一些法兰克群体早就在苏瓦松王国内部存在了，可能在希尔德里克遭放逐之后依然存在。事实上，克洛维反对西亚格里乌斯的行动，可能部分是由他重新控制这些法兰克人的欲望促成的。征服加速了法兰克人群体从北向南的移动，西亚格里乌斯王国的中心地带迅速成了法兰克人权力的中心。这一点，通过在克洛维死后对他尸体的处置就可以明显看出来。他的父亲把权力中心设在图尔奈地区，也被埋葬在那里，但公元 511 年，克洛维却被埋葬在巴黎。

克洛维是一位野心勃勃的蛮族国王，他在公元 6 世纪初巩固了自己的权力，但他不得不与西部的其他权力集团妥协。首先，他必须与莱茵河两岸的其他凯尔特人、日耳曼人和法兰克人打交道，包括阿莫里凯人、图林根人、阿勒曼尼人和勃艮第人。其次是更远的罗马帝国（那时仅限于东部帝国和意大利中部的一部分），加上图卢兹和西班牙的西哥特人，以及意大利的东哥特人。

克洛维统治时期的编年史模糊得令人绝望，甚至被他打败并吸收到其王国中的各个民族的身份，也是值得商榷的。显然，他首先与阿莫里凯凯尔特人打成了僵局，最多只是在后来被称为布列塔尼的地区，获得了其对法兰克人霸权非常有限的承认。据格列高利的说法，大约在公元 491 年，他征服了图林根人，这里的图林根人据猜测可能不是那些远在莱茵河右岸的人群，而是像法兰克人一样已经从莱茵河下游渡河的一个小团体。这次征服的时间很有可能比格列高利认为的要长得多，战争至少持续到公元 502 年（如果不是更晚的话）。克洛维第三次也是最辉煌的一次蛮族胜利是针对阿勒曼尼人的。对阿勒曼尼人的决定性胜利发生在托尔比亚克［Tolbiac，现代曲尔皮希（Zülpich），在特里尔北部］，时间显然是在公元 497 年前后。然而，有很大一部分阿勒曼尼人逃到了康斯坦茨湖（Lake Constance，即博登湖）以南的雷蒂亚和上莱茵，在那儿，东哥特的狄奥多里克将他们置于保护之下。处理完图林根人和阿勒曼尼人，在公元 500 年前后，克洛维被卷入一场与勃艮第人

84

的非决定性战役，这场战役以狄奥多里克的调解而告终。

克洛维和他父亲以前做的一样，通过联姻强化了与哥特诸王国的关系。克洛维甚至可能采纳了哥特人的宗教信仰。虽然图尔的格列高利进行了相反的宣称（格列高利在这位首领死后两代人的时间之后，才塑造了克洛维的形象，这一形象与我们所掌握的有关历史上的克洛维的零碎证据很难调和），但英国历史学家伊恩·伍德（Ian Wood）和德国历史学家弗里德里希·普林茨（Friedrich Prinz）认为，克洛维曾与他的哥特和勃艮第邻居信奉的阿里乌斯教派（或准阿里乌斯教派）眉来眼去，甚至已经皈依了。[5]这样的说法是很有道理的，尤其是考虑到法兰克统治者在松散的东哥特联盟中的地位。在克洛维统治的整个过程中，他对伟大的东哥特国王狄奥多里克始终保持着一种尊重的态度——如果不是一直迁就的话，他的长子就是以这个名字命名的。狄奥多里克不仅保护克洛维的敌人，如阿勒曼尼人，而且促成了克洛维与西哥特国王阿拉里克二世之间的临时和约。

然而最终，克洛维决定冒险与哥特人展开决定性的较量，尤其是在卢瓦尔河以南地区。当然这个决定和他充满争议的（也是极度模糊的）对基督教的皈依有关，这次皈依发生在兰斯，时间是在公元496年、498年或者可能晚至506年的圣诞节。克洛维是从什么信仰转信基督教的依然不确定。根据图尔的格列高利的说法，他是从多神教，特别是对罗马神灵萨图恩（Saturn）、朱庇特（Jupiter）、玛尔斯（Mars）和墨丘利（Mercury）的信仰转变过来的。这不一定是个用罗马释义法的例子。如我们所见，蛮族罗马指挥官有着参与罗马国家宗教的悠久传统。或者，在转变信仰之前，他可能信仰一种包含凯尔特神灵的法兰克多神教；其中有一位部分是海兽、部分是人、部分是公牛的海神，这位神似乎是墨洛温家族（克洛维的后代将被冠以其氏族的传奇祖先墨洛维之名）特殊的家神沃登（Woden，即奥丁）；还有因格维－弗雷（Ingvi-Frey），克洛维的第二个儿子就是以这位神的名字来命名的。最后，如果伍德和普林茨的假设是正确的，那么克洛维也可能是从在政治上有利的阿里乌斯教派改宗的。

他到底皈依了什么宗教同样是个问题。考虑到古代晚期宗教的融合性质，人们不必假设他皈依基督教是投靠了激进的一神教，克洛维可能是把基督看作一个强大的、能给予他胜利的盟友，代表了他的利益。格列高利对他皈依的描写当然与此不矛盾。根据格列高利的说法，是克洛维具有正统信仰的勃艮第妻子克洛蒂尔德（Clotild）首先督促克洛维拥抱她的宗教。然而，决定性的时刻到来了，就像两个世纪前另一个雄心勃勃的异教徒指挥官君士坦丁在战斗中遇到的一样。在托尔比亚克的阿勒曼尼人的逼迫下，他发誓要接受洗礼以换取胜利。这由格列高利明确提出的与君士坦丁遭遇的相似之处，是没有错误的。

无论其性质如何，这一转变肯定不是个人的事情。法兰克国王的宗教是整个民族的特性和军事成功的组成部分，他们从他那里得到了身份，汲取了凝聚力。国王的皈依必然也意味着其追随者的皈依。难怪格列高利说，在接受洗礼之前，克洛维咨询了他的"人民"——应该是他最重要的支持者。同样不奇怪的是，不仅仅是他自己受洗，同时受洗的还有"他军队中的三千多人"。不管有多少法兰克人跟随他们的国王进入了洗礼池，这一转变明显是个军事事件——指挥官和他的军队选择了一个新的、强大的胜利给予者。

86   克洛维皈依正统基督教有着极其重要的内部和外部后果。和其他日耳曼人一样，战场上摧枯拉朽的法兰克人主要还是一支军队，他们虽然垄断了军事力量，但仍只是总人口中的少数，而且在很大程度上缺乏对维持社会至关重要的公民治理或其他活动的经验。他们皈依之后，没有任何信仰障碍再将军队与高卢土著居民隔开了，这些居民包括农民、工匠，而最重要的是高卢－罗马贵族及其领导人——主教，对他们来说，宗教信仰也是身份的重要组成部分，这一点对法兰克人也不例外。基督教化不仅让高卢－罗马人和法兰克人之间的紧密合作成为可能，就像在哥特和勃艮第王国中早已成为常态的那样，而且使两个民族真正的融合成为可能；在公元6世纪，这一进程的各个层面都展开了。

从外部上说，皈依正统基督是对法兰克人的邻居——勃艮第人和哥特人——的宗教传统的否定，也对这两个王国构成了直接的威胁。这并不是因为像格列高利所说的那样，正统的皈依者克洛维"发现很难继续看着这些阿里乌斯教徒，占据着高卢的一部分"[6]。相反，作为一个执意扩张的统治者，他的正统性增加了这些邻国中的高卢－罗马贵族与他合作的可能性。因此，国王的皈依是对其邻国内部稳定的威胁，无论实际的皈依时间如何，它都必须被理解为，法兰克人对哥特的主导权和勃艮第在西部的存在的一种挑战。

尤里克死后，图卢兹西哥特王国的相对衰弱，无疑促使克洛维向南方扩张。此外，作为西亚格里乌斯的继任者，克洛维现在与西哥特人共享着不确定的边界，在公元498年，他和他的法兰克人民已经越过这条边界，向波尔多进发。之后，对抗阿勒曼尼人和勃艮第人的战争占去了他的精力，但到公元507年，他又有时间将注意力转向卢瓦尔河以南的西哥特王国。这场战役协调得很好，参与其中的既有一些勃艮第人，也有他的莱茵亲戚——科隆（Colonge）国王西吉贝尔特（Sigibert）之子克洛德里克（Chloderic）率领的分遣队。克洛维还与拜占庭皇帝阿纳斯塔修斯（Anastasius）结盟。这次远征与拜占庭舰队在意大利海岸外的行动相协调，后者有效地阻止了东哥特人狄奥多里克来帮助西哥特人。在普瓦捷（Poitiers）西北部的武耶（Vouille），哥特人被彻底击败，阿拉里克二世被杀。第二年，哥特首都图卢兹被攻占，比利牛斯山脉以北的哥特领土减少到只剩一条狭长的海岸线，它向东一直延伸到纳博讷（Narbonne）。

在克洛维凯旋的途中，阿纳斯塔修斯皇帝的使者在图尔遇到了他，他们为他颁发了一份正式文件，承认他是名誉执政官。克洛维利用这一荣誉——其中显然包括帝国对克洛维王国的承认，或它至少象征性地将克洛维纳入了皇室家庭——加强了他对新赢得的针对高卢－罗马的权威。他穿着紫色的束腰外衣和古希腊罩袍，出现在图尔的圣马丁方堂里，头上戴着王冠。这些都不是执政官传统的一部分，但他可能希望通过与罗马帝国传统的联系，来加强他的王位。在一段著名的模棱两可的段落中，格列高利说：“从那时开始，他一直被誉为‘执政官或奥古斯都’。”[7]

不管这个仪式的意义是什么，克洛维很快就着手加强他在法兰克人中的地位。他已经成为这个权力分散的联盟中最成功的首领，他获得的地位对于阿尔卑斯山北部的蛮族来说是闻所未闻的。现在，他开始消灭其他的法兰克首领（大部分是他的亲戚），以巩固他对法兰克人的权力，就像他对高卢－罗马人所做的那样。这件事他处理得高效又残酷。在这些人中，他清算了统治科隆附近莱茵河沿岸法兰克人的西吉贝尔特国王家族；他把另一个对手萨利安人领袖查拉德（Charade）及其儿子一起杀死；他还策划了对康布雷（Cambrai）的法兰克国王拉格纳查尔（Ragnachar）的摧毁。到了格列高利时代，克洛维鲁莽却聪明的花招已经成了传奇，许多由此而来的口头吟咏，无疑都成了格列高利的资料来源。虽然这些传奇故事是通过一个高卢－罗马主教流传下来的，但人们依然可以从中瞥见克洛维的个性和政治敏锐性。在每一种情况下，他都不仅小心翼翼地将受害者的财富取走，还要将他们最亲密的追随者（leudes）也一块争取过来。格列高利告诉我们，在克洛维统治的末期，他习惯于抱怨："我像一个孤独的旅行者一样生活在陌生人中间，当灾难来临时，我再没有自己的亲人来帮助我，这是多么可悲啊！"[8]格列高利向我们保证，克洛维之所以发出这种抱怨，不是因为他为那些死者感到悲伤，而是因为他希望找到一些还活着的亲属，好继续杀死他们。

统治法兰克王国[①]：行政遗产

在克洛维对他征服的广大地区进行控制时，人们对这种控制的印象往往是，一种由个人魅力和恐惧建立并维持的宗主权。格列高利描述了克洛维如何消灭自己的亲属，以及他对一个敢于对自己在苏瓦松所获战利品的份额提出异议的法兰克战

① 所谓法兰克王国（Francia），指的是法兰克人居住和对之产生影响的土地，它和现在的法国并不重合，事实上，古代法兰克王国比现代法国要大得多，不仅包括现代法国，还包括现代德国、比利时等许多地区。

士的侮辱进行的残酷报复，这一切都强化了克洛维作为野蛮征服者的形象——他可以迅速地撒谎，又可以更迅速地杀人。他很可能拥有这样的品质，虽然这些品质并不专门属于野蛮人——罗马皇帝也可以拥有这些特征。然而，单凭这些，他不仅无法征服，而且很难建立这样一个王国：尽管这个国家在他死后被削弱和分裂，但依然足以传给他的继任者。他所征服的土地和人民的异质性，提供了多种互补的政治、社会和宗教控制体系，而他正是在这些体系上建构了一种连续性和稳定性。不像包括阿提拉和狄奥多里克在内的其他许多蛮族征服者，克洛维的王国和家族存续了几个世纪。

阿提拉无法创立一个王朝，这并不令人感到奇怪。在古代，一位魅力型领袖的崛起和衰落都是非常正常的事情。但是，狄奥多里克的哥特王国的命运却值得更多思考。他的天才成就受到了两个致命弱点的影响。首先，他从未试图将罗马和哥特社会融合在一起，从而将不稳定的局面留给了他的继任者。其次，也更重要的是，意大利距君士坦丁堡太近，太靠近 89 罗马帝国的关注中心，因此不会被允许走自己的路。

狄奥多里克试图保留两种几乎完好无损的传统，一个是他统治下信仰正统基督教的罗马人的传统，另一个是主要定居在拉文纳、维罗纳（Verona）和帕维亚（Pavia）的阿里乌斯派哥特军队的传统。然而，罗马传统和文化的吸引力对他自己家族的成员来说太诱人了，在他去世后的公元526年，阿玛尼家族的下一代成员发现自己与更传统的哥特贵族疏远了，他们之间也产生了严重的分歧。最终，狄奥多里克之子的遗孀阿玛拉逊莎（Amalasuntha）——她也是其未成年儿子阿塔拉里克（Athalaric，公元516～534年）的摄政者——被迫计划将意大利秘密交给查士丁尼皇帝（Emperor Justinian）。她于公元535年被杀，这给了查士丁尼向哥特人宣战的机会，随后二十年的血腥冲突摧毁了东哥特人，使意大利陷于瘫痪。

与狄奥多里克在意大利短暂辉煌但注定失败的政治结构形成鲜明对比的是，克洛维王国从一开始就经历了更彻底的法兰克和罗马传统的混合。此外，高卢和日耳曼尼亚对拜占庭的关注点来说太过边缘化了，以至于几乎无法吸引到查士丁尼及其继任者的注意。因此，法兰克人得以在相对和平的环境中去处理他们的成功所带来的影响。

克洛维祖先的长发及其神话般的起源所传达的魅力，以及他说服其他人相信他是这种魅力传递给后代的唯一渠道的能力，无疑是他成功的部分原因。然而，人们也许赋予了它过多的意义。对于建立统治的连续性和有效性而言，更重要的是来自征服者和被征服者的双重罗马遗产。

北部地区，特别是卢瓦尔河以南曾是西哥特王国一部分的阿基坦地区的原住民，几乎完好无损地保留了罗马晚期的基础设施。不仅拉丁字母和语言继续被传授，粗糙的罗马法律也继续规范着人们的生活，而且罗马的财政和农业结构，罗马道路、城镇和商业系统的网络，尽管已经大大私有化，仍然存留了下来，没有受到严重的破坏。法兰克人继承了这一切，以及继续运作它们的罗马官僚机构的残存。在胜利之后，习惯于与罗马人密切合作的克洛维的法兰克人，处于一个可以将罗马人吸收到行政管理中的理想地位。

法兰克人本身也深深地罗马化了。甚至在苏瓦松大捷之前，克洛维和他的法兰克人就已经习惯了罗马的纪律。一代又一代罗马人的服务，使法兰克人对罗马的组织和控制有了深刻的了解。这一遗产甚至在据说是法兰克人最重要的传统——《萨利克法典》（*Salic Law*）中也可以找到。在公元 507～511 年的某个时候，克洛维颁布了这一被称为《萨利克法典》（拉丁文为 *Pactus Legis Salicae*，以下简称《法典》）的法律，这是一个重要但有争议的文本，我们还将在讨论法兰克社会时频繁提到。这份《法典》现存的最古老版本由 65 个章节组成，是继西哥特人律法之后，最古老的蛮族王国成文法典的例子。成文法当然不是蛮族的传统；编纂传统习俗的行为，无论是以何种混乱的方式，都只能在罗马法的影响下产生，而且只能由受过这种传统训练的人来完成。文本是用拉丁文写成的，学者们早就放弃了认为拉丁文本是从一个早就消失的法兰克文版本翻译过来的这种假设。罗马法和罗马法律组织的概念在这个文本中随处可见。在颁布这部《法典》时，克洛维并不是作为一个蛮族世界的国王，而是作为一个罗马化世界的合法统治者在行使权力。此外，《法典》不只适用于法兰克人，它适用于王国里所有的蛮族。

《法典》中的大部分内容并不是"新的"法例，可能其中许多条款在颁布时就已经过时了。除了少数例外，它没有任何基督教元素；它描述的是一个简单的农牧民社会，而不是胜利的高卢征服者的社会；有些部分与其说是戒律，不如说是简单的罚款和惩罚，甚至是传统的建议。据塔西佗的说法，这份《法典》的压倒性要旨是，通过对违法行为的罚款和惩罚来限制家族成员之间的不和或报复，这是日耳曼社会的一个古老问题。因此，虽然成文法的编纂本身，以及《法典》中的某些部分是克洛维的主动性的结果，但大部分文本可以追溯到更早的时期。

91

然而，这并不意味着人们在这部《法典》中看到的是纯粹的日耳曼习俗。相反，古老的传统本身可能就很罗马。这一点的主要证据是《法典》中提到的地名及其最早的序言。序言告诉我们，由于法兰克人之间总是无休无止地争吵，四个主要的指挥官（rectores）走到一起，颁布了这部《法典》。[9]这通常被视为一种对神话般起源的记载，或者可能是一种对克洛维时代其他未知的亚国王（subkings）的参照。《法典》随后的一个片段似乎表明，法兰克人的正常占领区在利格里斯河（Ligeris river）和"木炭森林"（Carbonaria forest）之间，尽管法兰克人已经扩展到这些边界之外了。今天大多数学者认为，这两处即是卢瓦尔河和夏邦尼森林（Charbonnière），后者位于桑布尔河（Sambre）和迪勒河（Dyle）之间，位于现代比利时境内。它们大致形成了克洛维王国的南北边界，尽管有些人仍在辩称利格里斯河就是利斯河（Lys），它构成了托克桑德里亚的北部边界。最近，法国历史学家让·皮埃尔·波利（Jean-Pierre Poly）认为，四位指挥官会晤的地点在利斯河和夏邦尼之间的博德格姆（Bodegem）、泽尔赫姆（Zelhem）和维代姆（Videm）村，这些村庄仍大致位于旧托克桑德里亚地区。此外他还认为，四位指挥官呈现出公元4世纪四位高级"帝国日耳曼"军官的样子，他们不是根据任何法兰克人的权利，而是通过他们在罗马军队中的军事权威，而具有维护和平、平息暴力的权力，并商定以家族长辈的生命为代价来结束纷争。因此他得出结论，早在克洛维征服之前，法兰克人已经将罗马权威的概念纳入了他们的法律和政治结构中。克洛维的立法行为是利用这些旧习惯来编纂《法典》。[10]

克洛维时期的法兰克人已经习惯了罗马的传统法律。他们

同样习惯了，或者很快就让自己习惯了罗马的行政管理。如我 92
们所见，甚至在击败西亚格里乌斯之前，克洛维就已经被雷米
吉乌斯主教承认为罗马的合法统治者，在他战胜了国内外的对
手——无论是罗马人还是蛮族——之后，他的合法性得到了皇
帝的承认。因此，克洛维及其继任者的宫廷，不仅包括法兰克
贵族家庭的传统官员，也有罗马官员。法兰克官员在这里被提
升到王室中的显赫地位：由宫相（maior domus）、巡官、内侍
等领导的，享有特殊王室恩宠的国王私人随从（antrustiones）。
尽管公元 528 年以前的墨洛温国王的王室文件都没有保存下
来，但后来的文件表明，国王们吸收了罗马晚期行政当局的文
员（scrinarii）和仲裁者（referendarii）职位。此外，与罗马
后期和哥特政府一样，这些人员都是世俗性的；王室官邸使用
神职人员的传统，将是加洛林王朝的创造。

　　书面文字在墨洛温王朝的管理中至关重要，因为作为王室
权力的一个基本方面，晚期罗马的税收制度继续发挥着作用，
而对税收的精确控制意味着对文书工作的依赖。如果说与中世
纪后期的行政管理材料相比，这个时期的文件几乎没有保存下
来，那么原因是，它是写在易碎的莎草纸而不是耐用的羊皮纸
上，并且由于这些材料量多又普通，一旦它们没用了之后，人
们不会费心去保存它们。然而我们发现，有证据显示，法兰克
国王及其代理人制作的书面行政文书种类，比其之后、12 世
纪之前出现的总数都要多。

　　然而，我们不能认为，因为法兰克人和高卢－罗马人都是
罗马传统的继承人，所以他们是同一传统的继承人。正如我们
在前几章中所看到的，对于行省的罗马人来说，罗马文明实际
上已经不再与政府有任何关系，当然也不再与军队有关。由于

政府在财政上饥肠辘辘，高卢－罗马贵族很久以前就设法让行
省政府名存实亡，并将税收、治安保护甚至司法制度私有化。
即使早期法兰克国王的中央行政管理是原始的，它与克洛维从
西亚格里乌斯那儿继承下来的行政控制力其实也不相上下。尽
管高卢－罗马人热爱罗马，但长期以来他们一直认为强大的中
央政府是对其家族霸权的威胁。

　　只要行省长官或蛮族国王允许高卢－罗马精英们自治，并
对他们在当地的附庸进行控制，这些贵族就习惯于向国家提供
协助。我们已经看到，雷米吉乌斯在苏瓦松大捷和皈依之前，
就已经承认克洛维的政治合法性；同样，在公元 506 年的阿格
德宗教会议（Synod of Agde）上，阿尔勒大主教恺撒利乌斯
（Caesarius）也曾屈膝祈祷阿里乌斯派西哥特国王阿拉里克的
成功、繁荣和长寿。与其向中央政府索要权利，在城市和比邻
区域的行政区（civitas）层级上，贵族阶层更愿意让他们自己
选择的主教来指导剩余的公共领域（res publicae）。因此，雷
米吉乌斯请求克洛维听从主教的建议，不过是请求他听从罗马
贵族的建议。对人民的权力是由大地主们掌握的，他们才是真
正的权威。因此，他们对更广阔的罗马世界的归属感，与其说
是帝国管理，不如说是古典文化（特别是修辞学）以及正统
宗教的作用。

　　如果说罗马的文化遗产被其贵族们垄断了，那属于法兰克
人的就是军事传统，就像在他们之前的几代帝国日耳曼人一
样。虽然法兰克人在军事纪律和参与西方帝国强权政治方面的
罗马化程度很深，但除了一小部分精英之外，他们在社会文化
传统上却没有受到罗马的影响，就像高卢－罗马贵族没有被罗
马的军事传统影响一样。克洛维及其继任者的独特成就是，通

过他的征服和皈依，他能够开始将这两种分裂的罗马遗产重新
整合起来。这个进程是漫长的，而且也并非没有困难，但随着
时间的推移，它创造了一个新的世界。

在公元 6 世纪早期，这种遗产的二元性在地方行政管理中 94
最为明显。我们的资料极其稀少，但显然，高卢－罗马主教继
续代表他们的社区，当地遗留下来的司法和财政管理部分也没
有受到任何影响。主要的变化是，一位与国王有着私人联系的
指挥官——他从某种意义上说是法兰克人——带着一小簇驻军
被派往了主要城镇。他的职责主要是军事和司法层面上的。指
挥官提高了该地区的税收，并在力所能及的情况下执行适用于
法兰克人的王家法律。如果没有主教和其他高卢－罗马人的合
作，他几乎什么都做不了，但如果他不试图过分增加税收负
担，或介入当地精英的势力范围，人们通常会选择与他合作。
事实上，他通常会选择与当地贵族通婚，特别在王国中偏远的
地方，那儿法兰克人本来就很少。我们将在后面的章节中看到
更多这样的进程。

在政治光谱的最高层，这种双轨制的传统可以在一项对法
兰克王国有着深远影响的决定中看出来，那就是：公元 511 年
克洛维死后其王国的分裂。[11]没有人真的知道为什么王国会被
分割给他的四个儿子，尽管这其中不乏假设：也许这是日耳曼
社会更广泛传统的一部分，这种传统可以在勃艮第人、哥特
人、汪达尔人和盎格鲁－撒克逊人中找到，他们都知道，虽然
可以有多个国王，却不必有多个国家；也许这是《萨利克法
典》所规定的；也许是因为墨洛温人血液中流淌的近乎神奇
的力量。更可能的是，这种分裂是克洛维王权特殊双轨制的结
果。他设法使自己成为法兰克人的唯一统帅，虽然他可能不像

格列高利所说的那样成功地消灭了他的亲属，但除了两个妻子所生的儿子之外，没有任何人可以要求继承权。根据其他日耳曼传统判断，这可能是以多种方式处理的。他的大儿子狄奥多里克（Theuderic）本可以继承父亲的整个王国。或者，当狄奥多里克成为统一的法兰克王国的国王时，他同父异母的、由克洛德希尔迪丝（Chrodechildis）王后所生的兄弟们，每一个都可以担任亚国王。然而伊恩·伍德认为，考虑到他和其他人的年龄差距，这些更年轻的儿子很有可能最终会在他的手里失去职位甚至生命。无论如何，这种可能性似乎正是克洛维试图通过系统地消灭亲属来阻止的。

把王国分给他的四个儿子，这种解决办法似乎不是一个法兰克式的解决方案，也不是一个罗马式的解决方案。克洛维的领土大致上是按照罗马的政治边界划分的，每个兄弟都以一个大城市为中心，有着自己的朝廷和（毫无疑问是罗马的）顾问。这种划分反映的不是罗马帝国传统，而是高卢－罗马贵族的排外传统；它不尊重罗马各省的完整性，而是尊重较小的罗马公民权（civitates）的完整性，后者已成为高卢－罗马利益的焦点。因此，狄奥多里克的宫廷设在了兰斯，除此之外他还接收了特里尔、美因茨（Mainz）、科隆、巴塞尔（Basel）和沙隆（Châlons）等地，以及莱茵河右岸最近被征服的土地。克洛泰尔（Chlothar）接收了夏邦尼森林和索姆河之间古老的萨利安人中心地带，此外还有努瓦永（Noyon）、他的都城苏瓦松，以及拉昂（Laon）。希尔德贝特（Childebert）的部分包括从索姆河到布列塔尼的沿海地区，除了他的都城巴黎之外，可能还有亚眠（Amiens）、博韦（Beauvais）、鲁昂（Rouen）、莫城（Meaux）、勒芒（Le Mans）和雷恩（Rennes）。最后一位兄弟克洛多梅尔（Chlodomer）的统治区域从奥尔良到图尔、桑斯（Sens），可能还有特鲁瓦（Troyes）、欧塞尔、沙特尔（Chartres）、昂热和南特（Nantes）。

这些部分是怎么决定的，已经不为人所知。当然，这一定是罗马人设计出来的，他们对每个地区的财政收入了如指掌，同时也着眼于维护自己权力基础的完整性。即便在这个关于法兰克王国命运的最核心问题上，也很可能是法兰克人和罗马人密切合作才做出决定的。

法兰克王国的人民

克洛维王国治下的人口在其社会、文化和经济传统方面是复杂的、异质的。法兰克人和高卢－罗马人不仅在文化上不同，而且这两个群体本身也都不是单一成分的。

农村和城市经济

罗马社会继续发展成了一个我们在第一章中考察过的地区分散、社会分层的世界。这个社会深深地植根于其经济制度的本性之中，特点是土地所有权被少数非常富有的精英所垄断，绝大多数人，无论是奴隶还是自由人，都一贫如洗，而且常常处于绝望的困境之中。其结果是，农业产能严重不足，无法满足人口的需求，而商业和手工业基础设施几乎完全是为了迎合与满足精英阶层。

这种几个世纪以来一直具有中世纪早期经济特征的农业制度带来的结果是，经济繁荣时期几乎没有生产盈余，而糟糕的年份却经常发生灾难性的饥荒。这种经济基础的脆弱性有时被归咎于蛮族的到来，但他们实际上对土地占有或农业技术几乎没有影响。罗马晚期的土地分割、农业技术和庄园组织的延续性很强，一直存续到公元 6 世纪。这种情况在莱茵地区并不多见，但在其他地方却很普遍，无论是在法兰克王国北部，还是（尤其）在南部。比蛮族更具破坏性的是，从公元 3 世纪开始，人口出现普遍下降，人们从边缘化或过度征税的土地上逃走。缺乏足够的农业劳动力一直是主要的问题，而从戴克里先以来，如果说皇帝们采取的措施有什么影响的话，那很可能是加剧了这种局势。公元 517 年，耶讷（Yenne）市政府禁止修道院授予在信徒赠予的土地上工作的奴隶以选举权，因为"当修道士日夜在土地上劳作时，奴隶享有自由是不公平的"[12]。一直到公元 9 世纪，国王、贵族和修道士一直在想方设法，让被遗弃或者没有人耕种的土地出产粮食。

97　　　　土地的耕种依赖于罗马行省的技术，但如果说有什么区别的话，那就是这些技术变得比以前更加偏向于劳动密集型了。机械设备，比如普林尼时期高卢就在使用的机械收割机，已经不复存在了；水磨，尽管在罗讷河和勒弗尔河（Ruiver）① 沿岸以及其他一些地区依然在使用，也非常罕见了；至于其他的工具，如犁、镰刀、锄头等，大部分甚至全部都是木制的。铁是一种稀有而珍贵的商品。它是如此重要，以至于人们通常会向当地的圣徒寻求帮助，让他们寻找丢失的铁器，而当他们真的找到了时，这个幸运的事件很可能被记录在圣徒的神迹之中。铁制工具主要被用来制作木制工具，它们被小心地保护着，很少使用。

　　　　在罗马世界里，出产的谷物主要是小麦，后来则越来越多地由日耳曼人所知的大麦等深色谷物主宰。这种变化在一定程

————————

　　① 疑指流经荷兰勒弗尔的默兹河。

度上反映了从传统地中海地区到更北方的口味变化，但这种变化也是由实际的生存模式和效率决定的。深色谷物不仅更耐寒，还可以很容易地转化成一种浓烈而有营养的啤酒，并且它们比更娇嫩的小麦保存得更长久。

在墨洛温王朝早期，农业中的一个领域确实扩大了，那就是葡萄种植。罗马人走到哪儿就把葡萄树带到哪儿，但葡萄在欧洲更北部地区得以种植，却是随着这些地区中教会机构的扩张而实现的。葡萄酒不仅是圣餐仪式必不可少的，也是精英阶层的饮品。以牺牲传统自给型农业为代价的葡萄种植投资的增加，可能表明贵族在农业决策上的主导地位日益增强。

随着法兰克王国的扩张，日耳曼人对畜牧业的关注持续着，并扩大了。在《萨利克法典》和其他早期的法规中，牛的地位是突出的。饲养牲畜的细节加强了人们的一种总体印象，即这些动物就像在斯泰卢斯时代那样，继续构成蛮族财富和声望的基础。

尽管绝大多数人仍然居住在农村，但法兰克王国的城市在王国中扮演着重要的角色，它们既是主教、伯爵和国王的住所，也是经济活动的中心。这些城市的真实人口特别难以确定。唯一的证据来自考古学，而且因为它主要是基于公元 3 世纪城墙内的区域，所以有很大的空间去推测居住在郊区的人口数量。因此，一些历史学家估算，在公元 6 世纪，巴黎大约有 2 万人，波尔多大约有 1.5 万人，而其他历史学家却争论说，这样的估算需要被缩减 50%。可以肯定的是，这些城市的社会、文化和政治重要性远远大于人们期待从其稀少的人口中看到的重要性。

大多数罗马贵族很久以前就为了安全，以及他们广大乡村庄园的自治而放弃了城市，但现在有些人回来了。在希多尼乌斯·阿波黎纳里斯（Sidonius Apollinaris）的诗歌，以及我们见到的早期圣徒生活的记录中，富裕和强大的罗马人不仅生活在阿基坦和高卢的城市，甚至在特里尔、梅斯和科隆也有他们的身影。然而，最重要的高卢－罗马居民区却是属于主教的。他们和他们的神职人员维持着城市的大部分公共生活，承担着传统的公众义务，如救济穷人以及维护城墙、渡槽等。他们是如此重要，以至于那些没有被主教们关照的古代城市，在中世纪早期基本上消失了。主教法庭的存在与否决定了一个城市中心的生与死。

尽管在我们的资料中，人们听到的更多是主教和神职人员，但这些城市的另一批重要的居民是法兰克国王或他的代表（伯爵），以及他的驻军。法兰克精英，就像他们的哥特和勃艮第对手一样，被罗马城市吸引；在那里，他们既可以享受他们及其祖先长期以来渴望的美好生活，又可以在人数上找到安全感，这人数足以与他们的政治地位和社会地位相匹配。与墨洛温王朝后期不同，当然也与加洛林王朝不同，早期的墨洛温王朝贵族及其代表都居住在城市中；在那里，他们有地产收入，并可以将收入花掉，这也促进了商业和手工业经济的持续发展，这种经济繁荣一直持续到公元 7 世纪。主教和他们的神职人员构成了城市延续性的核心，他们的建筑群逐渐占据了城市的实体空间，包括大教堂群、洗礼堂、疗养院，以及城墙外面的方堂和墓地。这一切虽然都是正确的，但人们也不应该忘记墨洛温王室对城市生活的影响，比如某位提乌德贝尔特（Theudebert）在阿尔勒的圆形剧场里再一次举办起了比赛，或者希尔佩里克一世（Chilperic I）在巴黎和苏瓦松都修建了圆形广场（circuse）。

公元 6 世纪的城市已经不再只是主教和法兰克国王或伯爵的居住地，它也一直在商业上扮演重要角色。尽管有蛮族的掠夺和高卢－罗马人的内部冲突，尽管有人口减少和西部社会的返古，但罗马道路网，更重要的是商业水道网，还继续在发挥着作用。然而，这种流通的性质与前几个世纪所规范的，或中世纪后期的情况，都大不相同，在后两种情况中，城市的发展伴随着商业活动的复苏。要了解墨洛温世界商业的特殊性质，我们必须首先了解公元 6 世纪法兰克王国整体上的商品流通情况。

人们已经泼洒了太多笔墨去讨论公元 6 ~ 8 世纪欧洲西部经济的相对活力。一方面，钱币学证据表明，金币的重要性一直持续到公元 7 世纪，档案和叙述资料也都提到了商人、进口商品以及一直持续到公元 8 世纪的海关和关税征收。另一方面，贵金属似乎更重要的是用于展示，而不是作为交换媒介，商品和贵重物品的流通主要不是通过商业，而是通过军事远征和地方掠夺，或者是礼物交换。因此，从一个角度来看，古代晚期的商业世界似乎完好无损，甚至在北部还可能出现了扩张；叙利亚、希腊和犹太商人在法兰克王国长途跋涉，有时乘坐着骆驼大篷车，出售他们的货物，而当地的谷物商人则在繁荣的市场上做着买卖。但从另一个角度，我们又可以看到一个古老陈旧的社会，在这个社会里，物品流通的主要模式是通过战争和礼物交换，而黄金在首饰、教堂装饰或马饰上的价值，远远高于它的交换价值。这种混乱是墨洛温王朝经济复杂性的结果，在这样经济中，流通机制与社会关系是密切相关的。所有这些机制都针对不同的人、在不同的时间运作着，每一种机制都在当地的、区域的以及国际的货物和服务的分配中，发挥着至关重要的作用。

绝大多数粮食是由生产粮食的农民或他们的地主提供给当地消费的。未消耗或损失掉的少量盈余的粮食，是根据交换伙伴之间的社会和政治关系，通过出售、馈赠或偷窃等方式流转的。后两种方式比前一种更加普遍。大贵族，不管是法兰克人还是罗马人，都要养活他们的追随者和家庭成员，供给他们食物、衣服、武器与其他维持其生活和社会地位所必需的物品。主教们向被列入城市贫民名册上的穷人发放救济金，这是帝国慷慨捐助的传统义务的延续，也是维系民众支持的方式。友谊通过互相交换礼物来确认。这种礼物和回礼的网络，可能在很大程度上实现了农业剩余的均衡和分配。

在敌人之间，即任何不受相互友谊关系约束的人之间，物品主要通过掠夺和偷窃进行流通。这可能意味着战争，或者仅仅是对敌人的物品和动产的周期性袭击——作为长期不和的一部分。此外，除了税收，国王和他们的代表还收取牲口、葡萄酒、蜂蜡以及其他礼物，这些都是重要的贡品。

这些种类的交易既可以发生在城市，也可以发生在农村。然而，正是在城市里，发生在中立者之间的不太经常、但仍然重要的货物交换形式——销售出现了。人们开始听说食品销售主要是在危机时期，那时那些囤积粮食的人可以获得巨大的利润，尽管正规市场也确实存在。更重要的商业交易物是那些不是到处都有、相对容易携带、需求量很大的商品。最基本的此类货物是食盐，它们在低地的海岸地区通过蒸发海水制造出来，然后被运往内地。同样重要商品的还有葡萄酒、油、鱼以及谷类。

　　手工作坊的产品也在区域内或者很远的距离上流通，尽管这种流通机制尚不明确。在南方，传统的古代晚期地中海风格的陶器直到公元 8 世纪还在生产；在阿登（Ardennes）和科隆周围生产的玻璃，一直向北延伸到弗里西亚（Frisia）甚至瑞典；在整个欧洲享有盛誉的法兰克武器，在整个法兰克王国、弗里西亚和斯堪的纳维亚都能找到。纺织品也在不同的地区间流通：普罗旺斯尤以便宜的布匹闻名，其声名远播至罗马、卡西诺山（Monte Cassino）和西班牙。

　　随着法兰克城市人口减少，不同种类的商人人口逆势而上，继续增加。图尔的格列高利写道，凡尔登主教德西德拉图斯（Desideratus）从提乌德贝尔特国王那里获得了 7000 枚金币的贷款，由他所在城市的商人担保，这些商人大概是专门经营食品的。然而，格列高利讲述的故事证明了以礼物为基础的财富流通和商业同时存在：提乌德贝尔特批准贷款，是因把它作为对德西德拉图斯的恩惠，以显示他的慷慨。根据格列高利所说，这笔贷款让"那些玩商业的人"[13]致富了。主教本来可以连本带息偿还贷款，但国王拒绝接受偿还，说他并不需要这些。城市里存在足够的商人去偿还贷款，这意味着商业不算微不足道；他们的偿还事后被国王慷慨大方地拒绝了，这表明商业信用系统对国王来说依然是陌生的——他宁肯让城市欠着他的政治债。对于一个墨洛温王朝的国王来说，黄金主要不是一种可以通过聪明的投资生出更多钱财的货币形式；它是一种彰显国王慷慨、加强与人民联系的手段。

　　除了城市商人之外，大地产的所有者，无论是在俗的还是教会的，都有自己的代理人，有时是犹太人，有时是自己家庭的附庸（不管是农奴还是自由民），这些代理人负责出售他们

102

的盈余财产和购买非本地生产的必需品。然而同样，这些代理人不仅是在商业模式下运作，同一批人可能被安排向其他大人物递送礼物，并接受回礼。人们可以假设，他们所参与的大部分流通既不是销售，也不是严格意义上的易货贸易，而是巩固精英阶层之间关系的物品传递。

最后，在每一个重要的城市中都有一个外国人社区，用以向贵族们供应奢侈品。这种长途贸易主要掌握在希腊人、叙利亚人和犹太人手中，在阿尔勒、马赛、纳博讷、里昂、奥尔良、波尔多、布尔日、巴黎以及其他一些地区都能看到他们。他们提供了许多珠宝、贵重布匹、饰品，以及莎草纸、香料等。这些商人可以在法兰克城市中组成相当规模的社区，拥有自己的司法官员或"领事"，甚至可能在更广泛的社区中发挥积极作用。图尔的格列高利记载，叙利亚商人尤西比乌斯（Eusebius）通过贿赂获得了巴黎主教的职位，然后将他前任留下的家庭服务人员都解雇了，换成了其他的叙利亚人。[14]这清楚地表明，国际商人可以获得相当大的权力。

他们之所以能获得这种权力，是因为他们可以为贵族提供彰显其社会地位所需的华丽奢侈品。商人之所以重要，还因为进口关税主要从他们这里征收，这已经成了墨洛温王朝主要的收入来源。特别是在普罗旺斯，在这里，从地中海进口的大宗货物一旦到来，王家海关官员就可以征收相当数额的税款，送往王家金库。将普罗旺斯划分给法兰克王国的次一级王国，除了考虑到土地划分，可能更多是考虑到关税划分。

除了黄金，西部王国拿不出什么来回报这些国际商人。这不是什么新鲜事。除了木材以及偶尔的奴隶，高卢从来没有成为什么商品的主要出口地。法兰克人在此基础上还可以增添一

项武器出口。然而，奴隶出口至少在理论上是被禁止的，劳动 103
力是稀缺的，法兰克人自己也从斯拉夫人的区域进口奴隶，尽
管这肯定是通过罗讷河进行的。同样，法兰克人的武器也是一
种危险的出口物品，因为它们可能会被其他购买者用来对付法
兰克人自己。这样，东西方贸易很大程度上是单向的。黄金以
战利品或者补偿的形式，从东部帝国流入西部，再作为购买奢
侈品的款项回流到东部。随着公元 6 世纪晚期、7 世纪以及 8
世纪早期战利品的减少，商业也衰落了。这次的黄金外流，虽
然曾经在加洛林王朝治下因法兰克人的重新征服而短暂地结
束，但整体上依然将国际贸易压缩为涓涓细流。随着贸易的消
失，曾经为法兰克王国的城市增添了色彩、复杂性和刺激性的
国际商人社区，现在也都消失不见。

法兰克社会

早在克洛维之前，法兰克人就已经在高卢大规模定居了，
事实上，他们也许在成为法兰克人之前就居住在高卢了。如我
们所见，对西亚格里乌斯王国的征服，可能既是对这种情况的
反应，也是对这种情况的加速。一些法兰克人是逐渐进入罗马
世界的，每一次只移动数个家庭或数公里。但是，还有一些本
来就生活在罗马世界的人们，不管他们是拉提还是雇佣军，也
逐渐变成了法兰克人。由于缺乏书面材料，人们很难判断欧洲
北部的那些区域到底是如何变成"法兰克之地"的。我们最
好的证据来自第二章中提到的成排的墓葬。在公元 5 世纪晚
期，这些墓葬显示出了一次重要的变化。在那之前，罗马帝国
内部排墓中的随葬物品是贫乏的。但这时，人们越来越多地将
武器或珠宝给死者随葬，这表明伴随着军事服务以及劫掠的增
加，一些人正在积累巨大的财富。此外，从这些 5 世纪晚期墓

葬中发现的随葬品的质量和种类的巨大差异来看，军事服役——无论是为希尔德里克和克洛维服役，还是为各位竞争激烈的高卢－罗马指挥官服役——甚或是独立的突袭，都可以为武士团体的领导人带来真正的财富。

104   在这些公元 5 世纪晚期移民及其继承者留下的考古证据中，一个重要的例子是 20 世纪初发掘的拉瓦埃［Lavoye，位于默兹（Meuse）］墓地。经过科学分析，这项发现由勒内·若夫鲁瓦（René Joffroy）在十多年前发表。[15] 这片墓地建在一座高卢－罗马早期遗址（可能是一座乡村别墅）上，共有 362 座墓葬，其中 192 座可以追溯到公元 5 世纪末或 6 世纪初至公元 7 世纪下半叶，在 7 世纪之后，由于随葬品消失，年代无法确定。墓葬南北方向成行排列。这片墓地看上去是围绕着一组墓葬（共 9 座）建起来的，这 9 座墓葬可能构成了一个重要法兰克人首领的家族墓群。中心墓葬（第 319 号）是首领自己的，也是这群墓葬中最古老、最大、最深和最富有的，埋葬着一具 50～60 岁的男人遗骸。与他一同埋葬的是武器，以及一些具有非凡价值和美感的物品，包括一个用石榴石装饰的黄金镶嵌的皮带扣，一个有类似装饰扣的钱包，一把带金柄的匕首，一把接近一米长的装饰着金、银和石榴石的华丽长剑，三个标枪头，一块盾牌，在他的脚下，还有一个玻璃碗和一个基督教礼拜用的水罐，上面覆盖着青铜，雕刻着基督生活的场景，这件物品很可能是从一个基督教教堂掠夺来的。这些物品与在罗马边境线内外的今法国北部和德国这一广大地区所发现的类似，它们不仅显示了首领的身份和财富的军事特征，而且还展示了首领所属的广阔的文化区域。

    附近的墓葬同样属于公元 6 世纪早期，可能属于他的家庭

成员。在最接近主墓的 5 座墓葬中，有 3 座是女性墓葬，也有
丰富的珠宝、器皿和纺锤。这些墓葬可能属于他的妻子们。就
像塔西佗时代的日耳曼人，公元 6 世纪的法兰克人也实行基于
资源的一夫多妻制，显然这位首领养得活几位妻子。剩下的两
座墓葬中埋葬的是孩子，这是直到公元 19 世纪欧洲的婴儿死
亡率一直居高不下的明证。

　　在这一组墓葬的北方、东方和西方，分布着属于法兰克社
区的其他墓葬。一些墓葬与它们类似，但随葬品很少，更多的
墓葬完全没有随葬品。这些墓地所属的群落就生活在一座以前
的罗马别墅的遗址上，他们可能也将当地高卢 - 罗马居民的后
裔吸收了进来，这将是我们研究公元 6 世纪法兰克社会的结构
和组织的基础。

家庭生活

　　就像那些环绕着首领墓群的墓葬那样，拉瓦埃的其他墓葬
也往往是成组的，这可能是基于亲属关系。但所谓亲属在公元
6 世纪到底是什么，依然很难确定。法兰克社会延续了移民时
期的组织结构，虽然大的亲属团体或宗族对贵族仍然很重要，
但对于普通的法兰克人来说，它们可能不如个体家庭和村庄那
么重要。

　　罗马和日耳曼的父权制家庭结构传统差别不大，两者在对
家庭的控制方面迅速而容易地融合在一起。父亲是一家之主，
对所有的家庭成员——妻子、孩子和奴隶——行使他的权威，
即父权（mundiburdium）。男人越富有，家庭就越庞大。在克
洛维皈依之前和之后，墨洛温国王都有多个妻子，重要的首
领，诸如埋葬在拉瓦埃墓地那位，无疑也是这样。直到公元 9
世纪，法兰克和其他日耳曼社会才有各种各样的婚姻形式。最

正式的形式牵扯到财富和父权的转移。妇女在法兰克社会具有很大价值，这主要是因她们可以生孩子而产生的价值。根据《萨利克法典》，一个育龄妇女的赔偿金，通常三倍于一个普通男性，或一个大于 40 岁或小于 12 岁的女性。

由此，将女人从一个男人（父亲）那里转移给另一个男人（丈夫），是需要补偿的，最初是以彩礼的形式，但到了公元 6 世纪，它变成了一种仪式性的支付。最重要的礼物是新郎给新娘的彩礼，在法兰克习俗中，这相当于新郎财产的三分之一。圆房之后，丈夫一般会送给妻子另一份礼物（被称为 Morgengabe）。最后，新娘的父亲通常也会在婚后给新人们送来礼物。

婚约谈判是在户主之间进行的，在重要的家庭中，谈判要有正式的书面合同。婚礼本身是要公开庆祝的，它标志着两个家庭之间联盟关系的建立或重申。

另一种类型的婚姻不那么正式，不牵扯到权威和嫁妆的转移，也是更常见的。这种婚姻被称为"情人婚姻"（Friedelehe），即丈夫与妻子私下达成的结合。这种结合是对户主权威和教会的威胁，后者越来越关注儿童的合法性和婚姻合同的可执行性。然而，这种结合在公众中是得到承认的，尽管许多人会指指点点。通常，这种婚姻被包装成一种偷新娘的行为，男人经常在征得女方同意的情况下绑架女方。在婚姻变为既成事实之后，女方的家庭不得不在寻求报复、要求对被强奸女儿给予赔偿以及接受绑架者作为丈夫之间做出选择。

此外，法兰克人经常有妾，无论是在两段婚姻之间，还是在婚姻关系存在之时。直到公元 8 世纪，这种安排都一直被认为是正常的，尽管不时有教士反对，并且非婚生子女对合法子女继承遗产的要求一直构成潜在威胁。

与亲属关系一样，继承在法兰克社会也是双向的，尽管女儿被排除在某些形式的不动产继承之外。这一点是在著名的《萨利克法典》的一章中确定的，到了公元14世纪，法国法学家们为了避免看到法国王位被英格兰国王继承，将该条款复活，由此将女性排除在"萨利安人的"土地的继承权之外。然而，没有人说得清楚什么是萨利安人的土地；此外在公元6世纪下半叶，希尔佩里克二世明确规定，在没有兄弟的情况下，女儿可以继承萨利安人的土地。在不动产之外，女性当然可以参与动产的继承，并且在丈夫死后，妻子可以继承他的所有财产，她可以在没有男性权威的情况下全盘控制丈夫的遗产。

107

除了妻子或妻子们，一位男性的家庭成员还包括未成年的孩子，不管他们是合法的还是非法的。学者们认为，一夫多妻制和纳妾制的做法，可能大大增加了贵族家庭中的女性人数，也使得与其他男性结婚的女性人数减少，从而导致整个社会儿童数量的减少。这也许是正确的，但很明显，当资源匮乏时，法兰克人与他们之前和之后的其他农民团体一样，偶尔也会杀婴或卖孩子。然而，最近的文学作品对这方面的关注实在太多。没有证据表明杀婴是一种正常的做法，也没有证据特别表明，杀害女婴在法兰克人的流行文化中根深蒂固。

除了亲属之外，一个家庭还包括各式仆人、奴隶和侍从。事实上，从后来的农民社区来看，户主的地位是一种精英地位，它需要有足够的土地和动产作为经济基础，然后才能建房结婚。即便不是大多数，也至少有许多人可能是作为别人的家庭成员而活着的，不管那个"别人"到底是国王、富翁，还是普通的较富裕的农民。这些处于别人家庭中的人，包括家庭奴隶（不像罗马人，法兰克人没有正式雇用大批奴隶劳力的习俗，除非他们足够富有又完全罗马化了），未婚亲戚，被作为仆人养在家里的遭不富裕邻居遗弃的孩子，以及缺乏资金建立自己家庭的雇工。因此，法兰克家庭的规模可能会有很大的差异，从原子家庭到拥有数十名为高贵男女服务的侍从的家庭皆有。

村庄

与罗马帝国其他地方一样，罗马人在高卢进行农业开发的正常形式是建造别墅，即大小不一的孤立庄园（小的 80 ~ 180 平方米，大的 300 多平方米）。在别墅院墙之内，是主人的房 **108** 子，以及他的奴隶——他们在庄园里提供劳动力——的住所。在公元 3 世纪和 4 世纪，大部分与世隔绝的北方别墅被遗弃，取而代之的是更集中的居住区，它们通常更靠近森林或水道。这种做法可能是乱世时期的安全举措之一。这些新社区与旧式乡村别墅的区别不仅在于其人口相对集中，而且还在于其建筑不够稳固，这些建筑大都是轻型木屋，不规则地成组聚集。到了公元 5 世纪和 6 世纪，这些人口集中的新中心区域开始发展成为中世纪的村庄。

同时期的西日耳曼也有着同等重要的变化。在古代晚期，日耳曼大部分地区经历了人口居住地的减少。接着，从公元 5 世纪早期开始，罗马化地区的日耳曼人经历了一轮可观的新聚集地增长。在特里尔周边，公元 450 ~ 525 年出现了 20 个新的定居点，公元 525 ~ 600 年又出现了 28 个，公元 600 ~ 700 年出现了 67 个。科隆周边出现了类似的增长，定居点数量从公元 6 世纪的 28 个，增加到公元 7 世纪的 67 个。与此同时，在更加北方和东方的区域内，一轮定居点的减少正在发生，且直到公元 8 世纪都没有结束。[16]

因此，在公元 4~6 世纪建立的社区形成了一个物质空间，欧洲北部人口在其中生活了三个世纪，直到加洛林王朝时期发生巨变。在墨洛温王朝的几个世纪中，这些村庄都在法兰克王国社会中扮演着重要的社会和文化角色。

虽然农民和牧人可能要走很远的路去往他们的田地，村庄本身却是宗教和社会生活的中心。在特定地方建立集中式村庄的最初动力，往往是此地有一个祭祀中心。在异教徒时代，这可能指一个乡村小礼拜堂；后来它可能指一个小教堂或修道院。墨洛温王朝的宗教具有强烈的个人性和地方性，侧重于崇拜那些在其有生之年一直是社区捍卫者和赞助人的个人，这些人死后可以继续作为上帝宠爱的伙伴来照顾他们的社区。这种生者与死者之间的亲密关系，也延伸到了当地的墓地之中。例如，在德国的弗隆海姆（Flonheim），墓地的中央墓葬（相当于拉瓦埃的首领墓）可以追溯到前基督教时期，但人们随后在其上修建了一座小教堂，这座教堂日后成了这片不断扩大的基督教墓地的中心。当地居民不但没有忘记他们的异教祖先，反而在事后把他们基督化了。[17]社区与死者居住区的物理连续性，给这个村庄带来了永久性和稳定性。

同时，村庄也是家庭之上的一个层级，人们的社会和政治生活在这个层级上得以组织起来。最直接的司法审判是在村一级进行的。罗马法官或者法兰克伯爵可能出现在那儿，或者派出代表，去审理牵涉该地自由人的本地纷争。而更常见的情况则是，户主和氏族首领在不诉诸公共司法的情况下举行会议，以解决冲突和争端。

最后，这些村庄一旦建起，就变成了罗马和之后的法兰克行政中最重要的财政单位。对地主的固定收费以及财政税收，都形成了连续性。村庄成了贵族和国王的收入单位和人力资源的提供者。

社会结构

那位埋葬在拉瓦埃第 319 号墓葬中的男人是一位贵族吗？一个多世纪以来，这个问题一直是欧洲历史上争论的焦点。按照传统观点，真正的问题在于，公元 6 世纪的法兰克人是否有一个独立于国王的贵族阶层，或者克洛维是否像对待他的亲属那样消灭了所有早期的法兰克贵族。争论的中心是欧洲贵族起源问题，以及贵族阶层与国王的关系。当欧洲的贵族阶层在稍后的中世纪时期形成时，它到底是源自对土地财富和在土地上耕种的非自由人的控制［封建领主土地所有制（Grundherrschaft）］，还是源自针对自由人的军事和政治权力［人民政权（Volksherrschaft）］，如果是后者，那么贵族们到底是通过篡夺王室特权，还是从早期继承的权利中获得的这种权力？整个问题也许是"提出错误问题，然后无法找到正确答案"的一个经典例子，但既然问题已经提出，那么它一旦得到阐明，就确实可以说明法兰克社会的一些重要特征。

显然，高卢－罗马贵族是由一个独立的、具有自我延续性的精英阶层组成的，他们的社会地位和政治权力来自他们的祖先、他们继承的财富，以及法律规定的特殊地位（viri inlustri）。他们虽然经常与国王合作，但并非由国王创造。早一代的学者习惯于认为，现代欧洲贵族的地位处于法律保护之下，并试图在法兰克人中发现一个类似的群体，但没有成功。在将之与其他早期蛮族（如阿勒曼尼人和巴伐利亚人）做对比时，人们发现《萨利克法典》中并没有提及法兰克贵族。取而代之的是，人们发现主要的区别存在于自由人（ingenui，或者简单地称之为 Franci）和各种非自由人之间。自由人中的一个特殊群体是多米尼（domini，即主人），他们控制了许多非自由人群体，由此可能拥有大量的土地。然而这些主人虽然是法兰克"上层社会"的一部分，却没有特殊的法律地位，比如他们在受伤害时并不能得到更高的抚恤金。

要想获得更高的抚恤金，只能通过与国王的关系。王室家族成员以及国王的保镖们，被称为 leudes、trustis dominica、convivae regis 或 antrustiones，这些个人的特殊身份受到了更高价格的保护。法律史学家海克·格拉恩－霍克（Heike Grahn-Hoek）等人由此得出结论，即便在克洛维之前法兰克人中存在这样一个贵族群体，他也已经有效地消灭了他们，而他和他的继任者又创造了一个为王室服务的贵族阶层，这些人只有通过与罗马贵族通婚，以及从墨洛温家族自相残杀式的战争中获利，才能逐渐脱离国王。[18]

另一方面，像弗兰兹·伊尔希格勒（Franz Irsigler）这样的社会历史学家，并不在意对贵族身份的法律定义是否存在，反而更关注这些社会群体在现实中的地位和权力。[19]事实上，其他地方（如斯堪的纳维亚）的证据表明，《萨利克法典》中没有提到贵族，可能只能简单地说明，即便是像克洛维这样的国王，对法兰克贵族的控制也是如此之少。《萨利克法典》试图通过设立一个各方都必须接受的补偿标准，来限制血亲复仇。一个自由贵族不能被强迫接受这样的补偿标准，这将冒犯他的家族荣誉，因此不能被列入只有自由人和王室代表的名单。在其他蛮族的法律（如阿勒曼尼人和巴伐利亚人的法律）

中，这些规则是由法兰克国王从外部强加的，这一事实可以解释为什么那里的贵族阶层是处于法律之下的。

如果不是去寻找一个法律上定义的阶层，而是寻找一个以继承的地位、财富和政治权力为特征的贵族阶层，那么法兰克贵族阶层显然是从公元 5 ~ 6 世纪就开始出现了。事实上，法兰克贵族在许多重要方面与高卢 - 罗马人相似，这种相似性极大地促进了两者的迅速融合，特别是在法兰克人众多的卢瓦尔河以北地区。像拉瓦埃首领这样的法兰克大人物享有相当可观的土地财富，这些土地是根据等级（secundum dignationem）分配的，也是自主保有的。也就是说，这些财富不是因多年的王室服务得到的奖励，而是通过继承获得的，并且可以让渡给其他人。贵族地位可以传递给下一代，这一点通过对未成年人墓的发掘就可以明显看出来。这些墓穴中通常有与成人墓中发现之物类似的武器和珠宝，在墓葬规格上，这些未成年人所展现的地位当然不是来自他们自己的功绩，而是来自他们的父母。

因此，一个通过继承财富形成的法兰克贵族阶层，在墨洛温王权之前就出现了，或随之而形成。事实上，虽然墨洛温王朝的确偶尔从地位低下的人中选择官吏，但大部分官员，比如公爵或伯爵，都是从贵族阶层中选择的。图尔的格列高利就经常提到这些人所拥有的私人财产，而这些人又可以合法或非法地利用自己的公职，来扩大他们在庄园和别墅中的财富。

112　　　除了土地财富，法兰克贵族也有他们自己的追随者，这些人相当于王家卫队（trustis）；除了服务性质的追随者，还有一种被称为 pueri（即男孩）的人，是从他们的地产中招募的。从某种意义上说，这些追随者也属于贵族家庭的一部分，这个家庭由亲属和盟友（amici）组成，他们发誓要相互帮助。在世仇之类的冲突中，这些追随者显得尤其重要，这也是法兰克贵族相互之间保持相对地位和特权的正常手段。

除了土地和追随者之外，法兰克贵族还享有一种无形但在本质上就存在的特质，这种将他们与其他人区分开来的特质，即继承而来的个人魅力（德语：Heil），这种魅力依附于那些以优秀的领导能力而闻名的家庭，换句话说就是"高贵"。与这一特质密切相关的，是这个家庭名声的重要性：一个贵族家庭，就是一个众所周知的、能够培养出有军事能力和适合做大事的人的家庭。

贵族的魅力必须展现给社会的其他人，在公元 6 世纪，这是通过贵族的生活方式实现的。与他们的罗马元老院同行不同的是，法兰克的大人物不依靠坚固的堡垒来保护自己，而是过着打仗、打猎，以及也许是最重要的宴会生活。在宴会上，他们可以与潜在的敌人团结起来，并通过慷慨地分发礼物来聚集他的追随者。

我们已经看到，这种大方送礼是法兰克社会中商品等级化流通的最重要手段之一。送礼建立了送礼者和接受人之间的联系，并使之得到加强，后者通过接受礼物，将自己置于前者债务人的位置上。一个领袖在他的慷慨中显示了他的高贵，正如他有能力带领他的追随者对抗他的敌人，获得财富（主要是牛和动产），然后分发下去。因此，掠夺和慷慨构成了物品交换和流通体系的两个部分，并与法兰克城市中仍然繁荣的商业经济，以及其他一切活动都依赖的农业经济并存着。

在拉瓦埃墓地中，大部分拥有随葬品的墓主人被认为是自由男人或女人，这些自由人在《萨利克法典》中被称为 ingenui，

113

他们构成了法兰克民族的主体，是军队的脊梁。这些人的自由到底意味着什么现在依然不清晰。自由总是相对的，特别是在依赖是一种既定状态的传统社会中，真正的问题是依赖的性质是什么——它到底是政治的、经济的还是司法的——而不是它是否存在。

说拉瓦埃和法兰克王国其他地方的自由法兰克人是自由的，是说他们有义务参加国王领导下的军队；作为战士，他们拥有参与公共司法的权利。履行军事职责的能力，而不是他们与当地地主贵族的关系，是将他们与非自由人区分开来的重要界限，地主们很可能拥有他们工作于其上的土地，在战争时期指挥他们，并迫使他们变成附庸。他们是历史学家卡尔·波斯尔（Karl Bosl）所说的"国王的自由人"，即那些生来自由的人，理论上国王可以通过他的公爵和伯爵来指挥他们。[20]

除了这些"不自由的自由"之外，法兰克社会还有各种各样的附庸形式，比如奴隶化的佃农（servi casati，类似于晚期罗马帝国的科洛尼），家奴，以及少量存在的大庄园里的土地奴隶。传统上，日耳曼人的奴隶是战争囚徒或那些因犯罪而失去了自由的人。然而，随着日耳曼部落进入罗马帝国境内，并将自己安置在高卢－罗马地主旁边或者取代了他们，日耳曼人开始吸收罗马奴隶制的传统经验。此外，科洛尼（原指自由佃农）和奴隶佃农之间的学术区分也日益消失了。这两个群体都没有武装服役权，这是与法兰克自由人的主要区别，因此他们倾向于合而为一。这两个群体都被认为是土地的一部分，在法律上属于地主的家庭，无论这个地主是单纯的自由人还是贵族。在某些时候，加入这个群体的还包括一些自由法兰克人的后代，由于经济原因，他们再也没有能力从事军事服务了。最终，他们也沉沦到了非自由人的境地，丧失了法律身份，成了最严格意义上的地主的附庸，在地主的土地上生活和工作。

因此，在社会光谱的两端，传统的高卢－罗马社会和野蛮社会都在融合。影响融合程度的主要因素是法兰克人（和其他蛮族）相对于土著人口的密度。

与他们的政治控制相比，法兰克人的实际定居程度，在整个王国范围内差异很大。在莱茵河中游和下游的东面和北面，定居点尤其密集。在这些地区，罗马以神职人员、商人和官僚机构残余的形式，只在科隆、波恩（Bonn）和雷马根（Remagen）等城市的城墙内继续存在。在乡间，剩余的罗马农民被吸收进了法兰克人的非自由附庸者之中，在这里，法兰克的农场和地产系统取代了更早期的罗马农村组织。

然而也有例外，比如特里尔地区。大约在公元 480 年，特里尔地区甚至是在东部帝国的目击下，变成了莱茵河法兰克人居住区（Francia Rinensis）① 的一部分，虽然财政用地变成了王室领地，但教会土地，甚至小罗马庄园和农场，都继续与新的法兰克人定居点一起存在。这种模式在勃艮第王国占领的南部和哥特人占领的西部更为典型。

阿登森林形成了最密集的法兰克人聚居区的东南部自然边界。最远达塞纳河以南的地区，在克洛维之前，都经历了日耳曼人缓慢的迁徙和定居，到克洛维战胜西亚格里乌斯之后，定居速度突然间加快，该地区也成了重要的法兰克人的存在地域。在塞纳河和卢瓦尔河之间，法兰克人的存在就更不显著

114

———————

① 指莱茵河中游的利普里安法兰克人居住区。

了；考古学和语言学的证据表明，在一个绝大部分人为高卢－罗马人的乡村中，存在着分散的法兰克人定居"岛屿"。

在卢瓦尔河以南，法兰克人就更少了。在公元 507 年前，这个地区中的大部分没有被西哥特领主骚扰过，领主们大都在城镇居住，在那儿，他们在阿基坦贵族的帮助下控制农村区域。就实际人口而言，法兰克人的征服几乎没有改变这种情况。当然一些法兰克人被送到南方充任伯爵，其余的则无疑定居在阿基坦富裕的城市之中，但由于法兰克人的分散性，他们对该地区的人口、语言和习俗几乎毫无影响。

虽然人口估算不可能是绝对准确的，但有人猜测，在整个王国六七百万高卢－罗马人中，法兰克人最多只有 15～20 万。虽然这些数字可以说肯定被夸大了，但我们有理由认为，法兰克人所占人口比例略高于 2% 的估算并非完全不合理。

这两个百分点的人口集中在卢瓦尔河以北地区，支配着其他人口，其影响远远超过其人数（占比）。虽然在南方，少数法兰克人似乎很快采纳了罗马习俗，甚至可能包括罗马语言和身份，但在北方，情况是相反的。在那儿，法兰克身份在几代人的时间内取代了罗马身份。日耳曼人的名字占据了主导地位，人们再很少听到这个地区的土著被称为罗马人；当地人所谓的罗马人，指的是居住在卢瓦尔河以南的人。罗马身份中剩下的只有人们所使用的罗曼语方言，尽管直到公元 9 世纪末，法国北部的一些地区仍可以使用和理解法兰克语。到了公元 8 世纪，这种转变发生得如此彻底，以至于人们普遍错误地认为，在克洛维征服后，该地区的罗马人已经灭绝了，尽管法兰克人采用了他们前辈的语言。虽然这只是一个神话，但它仍然揭示了高卢的转变是多么深刻。

一个新型的基督教蛮族王国在阿尔卑斯山脉以北建立了起来，它永久性地改变了帝国西部的面貌。除勃艮第人（他们的王国将被克洛维的儿子们摧毁，然后并入法兰克王国）之外，法兰克王国的核心已经建立起来；一个由蛮族酋长组成的松散联盟已经被一个单一的统治者取代，这个统治者的财富只与他的暴力程度相匹配；一个不稳定的异教、阿里乌斯派蛮族以及基督教罗马人组成的联盟，已经被由一个虔诚的基督教国王领导的统一王国取代，这个王国得到了君士坦丁堡皇帝的承认，并得到了正统基督派主教（也是高卢－罗马精英的代表）的支持。尽管在克洛维的儿子们和孙子们统治的时期，存在着不团结和自相残杀的暴力，但西部的变革将沿着克洛维开创的道路继续走下去。

116

第四章　公元 6 世纪的法兰克王国

克洛维在公元 6 世纪的继承人

　　尽管可能存在多位法兰克国王，以及多个次一级的王国，但法兰克王国在克洛维儿子们的统治下仍然被认为是一个统一体：只有一个法兰克王国（拉丁语：regnum Francorum）。在这个分裂的王国内部，他的继任者继续着其政策的主线。就对外事务而言，这往往意味着以牺牲邻国为代价，齐心协力扩张王国；但就内政而言，这又往往意味着要像克洛维当年消灭亲属一样自相残杀。其结果是造就了一段复杂、暴力的政治史，这也许更容易让人联想到罗马帝国晚期的历史，而不是早期日耳曼传统。在自相残杀的斗争中，墨洛温王朝显然从罗马人那里吸收了很多东西。

对外扩张

　　在克洛维子孙的统治下，法兰克王国的扩张基本完成了。在一系列局部成功之后，勃艮第王国终于在公元 534 年被摧毁，并被吸收进了法兰克王国。东哥特人在对抗查士丁尼重新征服意大利的战争中迫切需要援助，他们允许法兰克人占领普罗旺斯，以换取两年后对抗罗马人时的援助。截至公元 541 年，针对阿基坦剩余的西哥特前哨的战役，导致在比利牛斯山脉以北、一直延伸到纳博讷的海岸地带，哥特人的力量变得越来越薄弱。

在东部，狄奥多里克一世利用了查士丁尼重新征服意大利造成的危机，不仅将意大利本身，而且将北部阿尔卑斯地区的许多领土纳入他的控制之下。首先，他征服了东哥特人的长期依附者图林根人的残余，并把北方的撒克逊人置于法兰克人薄弱的控制之下。他的儿子提乌德贝尔特（公元 534～548 年在位）走得更远。东哥特人从普罗旺斯撤离后，使得在勃艮第以东，即现在的德国西南部和瑞士北部的阿勒曼尼人变得孤立了，提乌德贝尔特将他们纳入了自己的王国，一同纳入的还有阿尔卑斯地区〔比如库尔（Chur）〕的雷托罗曼人（Rhaeto-Romans）。再往东，他控制了一些新形成的民族混合体，包括图林根人、伦巴第人、埃鲁里安人（Erulians）、维蒂人（Veti）、阿勒曼尼人和其他一些民族，他们在伦巴第人的运动中受到拜占庭的邀请进入意大利，与诺里库姆的罗马残余者结合起来，形成巴伐利亚人。公元 539 年，他将这一地区作为入侵意大利的跳板，通过在拜占庭人和东哥特人之间的合纵连横，成功地控制了上意大利。

提乌德贝尔特并不是只要战利品的简单蛮族国王。在罗马顾问的教导下，他可能打算实现其他高卢王位觊觎者几个世纪以来一直想要做的：把西方作为征服帝国皇位的基地。虽然他的计划最终化为泡影，且在他死后，他的儿子提乌德鲍德一世（Theudebald I，公元 548～555 年在位）放弃了上意大利，但提乌德贝尔特依然展示了克洛维继任者的能力和雄心壮志。

后来的拜占庭皇帝通过发放补贴、派出使者、支持法兰克王国中的各派系和觊觎者，试图利用法兰克的力量来支撑拜占庭帝国对西部的构想，尤其是试图消灭伦巴第人——正是伦巴

118

第人在查士丁尼尝试重新征服期间进入了意大利，打碎了拜占庭统一意大利的美梦。尽管这些尝试基本上都失败了，但这既证明了拜占庭对法兰克人在西部优势地位的承认，也证明了法兰克人与拜占庭帝国持久的亲密关系。

119　　墨洛温王朝没有试图将莱茵河以东，或者甚至卢瓦尔河以南地区并入一个完全一体化的帝国，对法兰克腹地的控制就已经是一个巨大的挑战了。在每一次征服中，他们都向当地居民保证他们有权按照自己的法律生活，不管是野蛮人还是罗马人——这视地区而定；他们在图林根、阿勒曼尼亚（Alemannia）、巴伐利亚、雷蒂亚、普罗旺斯，甚至阿基坦，都建立了法兰克公爵（在普罗旺斯被称为 patricians，在雷蒂亚被称为 praeces 或者 tribunes）的统治，他们又都服从于国王。这些公爵是"法兰克式的"，因为他们是由法兰克人任命的。例如在巴伐利亚，公爵们来自强大的阿吉洛尔芬（Agilolfing）家族，这个家族与勃艮第人、法兰克人，可能还与伦巴第人都有联系。在雷蒂亚，法兰克首领快速地与当地一个有权势的罗马家庭缔结了婚姻，他的后代们持续垄断着当地的世俗和教会职位，直到公元 8 世纪末。同样的情况在其他地方也屡有发生。公爵们或者之前就与当地有联系，或者快速地与当地显贵结亲。由此带来的结果是，特别是在墨洛温王朝比较弱小的国王时期，这些地区很可能已经成了实际上的自治区域。

内部构成

　　公元 560 年，随着克洛维最后一个儿子克洛泰尔一世的死亡，王国再一次被克洛泰尔的四个儿子瓜分。由于其中一个儿子在六年后就死了，王国分成了三个主要部分。这种瓜分王国的传统，直到公元 9 世纪，在法兰克王国都是非常正常的。然而，王国随后的分裂并没有导致无限的碎片化。相反，到了公元 6 世纪中期，王国的核心区域主要分成三个部分。尽管在随后的每一次划分中，这几部分的确切边界都有所改变，但到随后一个世纪，它们就已经被明确界定，可以得到具体的名称了，分别是：奥斯特拉西亚（Austrasia）、纽斯特里亚（Neustria）和勃艮第。

虽然从表面上看奥斯特拉西亚（"东方土地"）这个名字很诱人，但这是一种误导，因为奥斯特拉西亚不仅包括莱茵河和默兹河之间的东部地区，被狄奥多里克和他的儿子提乌德贝尔特征服的罗讷河以东地区，还包括兰斯的王室所在地香槟（Champagne），以及后来的梅斯和高卢中南部的大部分地区。虽然至少根据人口来看，这个地区的一部分是更"日耳曼化"的地区，但公元 6 世纪的奥斯特拉西亚其实是罗马文化和影响力的中心。我们已经看到，诞生在这里的帝国政治野心，比东哥特人狄奥多里克所设想的任何野心都要大得多。这里的宫廷也是拉丁文的中心；国王们从阿基坦的奥斯特拉西亚迎来了有教养的元老院贵族，如贝南蒂乌斯·福图内特斯（Venantius Fortunatus）。这种与罗马文化的接触也影响了法兰克贵族，促进了两个精英阶层的融合。

显然，奥斯特拉西亚国王的意图不仅仅是采纳罗马文化和帝国征服。提乌德贝尔特可能试图在他的东部土地上建立罗马税收制度，这种制度在一部分他的高卢领地内依然在发挥着作用。布伦希尔迪丝（Brunechildis）——其继承人西吉贝尔特一世的西哥特妻子——尝试着继续罗马化，结果贵族与君主制

120

之间的裂痕越来越大，这导致了一系列漫长而血腥的战争。

　　财政改革可能在这场冲突中起到了一定的作用，但在法兰克社会，这种冲突往往是以个人名义发生的，并以家庭不和的形式爆发出来。这种家庭不和分裂了墨洛温王室，导致了奥斯特拉西亚君主制的毁灭。

　　尽管纽斯特里亚（即"新西部土地"）面积较小，但它是财政土地、罗马城市（如巴黎、图尔和鲁昂）和生产人口最多的地区，纽斯特里亚的墨洛温王室首都设在了苏瓦松。纽斯特里亚国王希尔佩里克（公元 561～584 年在位）在他统治的大部分时间里，都在与他的兄弟、奥斯特拉西亚国王西吉贝尔特（公元 561～575 年在位），以及后者的遗孀布伦希尔迪丝作战，争夺其王国的土地。这场战争表面上是为了争夺他们已故兄弟查理贝尔特（Charibert，死于 567 年）的遗产，但它实际上也是由希尔佩里克的妻子弗蕾德贡德（Fredegund）和她的劲敌布伦希尔迪丝发起的一场激烈的争斗。希尔佩里克已经和弗蕾德贡德结婚，却又娶了第二位妻子西哥特公主加尔斯温特（Galswintha，她是布伦希尔迪丝的姐妹）。格列高利描述了希尔佩里克对他第二位妻子的态度："他爱她非常深，因为她带来了丰厚的嫁妆。"[1]他担心加尔斯温特会带着嫁妆跑回娘家，加上弗蕾德贡德的怂恿，他就把她杀死了。他的兄弟们，特别是布伦希尔迪丝的丈夫西吉贝尔特，被激怒了，希望抓住机会将希尔佩里克的王国瓜分，将他赶下台。结果发生了一场持续三代人的争斗，摧毁了墨洛温家族；直到有十位国王死去，以及公元 613 年希尔佩里克的儿子克洛泰尔（Chlothar）处死布伦希尔迪丝，这场争斗才告结束。

　　王国的第三部分是勃艮第，它不仅包括勃艮第人的古老王国，还包括从高卢直到首都奥尔良的一大部分区域。这个区域内最初居住着大量勃艮第人、罗马人和法兰克人。勃艮第尤其依赖重要的教会行省里昂，该省长期以来一直是元老院权力的中心。国王贡特拉姆（Gunthchramn，公元 561～593 年在位）在管理中极为依赖这些罗马贵族，连续用三个罗马人填补了最重要的贵族职位。在很短的时间内，这三个文化群体融合在一起，尽管罗马传统占主导地位。面对罗讷河地区罗马人的主导地位，公元 4 世纪 70 年代，贡特拉姆将他的宫廷迁到了沙隆，他将那里发展成为一个宗教和政治首都。

尽管贡特拉姆不可避免地卷入了他的两个兄弟之妻之间的暴力纷争，但他似乎比其他人更受基督教 - 罗马政府思想的影响，这也许是因为他的王国是三个地区中最罗马化的。在这里，不仅是罗马文化，还有罗马的司法传统，以及基督教关于王室责任的思想，都在生根发芽。然而正如我们所见，罗马传统和法兰克人的传统一样容易触发暴力。更可能的解释是，贡特拉姆的统治风格是他个人的虔诚所致——图尔的格列高利用极端推崇的语气对他进行描写。尽管如此，他仍然能够娴熟地运用古代晚期特有的暴力手段，仅举一个例子：当他怀疑他的管家在孚日（Vosges）王家森林里偷猎了野牛（一种现已濒临灭绝的欧洲水牛）时，他下令进行一场决斗审判；当管家的侄子和指控他们的看林人在激烈的肉搏战中互相杀死对方时，管家试图在附近的教堂寻求庇护，国王逮捕了他，把他绑在柱子上，用石头打死了他。正如格列高利所记载的那样，他和他祖父克洛维的行为之间唯一的区别也许是，他后来后悔因这么小的过失就杀死了一个忠实的仆人。

克洛维后裔之间的持续不和削弱了各方，却促进了法兰克

122

和罗马贵族阶层的力量，他们提供的帮助对胜利是至关重要的。然而，这些力量还远远没有联合起来，尽管贵族团体有时会选择联合起来，与一位特别令人讨厌的王室官员作战。墨洛温家族的暴力，反映的恰好是贵族阶层之间的暴力相互关系（interrelationship），在这方面，罗马人和法兰克人没有什么不同。私人战争是一种规则。

事实上，任何对墨洛温诸国王与贵族的私人动机和公共动机进行的区分，都是武断的。对贵族中的反对团体做出解释的尝试，不需要去区分贵族对征收罗马税和罗马治理方式的反对与私人的不满。税收和争端一样，一直是一种私人事务。按照格列高利的说法，如果人们无法区分公共动机和私人动机，那是因为这两种动机的确无法区分。不管是国王还是贵族，他们都在为家族荣誉和独立的宗主权而斗争。然而，直到公元7世纪，贵族的角色才在斗争中占据主导地位。

有一个群体保留了某种意义上公共领域的传统意义，这个群体就是神职人员。尽管他们也几乎完全来自贵族阶层——无论是罗马人还是罗马化的法兰克人，尽管他们也经常卷入暴力冲突，然而，他们总是寻求作为一个整体去维持和增加他们的力量和权威，不仅以他们自己和家人的名义，而且也以他们的官方身份。国王希尔佩里克一世曾经抱怨说："除了主教，没有人还剩下哪怕一丁点权力。"[2]这当然是夸大其词，但在公元6世纪的法兰克王国，教会一直都掌握着权力的钥匙，无论是人的权力还是神的权力。

关于法兰克教派已经写了很多。事实上，所谓的法兰克教派根本不存在。法兰克的宗教景观由许多教派组成，每个教派都由主教领导，是当地精英的宗教和政治中心。公元6世纪，法兰克君主给主教制教会①带来了某种意义上的统一，但最终，它仍然有很多派系，就像控制着它并构成其人口的高卢－罗马社会一样。

此外，除了主教制教会之外，至少还有两种甚至三种修道院教派，每一种都有自己的传统，维持着自己与当地精英的关系，并有着自己的宗教关注点。这些裂痕又对应着法兰克王国的主要文化区域，修道院教派通常分布于卢瓦尔河北部、阿基坦，以及包括罗讷河流域和普罗旺斯沿岸的东部地区。

主教们：出身高贵和信仰高尚

高卢的第一个教派是主教制教会，它的传统可以追溯到元老贵族最遥远的记忆中。事实上，它建立的时期（公元 3 世纪末），正是这种地方贵族制度建立的时期，因此两者一起诞生，形成了一种不可分割的机制。

早期墨洛温主教中的绝大多数人有高卢－罗马贵族背景。考虑到主教制在罗马高卢晚期所扮演的角色，这样的结果是可以预期的。事实上，创作于公元 7 世纪的墨洛温主教圣徒们的传记，通常是从描述主教诞生于其中的贵族家族开始的。"他生来就很高贵，但由于信仰而更加高尚"这样的话语贯穿所有文学作品，只会有一点细微的差异。言外之意很明显——人们期待他们的主教有显赫的血统。然而，这种世俗的优越性可

---

① 在中世纪早期，虽然人们都信奉正统的基督教，但在组织形式上，正统教派又分成了主教制教会（episcopal church）和修道院教派（monastic churches）两种。前者的形式主要是由主教领导的大量平信徒，强调的是世俗的生活要受到上帝派来的代表（主教）的领导，后者则更强调舍弃世俗生活，聚集在修道院中研习上帝的理论，是一种出家修行的方式。本书后面还会用大量篇幅讨论两者的发展和对抗。

以由宗教美德来补充，而宗教美德又反映了主教出身于其中的整个家族。

由于缺乏数据，对墨洛温王朝主教制社会起源的统计调查
124 是极为危险的。正如马丁·海因策尔曼（Martin Heinzelmann）在一项对707位主教的研究中所指出的那样，这些主教来自图尔、鲁昂、桑斯、兰斯、特里尔、梅斯、科隆和贝桑松（Besançon）八个教会省份，其中有328位主教只知道他们的名字。[3]然而，在179位可以确定社会等级的主教中，只有8位像图尔的伊努里奥索斯（Iniuriosus of Tours）一样"出身低微，但有自由的父母"，显然不属于元老贵族。当然我们很容易设想，鉴于资料有着明显的贵族化倾向，一个人的社会等级越低，这种信息被记下来的可能性就越小。然而，即使缺乏具体的传记资料，我们仍然可以找到一些旁证，例如主教家族其他成员担任的重要职务、主教以前担任的世俗高级职务［如宫相或机要秘书（domesticus）］，以及相同姓名在同一或邻近地区主教名单中的重复出现。所有这些都表明，绝大多数主教属于权贵家族。

这种情况如此之多，以至于我们可以说"主教家族"控制了好几代人。最著名的是历史学家图尔的格列高利的家族。格列高利的母亲和父亲都出身于奥弗涅（Auvergne）的显赫家族，它们曾经为朗格勒（Langres）、日内瓦、里昂，当然还有图尔等地提供主教。格列高利夸口说，在先前的18位图尔主教中，除了5位以外，其他人都是他的亲戚。他的例子可能是非常典型的。例如我们知道，在南特、沙隆、巴黎、桑斯、拉昂、梅斯、奥尔良和特里尔，儿子继承父亲或侄子继承叔父的职位，都是很正常的。

这样的主教王朝，既反映了主教所拥有的影响其继任者任

命的权力，也反映了将高卢各地的元老院家族联合起来的网络，这些网络往往可以回溯到上几代人。控制主教的辖区，往往是家族战略的主要目标之一，而由此展开的元老院家族之间的竞争，却可能是恶性的和致命的。很有启发性的例子是，图尔的格列高利家族和南特的菲利克斯（Felix of Nantes，约公元 512 ~ 582 年）家族之间的竞争。菲利克斯是阿基坦一个非常有权势的家族的成员。他积极推动宗教和世俗事务，不管是在他的辖区内还是在他的家族中，而这两者本来就是密切交织的。贝南蒂乌斯·福图内特斯非常崇拜他，称赞他归化了"凶猛的撒克逊种族"，也就是撒克逊"海盗"在沿海建立的、得到墨洛温王朝正式承认的社区。在南特，菲利克斯试图将卢瓦尔河上的商业转向右岸，以使他的城市获利。[4]这样的举措对于他的家族也是有利的。

125

菲利克斯接替了他的父亲欧梅里乌斯（Eumerius），成为南特主教（后者于公元 549 年或 550 年去世）；虽为主教，菲利克斯却过着一个大贵族的生活。福图内特斯描述了他最喜欢的名叫沙尔塞（Charcé）的庄园，这个庄园包括普瓦图（Poitou）沿卢瓦尔河的超过 3000 公顷的土地，有着葡萄园和松树覆盖的山丘，是一个理想的亚里士多德式的居住地。其家族控制南特的传统，可能在公元 6 世纪晚期时就已经非常悠久了；马丁·海因策尔曼注意到，在公元 4 ~ 5 世纪时，像欧梅里乌斯和努尼奇乌斯（Nonnechius，菲利克斯的继承人和男性亲属）这样相对罕见的名字就已经出现在南特的主教名单上。

与福图内特斯相反，格列高利对这个家族整体，特别是对菲利克斯的评价很低。他将其描述成"一个贪婪的、傲慢无度的人"[5]。格列高利的愤恨是可以理解的。在公元 580 年前后，当大执事（archdeacon）里库夫（Riculf）试图推翻格列高利的职位时，可能是因为里库夫本人是由当地神职人员选举出来的，菲利克斯不仅支持里库夫，而且当阴谋失败时，他还在南特欢迎了这位大执事。

菲利克斯在这一事件中的动机并不明晰，但显然既与教会政治有关，也与家族竞争有关。他曾经指控格列高利的兄弟彼得——朗格勒教会的执事（deacon）之一——谋杀了当选主教的自己的亲属西尔维斯特（Silvester），只是为了继承他的职位。这一指控激怒了格列高利，也许是因为它太接近事实了。几年前，彼得肯定深度参与了对另一个执事兰帕迪乌斯（Lampadius）的谴责和罢免，这一事件最终导致彼得的死亡。菲利克斯对彼得关于西尔维斯特的指控可能有部分是真的。当然格列高利的家族将朗格勒视为"他们的"另一个辖区，彼得可能认为自己比西尔维斯特更应该在公元 572 年继承特里库斯（Tetricus）的职位。不管这件事的真相如何，兰帕迪乌斯都煽动了西尔维斯特的儿子，以致后者在朗格勒的大街上把彼得打倒了。显然，菲利克斯不赞成格列高利的家族成员控制主教职位的方式。

格列高利对菲利克斯的感觉也是类似的。当菲利克斯躺在床上奄奄一息时，他试图让他的侄子勃艮第奥（Burgundio）继承自己的职位。格列高利作为勃艮第奥的大区主教，负有为这个年轻人削发和祝圣的职责，他进行了一次痛快淋漓的报复，严肃地指出菲利克斯做法的不规范之处，把勃艮第奥送回了家，并建议他："认真对待教会对你的一切要求。很可能当上帝决定是时候让你的叔叔离开了……你自己也会被授予主教的头衔。"[6]菲利克斯死后，格列高利无法阻止已故主教努尼奇乌斯的一个更远的亲戚获得提名，但这人肯定不是菲利克斯选择的勃艮第奥。

这种复杂的家族竞争主要集中在主教职位上，因为这是一个值得去争夺的奖赏。对主要的主教辖区的控制是家族继续保持地区权力的关键，它也可以带来巨大的财富。从公元 4 世纪开始，人们已经把大量土地转移给了教会，而这一切都是由主教控制的。这些财富是如何被用来造福家族的，从法兰克主教们留下的少量遗嘱中就可以看出来，比如兰斯的雷米吉乌斯，他将他的教会、他的侄子苏瓦松主教卢普斯（Lupus）、教士阿古利可拉（Agricola），以及勒芒的伯特朗（Bertram，死于公元 616 年）列为继承者。而伯特朗将教会作为他唯一的继承者。这些遗嘱将通过家族继承、王室礼物、购买、交换和没收而获得的地产、教堂、奴隶、自由佃农，又都给了教会。家族的持续繁荣要求它控制主教的财富，经过几代人这样的捐赠，家族开始将主教地位继承视为一项值得用生命来捍卫的世袭权利也就不意外了。

这样的杀戮不加选择地发生在高卢－罗马人和法兰克人的家族中，如果这时还能把这两者区分开的话。一般说来，直到公元 8 世纪，法兰克主教都几乎完全是从高卢－罗马贵族阶层中选择的。事实上，主教职位一直被视为罗马人的堡垒，只有它才能保护罗马传统和文化不受蛮族法兰克人的伤害。

当然，在公元 6 世纪早期，以及在 7～8 世纪大部分时间里的南部，主教确实来自大型的元老院家族。然而，罗马人和法兰克人之间的联盟和通婚，甚至在克洛维时代之前就开始了，在公元 6 世纪的进程中，这些家族开始融合，将法兰克领袖的宫廷恩宠和军事力量与文化传统、区域性互惠及元老院贵

127

族的亲属网络结合起来。大多数用来证明相反情况的证据，来自墨洛温王朝主教名单中频繁出现的罗马名字，一些学者认为这就是"罗马"家族继续控制教会的明证。然而，特别是在北部和勃艮第，对罗马家族和法兰克家族很难做出明显的区分，尤其是通过名字。被指定为神职人员的家族子弟，无论其家族背景如何，都可能被赋予了基督教的或拉丁语的名字。而在很早以前，日耳曼名字就在北方占据了主导地位，甚至在罗马家族中也是如此，部分原因是他们与法兰克人通婚，部分原因是这可以作为对法兰克国王忠诚的政治声明。到了公元6世纪后半叶，在兰斯的雷米吉乌斯主教家族的后代中，不仅有罗马名字，如卢普斯，还有法兰克名字，如罗穆尔夫（Romulf），以及很可能属于法兰克名字的鲁德基塞尔（Leudegisel）和阿塔勒努斯（Attalenus）。同样的过程也发生在莱茵河两岸，特里尔和科隆的古老罗马家族与法兰克家族合并，与之共享权力；在勃艮第，一个本地贵族阶层开始兴起，它其实融合了勃艮第、法兰克和罗马贵族多方面的传统。他们所寻求的奖赏是，无论家族血统如何，都能保持家族权力和自主权。

这一奖赏的重要性和控制这一职位的任务艰巨性，解释了在古代已经确立的传统，即选择具有管理能力和政治能力的成熟男子来担任这个职位。诚然，有些主教是按照神职人员通常的途径晋升到他们的职位上的，即从一个教士升职为主教，但这在很大程度上属于例外，以至于当它真实发生时，传记作者们认为值得给它加上备注，就像兰斯的尼瓦尔主教（Bishop Nivard of Reims）或昂古莱姆的希拉克略（Heraclius of Angouleme）那样。公元551年，当加图（Cato）被克莱蒙费朗（Clermont-Ferrand）的神职人员和人民选为圣高尔（Saint

Gaul）的候选继承人时，他介绍了自己的牧师背景，以此作为其资历的证据：

> 我已根据教规，担任过所有级别的教职。我做了十年的助理牧师；我履行了五年副执事的职责；有十五年作为执事履职；过去二十年，我一直保持着牧师的尊严。除了任命我为主教，还有什么能够回报我的忠心服务呢？[7]

然而，他最终没有获得这个职位。

许多主教是从世俗生活步入他们的职位的，甚至对于那些在神职人员中升职的人来说，牧师背景也通常不是通往主教职位的途径。

注定要成为主教的年轻人，通常会被送到一个已经担任主教的近亲那里接受教育。一个主教应该受到全面的教育，而主教又负责教育他的神职人员，以及其他由亲属和盟友派来成为他家族成员的年轻人。然而，由于这些主教大多在晚年才进入教会，这种教育的性质通常更多地遵循晚期拉丁文的传统，而不是神学的或禁欲主义的，抑或精神教育。教会中的小职位可以很快获得，但最受雄心勃勃的神职人员追求的职位是大执事。大执事是主教官邸中最重要的人物，掌管着教区（diocese）的临时事务，并在总体上为主教管理教区。因此，大执事在接替他所服务的主教时处于有利地位并不奇怪，这既是因为他经验丰富，也是因为他控制着教区的财富，可以用它来向国王、其他教士和人民行贿。这就是让格列高利遭受了许多烦恼的里库夫所做的事情。由于在图尔的教士中获得了广泛的支持，里库夫因他们的选择而压倒了格列高利，尽管（甚至是由于）格

129

列高利拥有家族传统，而里库夫的背景更加卑微。

那些有着坚实的神学和禁欲主义背景的主教，往往是从修道院教堂升到他们的职位上的。只有在这里，才可能获得一种严肃的宗教教育，当这种教育与一位能干的修道院院长的行政和政治技能结合起来时，确实可以造就主教职位的有力候选人。此外，许多修道院院长都是在宫廷中活跃一段时间之后，才进入宗教生活。出身高贵、人脉广泛、受过教育、经验丰富，他们在家族、教士和国王的眼中都是主教的理想人选。这种主教的典范是教宗大格列高利（Pope Gregory the Great，公元 590~604 年在位），他是罗马贵族的一员，从公元 579 年到 585 年一直担任一个城市的长官，然后在被迫担任教宗之前，退居到他自己建立的一个修道院中。在高卢，阿尔比的萨尔维努斯（Salvinus of Albi）、特里尔的努美拉努斯（Numeranus of Trier）和图尔的贡塔里乌斯（Guntharius of Tours）等主教都遵循类似的职业生涯模式。

如果说许多主教在获得他们的这一职位之前，在通往主教威严的道路上，还担任过世俗职务，那么更多的主教则直接从世俗职务走向主教职位。获得主教职位由此变成一种传统意义上的"荣耀之路"（即晋升体系）。在公元 5 世纪和 6 世纪，这种职业发展通常要经过帝国后期幸存下来的政府机构，或者地区行政官员职位的历练；在公元 7 世纪，这越来越多地意味着在王家宫廷服务。

这样的例子发生在图尔的格列高利的曾祖父、朗格勒的格列高利主教身上。这个更早的格列高利担任欧坦（Autun）伯爵达四十年之久（大约从公元 466 年到 506 年），他娶了阿门塔莉娅（Armentaria）——一个有着相似的元老院家族背景的女人，可能是朗格勒的阿门塔里乌斯主教（Bishop Armentarius of Langres）的女儿——并与之组建了一个家庭。在妻子死后，格列高利"转向了上帝"，被选为朗格勒的主教，他担任这个职位直到在公元 540 年前后死亡。[8]

公元 6 世纪中期，这种从世俗职位"皈依"上帝的做法，作为我们上面讨论过的政治家族斗争的一部分，变得更加普遍。以于泽斯的费雷奥鲁斯主教（Bishop Ferreolus of Uzès）去世后的情况为例：马赛的行省长官阿尔比努斯（Albinus）、普罗旺斯教区牧师候选人迪纳米乌斯（Dynamius），以及后者被免职的前任和对手约维努斯（Jovinus），都希望成为他的继任者。阿尔比努斯在没有得到国王贡特拉姆同意的情况下被迪纳米乌斯任命了。他如果不是不久之后就死了，肯定会被别人努力罢免掉的。他适时的死亡为新的任命扫清了道路，但在约维努斯被任命之前，迪纳米乌斯又任命了执事马塞勒斯（Marcellus），即他朋友菲利克斯的儿子，此人出自马赛一个强大的元老院家族。这种结果导致了一场战争，约维努斯率军围攻于泽斯，最后被马塞勒斯主教通过贿赂劝走了。[9]

在公元 6 世纪和 7 世纪，主教们越来越普遍地来自城市伯爵，后者是俗世中国王的代表。在某些情况下，主教的尊严可能被视为一个人获得伯爵职位之后，在仕途上更进一步的正常升迁。世俗职位和宗教职位之间的区别已经变得模糊，就像戴克里先将文官和军人分开之前的情况一样。

地位高的男人当然要结婚，如果一个主教的妻子没有像朗格勒的格列高利主教的妻子阿门塔莉娅那样，在丈夫被选为主教之前就死掉，她也可以迁进主教官邸，以主教夫人（episcopa）的名义参与公共活动。在法兰克王国，神职

130

人员独身的传统是相对较新的，并没有受到重视。尽管从公元4世纪下半叶起，许多教宗都要求禁欲，但在东方禁欲传统的长期影响下，它才成为高卢教会的理想，正如我们在第二章中所看到的，这种传统在公元4世纪弥漫于元老院贵族阶层。到了6世纪，人们普遍认为，成为神职人员的已婚人士将保留他们的妻子，但他们将克制婚姻关系，妻子将协助丈夫工作。为了避免任何可能的丑闻，他们会分开住，主教的妻子甚至不被允许进入他的卧室，在某些例子中，存在一种主教宿舍，在宿舍中，主教在其神职人员的环绕下就寝。

131 　　公元6世纪，执事、牧师和主教的妻子变得越来越边缘化，她们的地位也因教会会议（Conciliar）的法令而降低。然而，直到该世纪中期，她们（特别是主教夫人）都在丈夫身边扮演着一种公众角色。对主教夫人赞誉最盛的描写出自图尔的格列高利之手，赞誉的对象是5世纪晚期克莱蒙费朗主教纳马提乌斯（Namatius）的妻子。她被描写成亲自承诺并保障了圣司提凡大教堂（Church of Saint Stephen）的建造。她喜欢坐在教堂里读一些具有启发性的"很久以前的故事"，并告诉工人们她希望在教堂墙上看到的那些故事。[10]虽然她有着这样正面的形象，但格列高利却并不想提及这个女人的名字。他对希多尼乌斯·阿波黎纳里斯的妻子，即阿维图斯（Avitus）皇帝之女的形象的描写就有些负面了。在希多尼乌斯被选为主教之后，他有着将家中的白银施舍给出现在他门口的乞丐的习惯。他的妻子（同样没提及名字）会斥责丈夫过于慷慨，然后去找乞丐把银子要回来。[11]

　　公元6世纪，贵族的禁欲主义理想逐渐衰落，这可能导致了主教夫人及其丈夫的举止发生变化。无论如何，对于与他同时代的主教的妻子，格列高利没说什么好话。在格列高利看来，最典型的是里昂主教普利斯库斯（Bishop Priscus，于公元573 年封圣）的妻子。她不仅积极协助丈夫迫害他上一任的圣尼塞休（St. Nicetius）的支持者，而且她和她的随从还会去主教的住所。格列高利以极大的满足感报告说，她最终被魔鬼附体，变成了一个疯女人，披头散发地在里昂的大街上跑，宣布圣尼塞休其实是上帝的人，并呼吁他宽恕她。[12]

主教们在城市里唯一的潜在竞争对手是伯爵，但随着公民政府的消失，这种竞争不再是平等的竞争。主教的职位往往被认为比城市伯爵的职位更高一级，通常由一位已经担任过伯爵的贵族担任。在公元 6 世纪，伯爵的职位相对于主教的职位逐渐丧失了优势和权力，部分原因在于，主教拥有更好的社会背景。虽然后来教会可能在世俗追求否定了社会流动之后，依然为人们的社会流动提供了一条道路，但在公元 7 ~ 8 世纪，情况恰恰相反。同样与人们看法相反的是，伯爵虽然通常与主教出身相同，但偶尔也有出身卑微的伯爵，只要能干或聪明，就可以通过为王室服务来获得晋升。这就是图尔伯爵鲁达斯特（Leudast）的情况，他是格列高利最大的敌人。如果格列高利的话可以相信，那么鲁达斯特的故事就是一个经典的励志故事。他出生时是奴隶之子，病弱到连在厨房工作都不行，但他还是得到了王室的青睐，成了马厩的掌管者，并最终成了图尔伯爵。然而，他想继续晋升就不可能了，虽然他在某些地方有一些有权势的支持者，但他不符合一个出身名门的伯爵形象。最终，在弗蕾德贡德王后的命令下，他受酷刑而死。[13]

到公元 6 世纪末，伯爵和主教之间的不平衡达到了这样的程度：前者的任命需要得到后者的同意，甚至是主教实际上任

132

命了伯爵。比如格列高利就在提乌德贝尔特国王的要求下重新任命了鲁达斯特。伯爵不再是国王的代表，而是成了主教管理的代理人。

这些主教所获得的管理经验，无疑为他们管理自己的教区做了充分的准备，他们的政治权力也使他们能够频繁地作为其社区的保护者，来对抗王室的要求。如果主教们经常站在国王或他的代理人面前，以抵制不寻常的或过度的税收，那么他们作为地方权力精英（国王常常需要这些精英为其服务）的代表，就有一定的优势。主教们保护人民，往往是为了捍卫他们自己的世袭统治权，而不是为了维护对上帝的忠诚。

出身、学识以及经证实的行政能力，对于一个主教来说是必要的，但仅有这些是不够的——主教需要被选举并被祝圣。在这里，教会习俗（还不能真正说是教会法）、王室特权和地方强权政治可能而且常常会相遇，造成重大危机。

133   传统要求主教由教区的"神职人员和民众"选举产生。但在实际操作中，这可能从来不是大多数主教被选中的方式，尽管在命中注定与世隔绝的罗马高卢地区，如果把"神职人员"理解成大执事，把"人民"理解成元老院贵族，某种类似于这个公式的东西也的确可以达成。随着法兰克王权的确立，一种新的要素被引入（或者重新引入），那就是国王的同意。因此，在公元6世纪，选择新主教的要素变成了国王、教区神职人员和贵族。此外，在地平线上可能还会发现一股叫作populus的势力，也就是大众，他们有时会兴奋地在有争议的继承中扮演一个角色。这种不稳定混合物中可能存在的不同滴定（titrations）与选举一样，是复杂的、多样的。

由于不存在有序继承的常规机制，当一位主教即将去世时，各方都会带着焦虑和希望等待着。主教的死亡或停职可能带来暴力、抢劫和一段来解决旧账的时间。事实上，这样一个麻烦时期可能是各方都期待的。当马赛的狄奥多尔主教（Bishop Theodore）被他的敌人迪纳米乌斯抓住时，这座城市中兴奋的教士们洗劫了主教官邸，"就像主教已经死了一样"[14]。在这个例子中，他幸存了下来，甚至回到了他的教区。但在其他一些情况下，任职者的死亡是由那些希望继任该职位的人促成的。这其中就有对格列高利亲兄弟的指控，以及格列高利指控昂古莱姆的福伦图尼乌斯主教（Bishop Frontonius）谋杀了他的前任马拉查尔（Marachar）；[15]另外，在利雪（Lisieux），一位牧师和大执事密谋杀害艾瑟利乌斯主教（Bishop Aetherius），因被雇来做这件事的牧师失败了，主教才得救。[16]

　　为了使继承井然有序，并确保职位依然留在家族内部，一些主教试图在有生之年就锁定选举，并为他的继任者祝圣。我们已经在述及南特的菲利克斯主教时，看到了他试图保证自己侄子的继承权。这种做法因违反教会习俗而遭到了强烈的反对。更常见的情况是，主教会表明他对继任者的强烈偏好，正如卡奥尔主教圣毛伊利奥（saintly Bishop Mauilio of Cahors）所做的那样——他成功地促成了乌尔特罗戈塔（Ultrogotha）王后的仲裁官乌尔西西努斯（Ursicinus）当选他的继任者。[17]同样，里昂的萨塞尔多斯主教（Bishop Sacerdos）成功地让他所选择的尼塞休当选继任者。[18]

　　从主教去世的那一刻起，敌对家族、王家推出的候选人和当地神职人员之间的竞争就立刻开始了。这通常需要经过三件事——选举、国王的确认和祝圣，最后一件是最重要的。一个人一旦被祝圣，哪怕其选举过程充满丑闻，或者他没有得到国王的确认，尽管作为最后的手段，他可以被流放甚至被逐出教会（绝罚），但要想在他死前替换他是极其困难的，不管出现什么情况，他都是一个主教。达克斯的福斯蒂亚努斯主教（Bishop Faustianus of Dax）的确在马贡（Macon）的第二次宗教会议中被贡特拉姆国王废黜了，因为他是在国王的对手冈多尔德（Gundovald）的命令下接受祝圣的，但即便这样，为他祝圣的三位主教也被命令要供养他，每年付给他 100 枚金币。[19]祝圣的神圣性表明，上帝的受膏者一定是个主教，不管他是如何达到这个位置的。对于世俗职务，特别是后来的皇帝和国王职务，人们也看到了一种类似的哲学。上帝通过人类中最邪恶的人来工作，只有上帝自己才能除掉他们，尽管上帝很可能会利用其他人，使其作为他的代理人来做这件事。

围绕主教选举的戏剧性事件，比其他任何事情都更好地表现了公元 6 世纪法兰克王国政治权力的复杂性和模糊性。这个标价最高的职位要求达成某种共识，或者至少在不同派系之间达成临时停战协议。每一个案例都是不同的，图尔的格列高利的生动叙述往往晦涩大于启发。为什么当欧兹的拉班主教（Bishop Laban of Eauze）去世时，希尔德贝特允许自己被平信徒伯特拉姆（Bertram）贿赂，将其确定为拉班的继承人，然而在伯特拉姆死后，又拒绝其指定的继承人执事瓦尔多（Waldo）的贿赂，而瓦尔多很可能是伯特拉姆的教子，而且还得到了欧兹市民的全力支持?[20]格列高利没有解释，我们也猜不出来。在这种情况下，无论他有什么动机，国王都能够强加他的意志，去反对团结的神职阶层和民众。在其他情况下，就像在于泽斯的纠纷中那样，连着两位王家候选人都受阻于强大的地方利益群体。在这里，人们看到了王权的局限性。

主教的宗教角色

主教的权力不可简化为他在宫廷中获得的支持、他的家族，以及他与国内支持者的良好关系。本质上，他被认为是上帝意志在社区中的代理人，而他权力的核心在于对神圣事务的控制。如果这很难从教会政治的血腥和阴谋中看出来，那是因为我们无法共享公元 6 世纪共同的神意观。

一位模范的主教是其教区内神职人员和修道院的管理者，但他首先是信仰的捍卫者和穷人的保护者。对信仰的捍卫在极少数情况下可能意味着对教义的神学性捍卫，以反对阿里乌斯教派的错误观点，或在更罕见的情况下，反对某位希尔佩里克——那位博学的、试图写一篇关于三位一体（Trinity）的论文的法兰克国王。但实际上，法兰克王国既没有真正的离经叛道者，也没有真正的神学家。更常见的是，这意味着试图在他们的教区内消除多神教的活动，这些活动可能是最近皈依的法兰克人进行的那种融合性宗教仪式。例如，在公元 533 年的奥尔良宗教会议上，主要来自北方阿基坦的主教们颁布了针对继续向偶像献祭的天主教徒的措施，这一措施在八年后同一个城市内的另一次宗教会议上又得到重申。[21] 人们不能认为异教主义只局限在更加蛮族化的北部。基督教在很大程度上是高卢贵族的事务，而在整个法兰克王国的农村地区，异教信仰绝对没有消亡，传统的农业仪式更是持续了几个世纪。直到教区网络扩展到王国的每一个角落，乡村才得以完全基督教化，但这样的发展到公元 9 世纪才最终完成。

即便平淡无奇但更重要的捍卫信仰的方法，是通过布道和学校的培养来教育平信徒和神职人员。接受过修道院传统教育的主教，尤其是莱兰（Lérins）的主教，最能胜任这项任务。从墨洛温王朝的模范主教——阿尔勒的恺撒利乌斯那里，我们收集了一批布道词，这些布道词显示出他有能力将修辞教育用于其教区内的神职人员和平信徒。在整个公元 6 世纪，大多数主教即便在基督教教义方面没有受到过良好教育，但大都受过良好的拉丁文教育，至少可以根据他们自己的需要，采纳恺撒利乌斯和其他人的教学方法。

教会认为，更直接的任务是在他们所处的极其动荡和不守规矩的世界中提供纪律。这意味着要在不同的派系中建立一种统一的意识和目标，这些派系构成了他们的社区和主教辖区，同时也为神职人员和平信徒建立并保持了一套基督教的行为准则。

在这个充满强烈个性的世界里，要想将社会内部竞争性的力量团结起来，主要要靠圣徒的人格力量。近年来学者们——特别是彼得·布朗——的主要学术成就之一就是，阐明了圣徒崇拜在中世纪早期社会中所扮演的绝对重要的社会角色。[22]在这些常常被最激烈、最公开的竞争所分裂的社区里，没有一个活着的男人或女人能够保证得到一致的接受，因此圣徒成了提供感召力的焦点。只有他（或她）是超自然世界的一部分，并在死后通过他（她）的坟墓，继续居住在人民中间，并服务于人民。因此，他是一个可触摸的、有形的权威和权力的源泉，是这个命运不断变化的世界里的一个可靠支点。

虽然没有哪个基督徒会去怀疑圣徒的力量，但在任何一个人死后，都可能有人怀疑这个特定的人的神圣性。毕竟，每一个活着的男人和女人都被卷入了本书已经描述过的政治斗争中。例如，里昂的普利斯库斯主教和他的妻子苏珊娜（Susanna）根本就不准备把他上一任的尼塞休看作上帝的选择。在当时，社区有必要就圣徒的特殊地位达成共识，这可以由主教进行指导。为此，法兰克主教的修辞教育是理想的，他们的任务是说服，并向分裂的社区展示圣徒确定无疑的力量。通过用对圣徒的态度来阐释敌人的不幸和朋友的好运，主教们可以带领人们建立一种对圣徒的共识，同时也建立对主教自己的共识。由此，主教和圣徒在声誉上形成了一种互相依赖的关系。

　　主教对圣徒的控制并不是没有受到社会其他人，甚至是圣徒本身的挑战。第一个挑战是由后一个群体提出的，西部教会不得不去正面面对，但又在很大程度上已经克服了这个挑战。如果说主教们最大的精神力量来源是死去的圣徒，那么他们最大的威胁就是活着的圣人。在东部，神圣的男女通过他们的禁欲主义和超脱的生活，已经成为一个主要的权力平衡因素，不管是在村庄、整个地区，还是偶尔在帝国事务中。这些人并不是从主教那里，也不是从皇帝或他的代表那里获得权力，而是直接作为上帝的使者，从公众舆论的欢呼中获得力量。这样的情况对于法兰克王国的主教贵族来说是完全不可接受的。伦巴第人瓦尔弗莱克（Valfolaic）的故事就展示了教会是如何应对这种威胁的。[23]

　　在瓦尔弗莱克还是个很小的（可能是阿里乌斯派的）孩子时，他就听说了（图尔的）马丁的名字，在对后者的生活和工作一无所知的情况下，就对其产生了极大的热情。后来，他自学阅读，成了利摩日的阿雷迪乌斯院长（Abbot Aredius of Limoges）的弟子，最终他参观了图尔，在那里，他从圣马丁墓上获得了一点残留的尘土。当他回到利摩日时，尘土奇迹般地增多了，从他脖子上挂着的小盒子里溢了出来。受到这个奇迹的鼓舞，他来到特里尔地区，在那儿，他在一个神庙的废墟里发现了一座立在柱子上的狄安娜（Diana）雕像，当地人都对着雕像进行膜拜。瓦尔弗莱克爬到另一根柱子上，学着高柱修士西米恩（Simeon Stylites）的做法，在柱子上度过了一个严寒的日耳曼冬季。不久，邻近庄园的人成群结队地来见这位圣徒，他又在他的柱子上传道，攻击他的那位神像邻居。当地人相信了他的话，被这个榜样折服，便在他的祈祷的协助下，摧毁了雕像。然而，尽管他的努力卓有成效，当地的主教们还是反对他。最后，他们派他去办事，然后趁他不在的时候，把他的柱子摧毁了。他虽然心碎，但又不敢违抗主教们的命令，只好住在当地神职人员那里。

138

对格列高利和他的主教同事们来说，瓦尔弗莱克几乎做了所有可以做的错事，仅有一个例外，正是这个例外最终救赎了他。

第一，他是个乡下人。瓦尔弗莱克出身于无名的蛮族家庭——公元 6 世纪的伦巴第人在罗马帝国内部是最粗鲁、最没有教养的民族。由于他的单纯，他对马丁产生了敬爱，但这种敬爱并没有受过训练得当的主教的指导，而主教可以向他灌输适当的崇敬（reverentia），即训练有素的牧师才能获得的更深层的内在智慧。

第二，来自马丁墓上的圣尘在膨胀，这的确是一个奇迹，但这个奇迹却让他无比自负。他没有留在修道院里，而是把这看作一个信号，表明他在某种程度上被赋予了更大的、更公开的责任，然后他开始了自己的使命。格列高利在其他地方解释了到底应该怎样应对这个奇迹。当一个年轻的新修道士通过祈祷，奇迹般地拯救了波尔多修道院的谷物收成时，睿智的院长立刻把这个年轻人抓起来打了一顿，然后关在牢房里长达一个星期，免得他因为自己是上帝意志的工具而骄傲。[24]

第三，没有接受过教育也缺乏权威的瓦尔弗莱克竟然向人们布道，而这个活计本来是保留给主教的。这其实是瞎子在领导瞎子，他传道的结果就是拆毁了偶像，使人们归服，这其实是无关紧要的。

在这个时刻，瓦尔弗莱克与流浪的传教士、神迹工作者和其他捣乱分子只有一步之遥了，而这些人的结局通常是：在主教的监狱里腐烂掉。他却因为自己的服从获得了救赎。最后他接受了他们的决定，不再试图重新把柱子立起来，而是坚定地在主教权威的照耀下成为一名执事。

教会对圣徒的控制这一主题，在格列高利的历史、圣徒生平事迹，以及墨洛温王朝整体的圣徒传记中，还会一次又一次地出现。这是一个整体计划的一部分，即吸收每一种可能的超自然力量来为等级控制制度服务，并给那些不能被同化的人打上叛徒或异教徒的烙印。即使在格列高利对隐士生活的描述中，主教也从不遥远。比如，南特附近的隐士弗里亚德斯（Friardus）临终时最后的愿望是见到他的主教，后者一到他就死了。在圣帕特洛克罗斯（Saint Patroclus）开始隐士生涯之前，他小心翼翼地首先出现在他的主教面前，请求剃度。[25]

教会传统不仅试图吸收基督教圣徒的力量，而且试图将大众信仰融入基督教传统之中。在这方面最有启发性的案例，是关于巴黎的圣马塞尔（Saint Marcel）和龙的描述，这是由贝南蒂乌斯·福图内特斯讲述的。简而言之，一条龙一直威胁着巴黎郊区，马塞尔主教赶到现场，驯服了这怪兽，命令它消失，这个怪兽服从了，从此再也没有人见过它。根据雅

139

克·勒高夫（Jacques Le Goff）最近的分析，这个传说融合了教会权威和大众信仰的双重特征。[26]龙在从蛮族到地中海世界的广大区域内都有出现，它不仅代表魔鬼，而且作为陆上和水中自然力量的一种带着矛盾的象征，既危险又有吸引力。在传说中，主教作为一种文明力量对自然力量取得了胜利，但并没有摧毁它们。恐惧的龙对圣马塞尔印象深刻，它低头哀求，像小狗一样摇着尾巴。主教在驱赶怪兽时承认了自然的力量——在这个例子中是塞纳河附近泥泞的、不适宜居住的沼泽地——并将它们带回到一种与人类理性文明的关系之中。因此，主教在社区中的威望，不仅来自他将传统的基督教的权力赋予自己的能力，还来自他支配更古老的、更基本的力量的能力。

修道院

公元 811 年，伟大的法兰克皇帝查理大帝（Charlemagne）下令做一项调查：

> 让我们来确定在圣本笃会规（Rule of St. Benedict）到来之前，高卢的这些教会省份是否已经存在着修道士。[27]

到公元 9 世纪，圣本笃会规在西部的修道院生活中已经司空见惯。然而，如果查理大帝的研究者正确地完成了他们的工作，他们将不得不回答：不仅在本笃会规引入之前，高卢还有其他形式的修道院生活，而且本笃会的修道院生活对法兰克王国来说本身就是一个新来者。在它之前就已经有三种形式的修道院生活——图尔的马丁式的、莱兰式的，以及圣高隆邦

（Saint Columbanus）的爱尔兰传统。对前两者的理解，对于理解公元 6 世纪的法兰克王国来说，是必不可少的。

图尔的马丁

图尔的圣马丁的生平是公元 4 世纪西部帝国的缩影。马丁是一个士兵的儿子，出生于公元 316 年前后，出生地是现代匈牙利的松博特海伊（Srombathely），那里当时是保卫多瑙河边界的重要潘诺尼亚军事驻地之一。他的父亲作为一个军事保民官（military tribune）被转移到了帕维亚，他也跟着搬到了意大利，在那里成了一个新来者。根据罗马法律，儿子的职业与父亲的职业捆绑在一起，于是马丁也成了一名军人，他的部队被派往亚眠。在那儿，据说发生了那个关于他的斗篷的著名故事。有一天，他在城门处看到一个发抖的乞丐，就把他的军用斗篷划成两半，给了那个可怜的人一半。虽然他穿着半个斗篷的样子在城市里遭到了嘲笑，但那天夜里他突然看到了上帝的身影，上帝穿着的就是他给出去的那半个斗篷。他剩余的那部分斗篷很快就成了所谓的"上帝披肩"（cappa），这是法兰克国王最重要的圣物，由构成王室礼拜堂（capella）的王家神职人员守护和敬拜着。

马丁在亚眠接受了洗礼，不久之后，他在沃姆斯被允许离开军队。于是他去了普瓦捷的依拉略主教（Bishop Hilarius）那里，在其帮助下完善了新的信仰。不久后，他去了意大利，再次见到了自己的父母，但在他返回普瓦捷之前，他听说阿里乌斯派的西哥特人将依拉略流放到了东部。由于无法回到高卢，他在第勒尼安海（Tyrrhenian Sea）的阿尔本加岛（Isle of Albenga）上过了一段时间的隐居生活，这是他第一次亲身体

141 验修道生活。当依拉略在公元 361 年被允许回到普瓦捷时，马
丁立刻加入了他的门下，并从他那里得到了在利居热（Liguge）
过独居生活的许可，这种生活他在阿尔本加岛就开始了。不久
之后，他声名远扬；一群追随者加入了他的门下，他经常被请
到高卢中部和西部传教。公元 371 年，当图尔的利多里乌斯主
教（Bishop Lidorius）死后，城市居民将马丁骗到了城里，让
他当了主教。

　　尽管马丁认真地履行着他主教的职责，但他仍然在离城市
不远的一个小房子里过着修道士生活。又一次，在这个新的修
道院——马尔穆捷（Marmoutier），一个修道士团体围绕着他
成长了起来。从这里，马丁继续参与西部的宗教事务，作为正
统派的主要发言人，他最远到过特里尔甚至罗马。他死于公元
397 年，被埋葬在其修道院的一副石棺里，这里随后成了一个
主要的朝圣地。

　　然而，最初对圣马丁的崇拜和他的修道院传统并没有扩展
至距他生前最活跃的区域太远处。在克洛维将圣马丁作为其家
族的主保圣人之前，对他的崇拜主要局限于卢瓦尔河地区、阿
基坦和西班牙的一些地方。他引入的修道士传统是一种将东方
的禁欲主义传统与西方高卢神职人员的生活相结合的相当折中
的形式，这种传统在他最活跃的区域之外并没有扎根。人们可
以给出许多理由来说明这一点。与高卢的大贵族主教不同，马
丁是一个局外人、一个士兵（在罗马贵族眼里这是一个低贱
的职业），更重要的是，他是一个修道士与主教的奇怪混合
体——尽管只是一个苦行僧，他仍然无休止地参与世界的活
动。在卢瓦尔河以北以及高卢东南部，马丁的修道形式看上去
没有一点吸引力。

第四章　公元 6 世纪的法兰克王国／159

这个最不寻常的人最终受到欢迎，在很大程度上是他的传记作家苏尔皮西乌斯·塞维鲁（Sulpicius Severus）对其进行形象塑造的结果，这位作者是一位受过良好教育的、文雅的追随者，在对马丁生平的描述中，他将之描绘成一个理想的新型主教——他是一个伟大的教士，追求传统上与罗马高级阶层有关的行为准则，但同时仍能够过着以修道为特征的自我放逐式的生活。渐渐的，这种既活跃又充满沉思的生活的神话，又被做了经典的拉丁散文式的改写，吸引了阿基坦的教士，他们希望在宗教上有更多的追求，而不是陷入日常的行政任务和不断的政治竞争威胁之中。

然而，对马丁崇拜的发展起决定性作用的人物并不是苏尔皮西乌斯——博学的阿基坦修道士和贵族，而是新皈依的法兰克国王克洛维。克洛维在马丁身上看到了什么，我们依然不是很清楚，很大程度上，他认为马丁在他战胜西哥特的战役中是一个关键盟友。另外，由于对马丁的崇拜在克洛维征服的同一地区的贵族中缓慢传播，他对马丁的特别关注是一种与他新获得土地上的主要人物建立牢固联系的手段。甚至可以说，在高卢扮演如此重要角色的潘诺尼亚士兵马丁，对克洛维来说是个特别有吸引力的人物。虽然苏尔皮西乌斯不停地为他的生平添油加醋，但马丁显然不是个非常聪明的人，或者像克洛维经常碰到的那些主流南方主教一样舞文弄墨的人。相反，他是个实干家，知道实际权力的来源，并知道如何运用它。克洛维也是一个相对的外来者（他也可能认为自己来自潘诺尼亚——如果本书前面讨论的那个传说在他的时代已经被创造出来了的话）、一个新近的皈依者，同样在高卢寻找着自己的道路。因此，马丁和克洛维在很多方

142

面是相似的。

无论如何，克洛维的推崇使马丁从阿基坦主教的保护人，变成了法兰克王国的保护人和新法兰克教会的象征。这种崇拜，以及试图将活跃的公共生活与禁欲主义的沉思传统相结合的尝试，向北扩展至巴黎、沙特尔、鲁昂和亚眠；东至特里尔、斯特拉斯堡和巴塞尔；西至巴约（Bayeux）、阿夫朗什（Avranches）和勒芒；南至桑特（Saintes）、昂古莱姆、利摩日和波尔多。这里所举的仅是公元6世纪对圣马丁的崇拜盛行的几个主要城市。在接下来的一个世纪里，对圣马丁的崇拜随着法兰克帝国的扩张而传播，最北至乌得勒支（Utrecht），最东至林茨（Linz）。

143 阿基坦形式的修道院不应被视为一种系统性的运动，甚至不应被视为遵循特定的某条或某组规则的一组修道院。相反，这是一系列地方性的自发举措，往往受到马丁的启发，但与马尔穆捷没有任何特定的制度联系。事实上，人们对这些社区的内部组织和纪律知之甚少，正如我们将看到的，对于其他更正式的修道院传统来说，这是一个问题。

马丁的事例不仅吸引了男人，也吸引了女人。然而，男性社区可能会围绕着一位特别令人印象深刻的隐士出现，而女性社区则倾向于在发现了圣徒遗骸的圣殿与方堂周围形成，这些圣徒的遗骸是宗教信仰者们特别热爱的。女性社区一般都在城市或近郊，在那里，她们可以受到当地主教的照看，免受男子伤害。盗取新娘仍然是一种常见的获得妻子的手段，而贵族修道院是非常方便的场所，人们可以在那里找到一个合适的女人，将其偷走、强奸，然后与之结婚，以获取其遗产。

罗讷地区

对马丁的崇拜几乎没有渗透到的一个地区是法兰克王国（包括阿基坦）罗马化最彻底的地区——罗讷河流域。这里几乎同时发展了一种与修道院制度平行但又不同的制度，这种制度下的社团更加贵族化，纪律更加严格，与东方的修道院传统更直接相关。这两种传统及其追随者相互戒备，这种差异和分歧可能不仅反映了不同的修道仪式风格，也反映了西部帝国晚期高卢－罗马贵族之间的重要分歧。

罗讷地区大修道院中的第一个——莱兰修道院，是由圣霍诺拉图斯（Saint Honoratus）在公元 400~410 年建立的，此人是高卢北部一个执政官家族的成员。年轻时，他和他的兄弟致力于苦行僧生活，并一起前往东方朝圣，以体验东方的僧侣生活。在他的兄弟死于伯罗奔尼撒之后，霍诺拉图斯回到高卢，并在莱兰岛上，以他所熟知的东方修道院为蓝本，建立了一座小修道院。

与霍诺拉图斯建立莱兰几乎同时，约翰·卡西安（John Cassian）在旁边的马赛建立了圣维克多（Saint Victor）修道院。卡西安曾是君士坦丁堡的金口约翰（John Chrysostom）和罗马教宗大圣良一世（Pope Leo the Great）的学生，但他最具成长性的经历是，在叙利亚和埃及塞特（Scete）沙漠的修道院社区中隐居了十五年。因此，卡西安将东方的修道制度直接引入西方，无论是在《学院》（*Institutes*）对修道院生活和纪律的严格描述中，还是在《谈话录》（*Colloquies*）所收集的埃及沙漠神父的智慧和格言中。虽然后者很难说是对沙漠教父教义的逐字抄录，但它还是记录了东方修士的精神和热情，并将

144

其作为西方效仿的典范。

霍诺拉图斯和卡西安引入的东方修道制度正逢其时，为那些因公元5世纪的动荡而流离失所的北方贵族提供了精神和文化避难所。尤其是，莱兰岛的修道院成为北方高卢贵族的避难所，他们和霍诺拉图斯一样，在寻求一个能够躲避家乡政治和社会动荡的地方。这些避难者的名单冗长且有分量，这里仅举几例：圣希拉里乌斯——霍诺拉图斯的亲属，后来成为阿尔勒大主教；恺撒利乌斯——来自索恩河畔的沙隆（Chalon-sur-Saône），他也以阿尔勒大主教的身份结束了自己的一生；萨维安（Salvian）——从科隆或特里尔来到马赛；福斯图斯（Faustus）——原籍阿莫里凯，在成为里兹主教之前，他是莱兰的修道院院长。

与马丁建立的修道院不同，罗讷修道院保持着强烈的贵族特征。这种精英传统在对写作质量的要求以及由此而来的神学论战中是显而易见的。在皈依之前，这些修道士已经在异教修辞学传统中接受了全面的教育，尽管他们来到莱兰是为了练习沉默、孤立、禁欲和祈祷，但他们仍然继续发挥着聪明才智。因此，与马丁传统下的修道院不同，莱兰产生了，或者更确切地说是影响了知识分子。莱兰对公元5世纪知识分子施加苦行主义影响的最重要的例子是：至少有两名修道士——莱兰的文森特（Vincent）和里兹的福斯图斯——以及卡西安本人，参与了对奥古斯丁宿命论教义的攻击。这些所谓的半伯拉纠派教徒（semi-Pelagians）①，同其他致力于强调苦修生活的重要性、

---

① 伯拉纠教派来自英国神学家伯拉纠（Pelagius，公元360~420年），他以强调自由意志、反对奥古斯丁的宿命论闻名。半伯拉纠派在关于自由意志的观点上与伯拉纠类似，其创始人就是卡西安。卡西安的具体神学观点见下文。

强调自辱和自控价值的修道士一样，不能接受像非洲主教（即奥古斯丁）那样悲观地看待人类潜力的观点。接受奥古斯丁针对"必然性与责任的悖论"的解决方法，在他们看来就是在摧毁责任。奥古斯丁的宿命论教义不仅被视为对神圣恩典和自由意志问题的听天由命的、异端的解决方案，而且也是标新立异的。莱兰的文森特攻击了奥古斯丁神学的异想天开，提出了将成为正统教义共识的基本定义：奥古斯丁关于宿命论的教义之所以不可接受，是因为它不符合人们所相信的"处处成立，永远成立，对所有人成立"（ubique semper ab omnibus）。[28]这一表述体现了一位修道士知识分子坚定地维护着基督教罗马文明中具有世界性和普遍性的文化。

莱兰的这种贵族性格在其吸引力的性质上也是很明显的——它是一个冷清的隐居地，但这是一个物产丰富、令人愉快的地方；在这里，流离失所的精英们献身于精神生活，追求精神上的完美，可以在短时间内甚至是一生中找到慰藉。当他们中的许多人（比如希拉里乌斯、福斯图斯和恺撒利乌斯）离开这里去其他地方任主教时，他们会在自己的城市里建立类似的社区。由于这些教区大多是沿着由罗讷河和索恩河形成的河流轴线出现的，莱兰修道院的模式逐渐向北延伸到阿尔勒、里昂、欧坦、阿高纳圣莫里斯（St. Maurice d'Agaune）①，以及汝拉山（Jura）地区的修道院，最远到达特鲁瓦。

尽管马丁的传统与莱兰和马赛的传统之间的差异更多在于重点的不同，而不是内容的不同，但这些差异在公元 6 世纪甚至 7 世纪都被深深地感受到了。尽管人们对马丁修道院的组织

---

① Agaune 一词源于高卢语 Acaunum，即此地古地名，通常译为阿高努姆。

情况知之甚少，但从细节来看，罗讷修道院显然更接近东方传统。阿基坦（马丁）的修道院似乎更多是即兴创作的结果：一个圣徒出现了，于是一群追随者聚集在一起，由此产生的社区更像一个隐士群体，而不是一个普通的修道院社区。卡西安注意到了这种松散的修道生活方式，在他的《学院》里谴责了这种方式，但没有提及马丁的名字。

事实上，在整个公元 6 世纪，这两种传统的支持者似乎都忽视了对方，既不直接攻击另一种传统，又尽可能不提及它的存在。因此，阿尔勒的希拉里乌斯、里昂的欧几里乌斯（Eucherius）、莱兰的文森提乌斯、阿尔勒的恺撒利乌斯以及其他罗讷修道院传统的主要倡导者，从未提及圣马丁。尽管在一些深受莱兰影响的地区，如汝拉山地区的修道院，苏尔皮西乌斯的《圣马丁传记》也被阅读和崇敬，但圣马丁根本不被认为是莱兰和马赛起源于其中的同一修道院传统的一部分。

同样，图尔的格列高利——公元 6 世纪马丁崇拜的最大推手——也几乎不提莱兰传统。在对高卢主教和圣徒的所有描述中，他从未讨论过阿尔勒的恺撒利乌斯、里兹的福斯图斯、霍诺拉图斯、希拉里乌斯或萨维安。他只是在发现圣霍斯皮提乌斯（Saint Hospitius）的遗骨时提了一下莱兰，对于莱兰的苦修主义传统只字未提。高卢修道主义的两个世界老死不相往来。

但是，他们的相似性远大于差异性。两者都是在同一时期从东方的修道院传统发展而来的。两者都主要涉及神职人员。我们已经看到主教与修道院和隐士传统有多密切的联系，而后者正是格列高利所赞扬的。在罗讷地区，修道制度基本上是贵族教士的事情；它在教士社会中而不是在平信徒中得到支持。通常情况下，平信徒对修道院保持中立，除非他们想放弃世俗

146

世界去过隐修生活。修道院院长，除非他们离开修道院去接管主教教区，否则很少会在世俗社会中成为一个令人印象深刻的人物。因此，教俗两界保持着互不干扰的状态。

在公元5世纪末期和6世纪，两种形式的修道生活开始融合。尤其是罗讷河谷地区所遵循的更严格的规定，开始被教会会议要求所有的修道士遵循，例如修道士必须严格服从修道院院长，修道士要留在他们宣誓的地方而不是去建立新的隐居地和住所。罗讷河谷的修道生活模式比阿基坦更随意的宗教生活更能吸引宗教委员会，因为它使主教更容易控制修道士。最重要的是，无论是在阿基坦还是在罗讷河谷，修道制度都是（或被人们认为应该是）牢牢地被主教掌控。这种从属关系在公元511年举行的第一届法兰克宗教会议（Frankish council）上得到了强调。第19条教规着重指出："出于宗教上的谦卑，修道院院长应继续受主教的管辖，如果他们做了任何违背[主教]统治的事情，他们将由主教纠正。"[29]

主教反对修道士

在公元6世纪的会议上，人们不断地重复这一教规，这恰恰表明，尽管主教不断声索权力，在理论上修道院院长们也承认主教对宗教团体的权威，但有时修道院院长（以及女修院院长）的行为却相当自主，这让他们的主教非常不安。对主教的反叛可能有社会和政治根源，例如，在克洛泰尔一世的妻子拉达贡达（Radagunda）于普瓦捷建立的圣十字修道院（monastery of the Holy Cross）中所发生的反叛。[30]拉达贡达死后，和她一样属于王室的修女们拒绝接受她的继承人，并发动了一场反叛。一些人离开修道院结婚去了，另一些人则在武装仆人的协助下，殴打了前来与她们谈判的主教。然而，这件事在各方面都属于例外。参加反叛的修女们属于墨洛温王室；拉达贡达的继承人阿格妮斯（Agnes）似乎是社区中少数非王室成员之一；普瓦捷主教因为某些没有解释的原因，一直拒绝监督这个修道院。这样的情况绝对称不上是典型的。

更常见和不祥的是另一种不服从。在《忏悔者的荣耀》（*Glory of the Confessors*）中，格列高利讲述道，当卡维永的阿古利可拉主教（Bishop Agricola of Cavillon）听说德西德拉图斯（Desideratus，一个居住在附近宗教团体中的隐士，这个团体散布在他周围）去世后，这位主教立即派他的大执事去取尸体。但是，该团体中的修道士们拒接向主教妥协并交出尸体。[31]这确实是对教会权力基石的潜在威胁。正如我们所看到的，修道士社区往往成长在一个以虔诚著称的隐士周围，或是在一个著名圣徒的方堂或坟墓周围。正是从这些死去的圣徒身上，主教们能够获得他们的权力，前提是他们能够控制其他人对圣徒尸体的接触。如果这种神圣性可以像很久以前在东方那样，逃脱教会在西方的控制，那么主教（以及他的高卢－罗马贵族亲戚）对宗教和政治权力的垄断，可能就岌岌可危了。这恰好是公元7世纪和8世纪发生的事情。

面对来自法兰克代理人、敌对家族、心怀不满的亲属以及自由圣徒对其地位的实际和潜在威胁，主教们团结一致，抱团取暖。也许是因为认识到自己的存在是不稳定的，法兰克王国的主教们能够充分搁置他们的分歧，定期召集区域性的或全国性的宗教会议，讨论共同的问题，并找到补救办法。此外，我们看到，他们根据所属的大主教辖区组成团体，处理对任何一个主教来说太复杂或太危险的问题。

很难相信好斗的法兰克王国主教们会主动召集全国性宗教会议。这样的会议开始于公元511年克洛维的倡议，此后不时在国王的倡议下举行。此外，许多宗教会议，包括第一次宗教会议，并不是真正由来自整个法兰克王国的主教们参加的，它们往往是区域性的，尽管有些会议（例如公元549年的奥尔良宗教会议）确实聚集了来自整个法兰克世界的主教或他们的代表。

这些会议讨论的问题是临时性问题与主教和王国所面临的更普遍问题的结合。许多立法涉及主教的联合领导和对主教权威的保护。为了鼓励他们之间的"博爱和慈善"，每年都需要召开地方性宗教会议。主教们互相提供保护，以不受神职人员的干扰和国王的干涉。

第二个重要的问题是神职人员的纪律。只要有可能，主教们都会在世俗或教区神职人员中消除模棱两可的东西，并在他们之中培养主教们所钦佩的那种正规或修道院神职人员的基督教苦修主义。渐渐的，虽然修道院社区仍必须服从严格的教会监督，但西部宗教和社会实践的传统开始服从于东部的苦修主义理想。

然而，在接下来的一个世纪里，一种新的修道制度的出现，对这种由社团、教会控制的法兰克宗教纪律和实践提出了根本性的挑战。它在公元6世纪的最后几年出现在欧洲大陆，并在两个最伟大的墨洛温国王——克洛泰尔二世和达戈贝尔一世（Dagobert I）——统治期间迅速传播开来。在探讨这个挑战之前，我们必须首先看一看这两位伟大国王治下的法兰克王国。

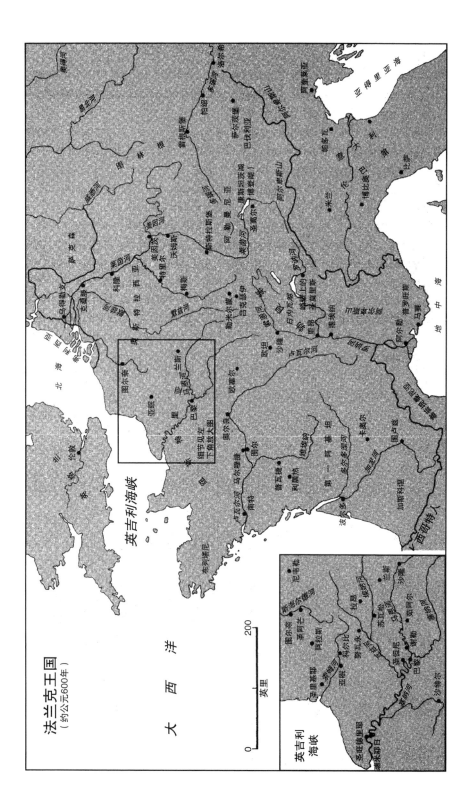

法兰克王国
（约公元600年）

第五章　克洛泰尔二世和达戈贝尔特一世治下的法兰克王国

法兰克王国再统一

> 布伦希尔迪丝被带到克洛泰尔面前，他怒不可遏，对她发着脾气……她被各种酷刑折磨了三天，然后根据他的命令，被领着穿过队伍，放在一头骆驼上。最后，她的头发、一只胳膊和一条腿被绑在一匹野马的尾巴上，在它疯狂的飞奔中，她被它的蹄子踢得体无完肤。[1]

残酷地羞辱和肢解布伦希尔迪丝是克洛泰尔二世（公元584~629年在位）巩固法兰克次级王国（即纽斯特里亚）的最后一个戏剧性举动（公元613年）。在接下来的二十五年，即他和他的儿子达戈贝尔特一世（公元623~629年与其父一起统治，公元629~639年单独执政）统治的时期将是克洛维统治以来法兰克历史上最和平、最繁荣、最重要的时期。也是在这个时期，最终摧毁墨洛温王朝的贵族力量将萌生一种新的自我意识，悄悄地建立和巩固自己的力量。

克洛泰尔的胜利是因勃艮第和奥斯特拉西亚贵族与他的合作而实现的。格列高利景仰的勃艮第国王贡特拉姆在公元593年死亡，由于他死后无子，他的侄子希尔德贝特（二世），也就是奥斯特拉西亚国王西吉贝尔特一世和布伦希尔迪丝的儿子，得到了这个王国。而希尔德贝特二世又在公元 596 年死去，布伦希尔迪丝试图通过担任她的两个未成年孙子——提乌德贝尔特二世（公元 596 ~ 612 年在位）和狄奥多里克二世（公元 596 ~ 613 年在位）——的监护人，来同时控制奥斯特拉西亚和勃艮第。克洛泰尔二世试图利用两位国王的年幼来合并他们的王国，但没有成功。

152　　公元 599 年，奥斯特拉西亚贵族们由于不喜欢太后的统治，将这个老太后驱逐，她逃到她的另一个孙子狄奥多里克的王国（勃艮第）去了，在那儿她受到热烈的欢迎。两位兄弟一开始致力于联合消灭他们的纽斯特里亚堂兄克洛泰尔，他们最初接近成功，已经取得了他的王国的一大部分。然而，布伦希尔迪丝的支持者（主要是勃艮第王国罗马化程度更高地区的贵族）和她的孙子狄奥多里克，以及奥斯特拉西亚和勃艮第法兰克人之间的紧张关系已经到了非同一般的地步，以至于公元 612 年提乌德贝尔特袭击了他兄弟的王国。这场袭击是一场灾难，提乌德贝尔特被俘虏了，被关押在马恩河畔沙隆（Châlons-sur-Marne），随后被杀。狄奥多里克命令他年幼的侄子墨洛维希（Merovich）把提乌德贝尔特的脑袋打爆。

　　两个王国的联合只维持了几个月。以梅斯的阿努尔夫（Arnulf）和赫尔斯塔尔的丕平（Pippin of Herstal）为代表的奥斯特拉西亚贵族邀请克洛泰尔进入王国。狄奥多里克试图率军袭击他们，但出人意料地死在了梅斯。布伦希尔迪丝试图继续控制勃艮第，让她的曾孙、狄奥多里克的长子西吉贝尔特成为两个地区的国王，但西吉贝尔特和他的曾祖母却被勃艮第贵族出卖了，落入了克洛泰尔之手。西吉贝尔特和他的兄弟科布斯（Corbus）被处决，他的另一个兄弟墨洛维希因为是克洛泰尔的教子，被流放纽斯特里亚，布伦希尔迪丝的命运在本章开头的文字中已经说明，该段文字的作者以编年史家弗雷德加的名字为人所知。

克洛泰尔的胜利是奥斯特拉西亚和勃艮第贵族的胜利，在布伦希尔迪丝被处决后，他立即采取措施确认那些使他获得胜利的人的职位。狄奥多里克二世和布伦希尔迪丝最崇信的沃纳查尔（Warnachar）的背叛使抓捕布伦希尔迪丝成为可能，此人立即被任命为勃艮第终身的宫相——克洛泰尔庄严宣誓绝不罢免他。在奥斯特拉西亚，一个叫雷多（Rado）的人被克洛泰尔任命为宫相，他在该地区起的作用也是类似的。

不久之后，克洛泰尔在巴黎发布了 24 条敕令，实质上承诺贵族、教会和人民的传统权利将得到尊重。[2]这些措施并不新奇，其目的是保证在西哥特人布伦希尔迪丝及其后裔多年内战和专横统治中形成的弊端都得到纠正。具有讽刺意味的是，如果对布伦希尔迪丝的反对很大程度上是由于她试图重新引入罗马财政传统，那么这项法令很可能是为了回应南方主教们的请愿，但内容依然是基于罗马和西哥特法律传统的。因此，克洛泰尔承诺主教选举将由神职人员和人民举行，这样选出的人，如果是值得敬仰的，将会得到国王的确认；他禁止主教任命继任者的做法；他重申主教对其神职人员的权威；他还保证，无论是在修道院还是在自己的家里献身于宗教生活的寡妇和处女都不能被强迫结婚。敕令的大部分内容与司法有关。除刑事案件外，神职人员只能由教会法庭审判；同时涉及神职人员和平信徒的案件，必须在一名教会教务长和一名公共法官在场的情况下进行审判；自由人和奴隶都不能在没有判决的情况下受到

153

惩罚或处决；犹太人不得对基督徒采取法律行动。克洛泰尔还担心财政滥用。在任何不公正地提高税收的地方，都要进行正式调查，并纠正这一行为；不得征收追溯不到贡特拉姆、希尔佩里克和西吉贝尔特统治时期的费用；王室税吏不得侵犯教会或私人豁免权；无遗嘱死亡者的财产将归其合法继承人，而不是国王。

最后，敕令承诺尊重地方权力的权威和传统。克洛泰尔在其著名的一个篇章中承诺："来自一个省或地区的法官［可能指王室官员］不能在另一个省或地区任职。"有些人认为这是王室政策的一个重大偏离，是对地方自治的保障，等于是王权向当地贵族利益妥协。事实上，它可能反映了当时已成为传统的做法，即任命王家官员的程序与主教选举的程序大致相同。此外，另一篇章禁止在多个地区拥有地产的平信徒和教会人物从地区以外任命法官或代理人。虽然这项法令并不是宪法革命的结果，也不是将王室特权交给贵族的结果，但它明确地证实了法兰克王国强烈的地方性。治理，本质上是指在同意接受治理的自由人中征收税款和维护正义，它是一种在 civitas（或 pagus，即围绕一个城镇的行政区）内部的地方性事务。不管是国王、教会，还是其他大人物，他们把外人引入这个系统的企图都不应该被容忍。结果是，虽然法兰克王国的三个地区在克洛泰尔的领导下团结了起来，但它们的治理却不会被中央集权化。取而代之的是，在克洛泰尔及其继任者达戈贝尔特的领导下，三个地区中的每一个都将继续保留自己的地区权力基础，并在一定程度上保留其行政机构。达戈贝尔特于公元 623 年与克洛泰尔联合统治奥斯特拉西亚，并于公元 629 年接替他成为整个法兰克王国的国王。公元 7 世纪，这种特殊性变得更加突出，其他传统上要么被三个中央王国分割（如阿基坦和普罗旺斯），要么由奥斯特拉西亚控制的地区，如巴伐利亚、图林根、弗里西亚、阿基坦和普罗旺斯，到了7世纪都已经发展成实际上自治的次级王国。

法兰克王国各个地区

随着贵族－王室合作使王国统一，王家顾问的作用在法兰克王国的每个地区都变得极其重要，因为他们在很大程度上决定了王室的影响力。在勃艮第，布伦希尔迪丝时代的王家军官曾经是王家实施控制的工具，贵族阶层在更西部的"法兰克人"和罗讷地区的"罗马－勃艮第人"之间严重分裂，对在宫相的主导下建立一个强大的中央政府几乎没有兴趣。公元626年或627年，沃纳查尔去世，勃艮第贵族通知克洛泰尔，他们不希望任命任何新的宫相，只希望被允许直接与国王打交道。从任何意义上讲，这都是说他们选择由自己进行直接统治。特别是与古老的勃艮第王国最为相似的更南部地区，在这个世纪剩余的时间里，这一地区继续发展了以强大的贵族为中心的分离主义倾向。

这些自治倾向在不到十五年的时间里发展到什么程度，可以从达戈贝尔特于公元628年对勃艮第的司法访问看出来。根据《弗雷德加编年史》的记载，"他的到来在勃艮第主教、贵族和其他有影响力的人中拉响了意义深远的警报，引起了普遍的震惊；但是，他的审判却给穷人带来了极大的欢乐"[3]。国王出现并穿过勃艮第，一路上主持正义、纠正错误，当然产生了很大的影响，但这只是暂时的。地方大人物不断试图加强他们自己的地方权力基础，逃脱王家的控制。宫相沃纳查尔死后，

155

他的儿子戈迪努斯（Godinus）试图巩固他父亲通过婚姻联盟建立的地方权力，他采取了非同寻常的步骤，娶了他父亲的遗孀——他的继母伯塔（Bertha）。克洛泰尔很不高兴，于是把他杀了。后来，布罗多夫（Brodulf）——达戈贝尔特同父异母的兄弟查理贝尔特二世的叔叔——由于克洛泰尔只给了他一个在阿基坦的边境王国，而成了克洛泰尔在勃艮第的主要麻烦制造者。布罗多夫大概是想让他的女婿登上王位。在公元628年离开勃艮第之前，达戈贝尔特下令处决布罗多夫。但是，国王不能一直待在勃艮第，他一离开，自治倾向立刻重新发展起来。

在西吉贝尔特一世及其继任者的统治下，奥斯特拉西亚已经经历了将近一个世纪的相当统一的统治，当克洛泰尔接手后，贵族们则试图通过不同的手段来保护自己。在那儿，克洛泰尔在压力之下将王权交给他的儿子达戈贝尔特。此外，当克洛泰尔试图通过将阿基坦的奥斯特拉西亚部分以及阿登和孚日以西的地区从奥斯特拉西亚分离出去，以缩小它的版图时，这一尝试被阻止了。当达戈贝尔特抗议分裂时，一个由12名仲裁人组成的小组被选中来解决分歧。因为其中最重要的是梅斯的阿努尔夫，而他和赫尔斯塔尔的丕平是奥斯特拉西亚贵族中最有权势的代表，所以达戈贝尔特能够保留卢瓦尔河以北的全部领土毫不奇怪，它们以前都是奥斯特拉西亚的一部分。

这是当时奥斯特拉西亚保持贵族控制权的策略。该地区将继续由自己的宫廷实行集权控制，但整个地区将由丕平和阿努尔夫管理——他们曾在公元613年邀请克洛泰尔进入王国。之后，阿努尔夫离开宫廷，他被另一个奥斯特拉西亚人——科隆的屈尼贝尔主教（Bishop Cunibert of Cologne）——接替。他们的权力是如此广泛，以至于他们甚至可以强迫国王去消灭他们的竞争对手，如克罗达尔德（Chrodoald）。克罗达尔德是强大的阿吉洛尔芬家族的一位领导者，这个家族的权力从奥斯特拉西亚延伸到巴伐利亚，甚至可能到了伦巴第。

公元 629 年，达戈贝尔特继承了父亲的王位，并将活动中心迁往巴黎，奥斯特拉西亚对他的影响有所减弱。只有丕平留下来陪着国王，但他也失宠了，他出现在纽斯特里亚的部分原因可能是达戈贝尔特想监视他。然而，奥斯特拉西亚的战略地位让国王不能忽视它或疏远它的贵族。公元 631～633 年，在斯拉夫血统的文德人［Wends，国王萨莫（Samo）是一个法兰克人］的进攻下，法兰克王国领地收缩，这迫使国王重建了一个缩小版的奥斯特拉西亚王国，并让他两岁的儿子西吉贝尔特登上王位。在选择儿子的老师时，达戈贝尔特选择了阿努尔夫和丕平的一位对头——机要秘书乌尔索（Urso）的儿子奥托（Otto）。但王国的真正权力是由丕平的密友——科隆的屈尼贝尔主教，以及阿达尔吉希尔公爵（Duke Adalgisil）分享的，后者几乎可以肯定是阿努尔芬（Arnulfing）家族的一员。这样，虽然国王试图扭转局势，但奥斯特拉西亚贵族依然控制着这里。这种控制又由于两个领导家族的联姻而得到加强，阿努尔夫的儿子安塞吉塞（Ansegisel）娶了丕平的女儿蓓加（Begga）。这个新的家族被称为阿努尔芬家族或丕平家族，它很快将创造出下一个王朝——加洛林王朝。

纽斯特里亚是克洛泰尔王国的中心，公元 629 年之后，达戈贝尔特也将自己的中心设在了这里。这里有数量最多的财政土地，以及巴黎、苏瓦松、博韦、韦尔芒 - 努瓦永（Vermand-Noyon）、亚眠和鲁昂等重要城市，还有最富有的法兰克修道

157　院。巴黎日益成为主要的王家驻地，以及王室宗教和政治意识形态的中心。伟大的王家修道院圣日耳曼德佩修道院（St. Germain-des-Prés）和圣但尼修道院（St. -Denis）就建在城外，在达戈贝尔特时代，后者尤其成了王家崇拜的中心。达戈贝尔特大方地资助了圣但尼修道院，把它的保护人提升到与圣马丁相等的王家圣徒地位，并开创了以它作为王家墓地的传统，它的这个角色一直持续到了法国大革命时期。

　　在这三个法兰克中心区域之外，法兰克帝国的控制权有着很大的不同。在阿基坦，克洛泰尔把他的儿子查理贝尔特扶上了这个边境王国的宝座，此人被编年史家伪弗雷德加（Pseudo-Fredegar）① 形容为"头脑简单"。阿基坦王国的建立和奥斯特拉西亚的建立一样，是对外部威胁的回应，这一次的威胁来自加斯科涅人（Gascons）或巴斯克人（Basques）。阿基坦王国一直维持着和平，直到公元632年查理贝尔特去世。但不久之后，巴斯克人又开始威胁该地区。达戈贝尔特命一支勃艮第军队占领并安抚该地区，但只取得有限的进展。阿内伯特公爵（Duke Arnebert）率领的分遣队在苏尔（Soule）山谷遭到巴斯克人伏击并被摧毁——这场失败可能创造了一个传奇，一个多世纪后，人们将这场失败移花接木，用在了另一支在隆塞沃（Roncevaux）战败的法兰克军队头上，那支军队的指挥官就是著名的《罗兰之歌》的主角罗兰伯爵（Count Roland）。

　　达戈贝尔特在阿基坦与在图林根的收缩，以及与斯拉夫人的战争都是并行的。文德人已经在萨莫的领导下团结了起来，

---

① 即前文提到的编年史家弗雷德加，但作者的实际身份仍然存疑，应只是借"弗雷德加"之名，故有此称法。

萨莫虽然被描述为一个商人，但很可能是一个法兰克代理人，是被派去联合斯拉夫文德人以对抗阿瓦尔人（Avars）的。阿瓦尔人已经取代潘诺尼亚的匈人，不仅威胁着拜占庭帝国，而且威胁着意大利和法兰克王国。萨莫在组织斯拉夫人以及保护他们免受阿瓦尔人攻击方面，都取得了非凡的成功，并被选为他们的国王，他在王位上待了大约三十五年。萨莫的王国从波希米亚延伸到卡林西亚（Carinthia），很快就威胁到图林根的法兰克势力范围。达戈贝尔特希望击溃他们，却失败了，这很大程度上是因为奥斯特拉西亚首鼠两端。如我们所见，来自斯拉夫人的威胁导致了奥斯特拉西亚王国的重建。

　　在图林根，类似的问题在重建奥斯特拉西亚王国和任命奥斯特拉西亚人拉杜夫（Radulf）为公爵后出现。拉杜夫在帮助图林根抵御文德人进攻一事上成功了，但在这个过程中，他把图林根建成了一个事实上的自治王国。在达戈贝尔特死后，他成功地发动了对西吉贝尔特的叛乱；在击败了后者后，他甚至自称为"图林根国王"，这对墨洛温家族的未来来说是个坏兆头。[4]

　　建立于公元6世纪末的遥远的巴伐利亚公国，创建于古代罗马城市拉提斯邦纳（Ratisbonna），也就是雷根斯堡（Regensburg）之上。公国沿着多瑙河逐渐向南延伸到阿尔卑斯山，填补了伦巴第人撤退到意大利和法兰克人退回奥斯特拉西亚所造成的真空，并将这一山区的各种罗马人和蛮族都囊括其中。阿瓦尔人、斯拉夫人和保加尔人（Bulgars）对公爵领地构成的威胁，使巴伐利亚和它的阿吉洛尔芬家族的公爵们紧紧依靠着法兰克国王。大约在公元630年，根据他的法兰克贵族们的建议，达戈贝尔特下令屠杀在巴伐利亚过冬的保加尔流亡者。一夜之间，700 个男人、女人和儿童在睡梦中被他们的巴伐利亚东道主杀害。然而，阿吉洛尔芬家族并不想完全依赖达戈贝尔特。他们的亲属克罗达尔德在丕平的授意下被杀，这证明他们可能在宫廷中遭到了反对。因此，他们不断地发展与阿瓦尔人和伦巴第人的联系，并在公元 7 世纪，与伦巴第人的王室家族进行了广泛的联姻。虽然他们没有拉杜夫走得那么远，没有自称国王，但他们的邻居伦巴第人却毫不犹豫地这么称呼他们。据公元 8 世纪的伦巴第历史学家执事保罗（Paul the Deacon）记载，在公元 593 年，塔斯洛（Tassilo）已经被希尔德贝特任命为巴伐利亚国王。

王家宫廷

克洛泰尔和达戈贝尔特不能指望通过派中央代理人去填补每个地区的权威职位来有效控制整个法兰克王国。相反，他们

159　试图把地区精英的成员聚集在巴黎的宫廷里，在那里，他们可以被监视，但也可以接受教育，以及被灌输王室需要的政治和文化观点。通过挑选出最优秀和最有能力的人担任其家乡地区的教会和世俗职务，国王们便可以把他们送回家乡，这也就履行了他们任命当地人担任重要职务的承诺，同时还确保了这些人在重要职务上能与国王进行合作。

对于当地贵族家庭的成员来说，他们把宫廷视为一个可以让他们的子女接受教育、建立广泛联系，并可以为其家族争取实现目标所需的各种职位的地方。因此，纽斯特里亚宫廷是法兰克王国的一个主要文化中心，在那里，来自阿基坦的年轻高卢－罗马贵族〔如未来的卡奥尔主教德西德里乌斯（Desiderius），以及后来成为达戈贝尔特的司库和努瓦永主教的利摩日贵族埃

利吉乌斯（Eligius）]与北方同行[如奥多埃努斯（Audoenus，以 Saint Ouen、Audoin 或 Dado 之名闻名，后来在达戈贝尔特手下担任仲裁官和鲁昂主教）]建立了友谊。这里也是一个可以安排婚姻的地方，比如年轻的奥斯特拉西亚贵族——来自奥斯特里文（Ostrewan）的阿达尔巴尔德（Adalbald），与来自阿基坦的高卢－罗马人里奇鲁迪丝（Rictrudis）的婚姻。国王埃德温（Edwin）甚至从像诺森布里亚（Northumbria）这样的远方，将他的两个儿子送过来，让他们在达戈贝尔特的宫廷里长大。

宫廷扮演着各种教育角色。家境殷实的年轻人到了青春期就来到这里，开始接受教育，他们进入国王的家庭，甚至可能通过一个特别的誓言让自己依附于国王。他们似乎是在王家导师或宫相的控制下，与王室子弟一起长大的。他们接受的教育可能既包括对那些注定要担任世俗职务的年轻人进行的军事训练，也包括对那些可能进入王室官署的人进行的修辞和公证程序培训。然而，年轻的贵族们并不仅仅是去宫廷里学习如何成为官僚，他们也在那里发展和延续复杂的朋友、赞助人和王室关系网，这些关系可以维持和壮大他们的家族。

要想最全面地了解这种文化、社会和政治网络在宫廷中的发展，我们可以去研究德西德里乌斯主教的生活和书信往来。他是萨尔维乌斯（Salvius）和赫切妮芙蕾达（Herchenefreda）的儿子，他的父母都是来自阿尔比的高卢－罗马贵族。他是家中五个孩子之一，每个孩子都有一个在元老院传统中有着深刻渊源的罗马名字——鲁斯提库斯（Rusticus）、西亚格里乌斯（Siagrius）、塞琳娜（Selina）、阿维塔（Avita）。首先，他的大哥鲁斯提库斯被送到了克洛泰尔的宫廷，在那里，他担任牧师和大执事，然后被国王任命到卡奥尔教区。他的二哥西亚格里乌斯也去了纽斯特里亚的宫廷，在那里，他进入了克洛泰尔的家庭，后来回到阿尔比担任城市的伯爵。最终他被封为普罗旺斯的贵族，地位相当于地方的公爵。

德西德里乌斯在学习修辞和法律之后，也被送到了宫廷之中，他在其中担任司库。在这里，他的同僚包括公元7世纪最重要和最有影响力的人物——未来的凡尔登主教保罗、梅斯的阿博（Abbo）、努瓦永的埃利吉乌斯和鲁昂的奥多埃努斯。宫廷生活提供了各种可能性。克洛泰尔和达戈贝尔特的宫廷越来越受到神职人员的影响；像埃利吉乌斯和奥多埃努斯这样的主教朝臣的影响力，比公元6世纪时的普遍情况要大得多，一种新的修道院文化（我们将在下文考察）正在宫廷和各省的法兰克贵族中深深扎根。但宫廷也提供了所有放荡和诱惑的机会，而这正是各地王家宫廷的特点。尤其是在达戈贝尔特将自己的第一位王后，即没有孩子的戈玛特鲁迪丝（Gomatrudis）搁在一边，并于公元629年前后与南特希尔迪丝（Nantechildis）结婚后，宫廷以放荡而臭名昭著。随着国王日渐衰老，人们越来越清楚地看到，在他死后，王国将有一次新的分裂，出现很长一段未成年国王统治的时期，并成为阴谋的中心——如果人们能相信怀有敌意的伪弗雷德加的说法。德西德里乌斯的母亲当然觉察到了宫廷的声誉问题。在此期间，她在写给儿子的保存至现在的信件中，敦促他避免宫廷政治和道德诱惑的危险。"对所有人保持善意，"她建议说，"说话要谨慎，最重要的是要保持贞操。"[5]

161　　　德西德里乌斯听从了她的建议，公元630年，在他的大哥鲁斯提库斯被刺杀后，达戈贝尔特任命他去卡奥尔教区接替鲁斯提库斯。这种职业模式在公元 7 世纪早期越来越典型。在过去，王室家庭成员出任主教是非同寻常的，现在却变得稀松平常。显然，达戈贝尔特将任命或批准整个王国的主教的权力留给了自己，而不是他同父异母的兄弟或后来的儿子，这是一种即使在奥斯特拉西亚和阿基坦南部也能保持控制力的手段。

在卡奥尔，德西德里乌斯以公元 7 世纪主教惯常的双重身份为国王服务，他的传记作者煞费苦心地描述了他从事的教会建设项目，也称赞了他修建防御工事的工作。他不仅重修了城墙，甚至还修建了塔楼和堡垒化的城门。他还在卡奥尔建了一家修道院，根据他的传记作者所说，这是这个城市的第一家修道院，他最终也选择被埋葬在这里。与此同时，他还和那些精英群体保持着密切的联系，他正是和这些人一起接受的教育，也正是和他们一起为宫廷服务。在他现存的书信中，人们不仅发现了写给或来自他本大区的，以及写给阿基坦的其他主教们的信，通信的人还包括达戈贝尔特、西吉贝尔特三世、奥斯特拉西亚的宫相格里莫阿尔德（Grimoald）、克洛杜尔夫（Choldulf，他显然是梅斯的阿努尔夫的儿子）、特里尔的梅多阿尔德主教（Bishop Medoald）、梅斯的阿博、鲁昂的奥多埃努斯、凡尔登的保罗、利摩日的菲利克斯（Felix）、努瓦永的埃利吉乌斯和欧塞尔的帕拉迪乌斯（Palladius）。很明显，这些广泛的联系是他在宫廷中的岁月和他在王国中持续发挥作用的结果。在一封写给梅斯的阿博，一封写给鲁昂的奥多埃努斯的信中，他满怀深情地回忆起在克洛泰尔宫廷里与同伴一起度过的快乐时光。

我们对德西德里乌斯和他在王家宫廷中的主教同僚有很多了解，这得益于他们的通信和他们死后被撰写的生平。人们对宫廷中培养的世俗官员却知之甚少，尽管可以推断他们之间也发展出了一个类似的、相互联系的网络。一些人，就像德西德里乌斯的兄弟西亚格里乌斯，回到了他们自己的区域去当伯爵。其他人，像拉杜夫，被作为公爵送往法兰克王国的边境地区，在那里他们可以（或者很快就能）发展出强大的当地联系。还有一些人，例如与阿基坦人里奇鲁迪丝结婚的奥斯特拉西亚人阿达尔巴尔德，显然是要与敏感地区的女性结婚，以便建立起有效运作所需的当地联系。这样的努力经常遭到反抗，阿达尔巴尔德是在他内兄的唆使下被谋杀的。在公元 7 世纪的前二十五年，似乎是在国王的宫廷政策影响下，许多奥斯特拉西亚和纽斯特里亚贵族宗族在阿基坦、普罗旺斯、勃艮第和莱茵河以东地区建立了联系，而相应数量的阿基坦人，主要是主教，则在北部教区建立了联系。

因此，在克洛泰尔和达戈贝尔特统治时期，宫廷通过引进、培训和派遣有能力的行政人员，在延续王室权力方面发挥了重要作用。虽然不太明显，但在这几十年里，还有两件事正在发展过程中，它们对后来的欧洲历史有同样重要的影响。一是二分式庄园（bipartite manor，见下一节）的发展，它成为后来中世纪农业的典范；二是王室传统的基督教化，它在经济上受到第一件事的推动。

王室地产

高卢北部被克洛维充公的帝国财政土地一直是墨洛温王朝财富的核心。很大程度上是由于这个原因，在他死后的王国分裂中，他的每个儿子得到的都城都在莱茵河和卢瓦尔河之间，并且离得相当近。巴黎至少有四分之三完全属于财政土地，其中最重要的是谢勒（Chelles）、吕埃（Rueil）和克利希（Clichy）；在苏瓦松，广大的财政土地以马恩河畔博纳伊（Bonneuil-sur-Marne）、贡比涅（Compiègne）和马恩河畔诺让（Nogent-sur-Marne）为中心；在塞纳河下游，财政土地主要在埃特雷帕尼（Etrépagny）、布列塔尼森林，以及后来成为瑞米耶日（Jumieges）修道院和圣旺德里耶（St. Wandrille）修道院的地点；亚眠周围最重要的王室庄园都集中在克雷西昂蓬蒂约（Crécy-en-Ponthieu）别墅周围。

这些庞大的王家财产在墨洛温王朝时期经历了持续的转变。一部分被赠予重要的贵族，其他的则成为主要修道院的所在地。然而，它们具有其他地区和个人拥有的不动产所缺乏的某些特点。首先是该地区的自然和人口特征。这个起伏平缓地区的土壤基本上有两种类型：第一种是沙质高地，很容易耕作，适于出租给单个农民家庭进行开发；第二种是肥沃的低地，可以由群体劳动力用更重型、更昂贵的工具，如重型犁，更好地加以利用。在我们前面讨论过的古罗马庄园被放弃之后，该地区经历了相当密集的法兰克人定居，这导致从公元6世纪初开始森林遭到大面积砍伐，畜牧业被逐渐放弃，以支持农业。

此外，由于这片土地的大部分仍属于王家财富，它并不属于那种被频繁肢解的地产，而这种地产是贵族私人自主拥有的土地的特征，贵族们不断地购买、出售和交换土地，但他们的死亡通常意味着在继承人之间分割土地。另外，由于这是财政土地，耕种该土地的农民无论是自由人还是奴隶，其义务都与私有土地上的义务有所不同。特别是农场的个人拥有者，有义务在为国王的直接利益而保留的那部分土地上进行大量的劳作。

因此，在克洛泰尔和达戈贝尔特统治时期，一个缓慢的进程可能开始了，由此产生了一种庄园，这是中世纪巅峰时期农业组织的典型代表。它的结构基本上是由两部分组成的。一方面，部分土地被划归农民个人所有，这样的土地被称为曼斯（manses，这个术语最早在公元7世纪上半叶开始流行），这些曼斯以固定的租金作为回报。曼斯显然经常是在砍伐森林的过程中创造的，由隶属于王室财政土地的自由人或作为不自由佃农的奴隶所占据。另一方面，依然有相当大的一部分土地形成了保留地，尽管在公元7世纪这些保留地仍主要由成群的奴隶进行耕种，但拥有曼斯的农民必须在这些保留地上进行固定数量的工作，产生的利润直接归国王所有。

因为这些地产是王室财政的一部分，晚期罗马的税收制度（它们已经私有化，并被吸收到贵族的财产管理中）在这里作为一个公共的，或者至少是王室的体系存在了更长的时间。财产持有的连续性使得持续地保留管理记录和规划成为可能，而且由于这些地产是财政性的，主教或地方显贵都不能站在王室代理人和农民之间要求减少付款，甚至像公元6世纪发生的那样毁弃税卷。

这样的庄园一定是非常有利可图的，是王室财富的重要来源，它们被用来支持宫廷，资助各种建筑项目，展示王室地位和国王的慷慨施舍。渐渐的，这一模式在法兰克王国区域内蔓延开来，而它更容易渗透到勃艮第、奥斯特拉西亚，甚至遥远的巴伐利亚等地区，那里的土壤条件、人口和财政土地的可获得性使这种模式有利可图，但这种模式并不容易进入南部，因为那里更古老的高卢－罗马传统和不同类型的农业，都造成了更多的对这种土地重组的抵制。

不仅是地产的组织形式，而且地产本身都被贵族们和教堂觊觎，以作为对王家服务的回报和对代祷者的奖励。尽管国王们有义务通过向请愿者提供地产来显示他们的慷慨，但总的来说，他们似乎尽量避免将财政地产分配给外人。因此，当我们听说国王慷慨捐赠土地给各种贵族，特别是那些支持克洛泰尔、反对布伦希尔迪丝的人时，这些地产中的大部分是从反对者手中没收的。尽管如此，国王有义务将财政土地授予他人，通常与这种授予（并受到豁免权的保证）一起的，还包括对土地上的附庸的处置权，以及国王曾经享受的收益权。这种土地授予的长期效应，不管是在王室收入方面（因为原本的税收都归了新的土地所有者），还是在对王室权力的侵蚀方面，都是不祥之兆。

165

另一方面，克洛泰尔，特别是达戈贝尔特，在将财政地产授予教会方面，就显得慷慨得多了。这是一种古老的传统。克洛维捐赠了圣杰纳维夫（St.-Geneviève）教堂，他本人就被埋葬在那里，希尔德贝特一世建立了圣日耳曼德佩修道院，所有这些都建在财政土地上。克洛泰尔，特别是达戈贝尔特，对于圣但尼修道院尤其感兴趣，这座修道院坐落在他们喜爱的克利希庄园附近。达戈贝尔特不仅给了修道院大批充公的财物，比如从叛乱的阿基坦公爵萨德雷吉塞尔（Sadregisel）手中没收的财产，而且还给了它许多巴黎周边以及利穆赞、勒芒和普罗旺斯等地重要的王室财政地产。

这种王室财产的散播满足了达戈贝尔特的癖好。然而，随着时间的推移，它产生了意想不到的双重影响。长期来看，它削弱了王室与贵族的关系，贵族要么是这些庄园的接受者，要么设法控制了受到国王青睐的修道院。然而，它也有助于将这种二分式地产模式扩散到巴黎盆地和王家财政的范围之外，到公元 8 世纪末，它已经成为地产结构的主要模式。

然而，当达戈贝尔特向圣但尼修道院和其他教会机构拨款时，这两种效果他都没有意识到。他的特定目标是宗教和君主制——他将王室传统与一种特定形式的基督教结合起来，意在同时加强两者的地位。

王室传统的基督教化

法兰克国王们与其王国内部的教会发展出紧密的工作关系，这已经持续了一个世纪。然而在达戈贝尔特治下，这种关系变得更加系统化、明确化、影响深远。王室的兴趣点在于培养和任命像德西德里乌斯这样的主教，他的个人忠诚是无可置疑的。但这只是君主与教会关系密切的部分原因，认为达戈贝尔试图创建一个法兰克主教团来对抗世俗贵族，这种说法是过时的。他非常注重对其王国的精神保护，也很注重王国要有稳固的根基，而一个获得良好支持的教会系统就能提供这一切。

两条路径导致了这种稳固性。第一条路径，正如达戈贝尔特在他宣布任命德西德里乌斯为卡奥尔主教的信中所说的那样："我们的选举和安排应该符合上帝的意愿。"[6]这种对上帝的义务来自这样一个事实，即国王的"领土和王国，已经在上帝的慷慨监管下，交到了我们的手中"。这个说法既不是原创的，也没有承认达戈贝尔特是"上帝恩典"的国王，虽然这句话后来被加洛林王朝使用，但它承认了王室对上帝的依赖，以及这种依赖所要求国王承担的责任。

这种责任要求任命德西德里乌斯这样对上帝充满敬畏的人

担任主教或者世俗职务，以进行公正的统治。我们已经看到，这些想法都转化成了行动。无论他们的政治和社会关系如何，由达戈贝尔特在王家宫廷中培养并派往整个王国的主教，都是特别有能力的人，按照他们所处时代的标准来看，是值得尊敬的教士。达戈贝尔特对正义的关注，不仅体现在公元629年使勃艮第陷入惊愕的王家司法访问中，还体现在为利普里安法兰克人、阿勒曼尼人以及可能的巴伐利亚人编纂法典的行动中。与萨利安人和勃艮第人的法律不同，这些后来的法典不是罗马法学家在当地国王的命令下对早已存在的传统法律的简单书面化；相反，它们是强加的法律，第一个法典是为由达戈贝尔特的儿子西吉贝尔特统治的奥斯特拉西亚小王国制定的，另外两个法兰克的产物，则是由一个墨洛温国王通过他任命的公爵强加的。

通往稳固性的第二条路径是施舍，特别是对修道院的慷慨施舍。不赞成达戈贝尔特后期生涯的伪弗雷德加也承认他的慷慨。他说，如果达戈贝尔特再慷慨一点，也许就能拯救他自身的灵魂了：

> 他曾经在施舍上挥霍无度，如果他早期明智的施舍没有在贪婪的驱使下失败，他最终确实配得上永恒的王国。[7]

167

事实上，达戈贝尔特在施舍方面挥霍无度，甚至在临终之际，他还要求他的儿子向他承诺最后一次对圣但尼修道院的捐款。我们以前就提到过他对圣但尼修道院的这种特别慷慨——它是达戈贝尔特统治的标志。他不仅给了它大量土地，给予它不受王室官员管辖的豁免权，而且还给了它大量的黄金、宝石

和贵重物品。根据传统，他还在修道院设立了十月大集市
（October fair）①，这是几个世纪以来修道院的主要收入来源。
最终，他选择圣但尼修道院作为最后的安息地。

这种慷慨大方并非是单向的。作为回报，达戈贝尔特指望
修道士们提供精神上的协助。特别是他在圣但尼修道院建立了
被称为 laus perennis（永恒的祈祷）的礼拜传统，这是一种以
圣莫里斯修道院（的传统）为原型的永无休止的圣歌演唱活
动：一个教堂唱诗班跟着另一个唱诗班，日夜不间断地为国
王、他的家庭和他的王国向上帝祈祷。达戈贝尔特认真地履行
了他的义务，他指望他钟爱的修道院也会同样认真地回报他。

贵族传统的创造

我们不知道在达戈贝尔特时期，圣但尼的修道士们遵循什
么样的戒律，大概是一种与圣马丁传统相似的戒律。达戈贝尔
特死后，他的儿子将所谓的本笃会和高隆庞会（Columbanian）
混合戒律强加给了修道院。这种形式的修道制度在公元 7 世纪
变得越来越重要，是宗教和社会变革的一部分，它及时又深刻
地重组了法兰克世界，并使权力平衡从墨洛温王朝的国王和主
教转向了法兰克贵族和修道士。

在公元 6 世纪最后几年的麻烦中发展出独立性和力量的法

---

① 中世纪的集市并非人人或者处处都可以举行，比较著名的集市往往是在
得到了王家特许之后，才由修道院、市政府等机构在固定时间以固定的
频次（如每年一次）举办。每一次集市都会持续一段时间。在举办集市
时，很远地方的商人都会带着钱货前来，因此，集市期间的交易税或者
入场费，就成了该地的主要收入，有时候颇为可观。因此，国王决定把
集市授予一处，往往意味着对此地很大的恩宠，甚至会引起各地的权力
斗争。

兰克贵族世家，并不像人们曾经相信的那样，是一种新的创
造。我们已经看到，法兰克贵族阶层在克洛维之前就已经存在 168
了，并在其继任者的领导下继续发挥着重要作用。然而，法兰
克贵族与高卢－罗马贵族又是不同的，高卢－罗马贵族不仅拥
有强大的政治和社会基础，而且是正统教会高级职位的主要提
供者（和垄断者），而在法兰克人皈依后，法兰克贵族在社会
中并没有担任宗教角色。诚然，它的成员很可能继续因为他们
的实用技能（utilitas），即他们的军事技能和政治敏锐性而享
有威望，在一个没有完全基督教化的社会里，他们早期的宗教
重要性依然保持着。事实上，努瓦永的埃利吉乌斯在努瓦永附
近遇到了纽斯特里亚宫相埃尔奇诺尔德（Erchinoald）的亲戚，
他们在主持夏季的庆祝活动，包括游戏和舞蹈。这在埃利吉乌
斯看来至少算是一种异教仪式，而他们却认为这是自古以来流
传下来的风俗习惯的一部分。[8]然而，随着克洛维的皈依，贵族
阶层也迅速成了基督徒，至少在某种程度上承认基督是最强大
的、能带来胜利的神，并要求履行基督教仪式，以确保他们及
其家人的福祉。

　　然而，在公元6世纪最后二十五年之前，法兰克贵族没有
办法直接参与日益增长的基督崇拜。要想成为一个主教，必须
首先采纳南方元老院贵族的文化和社会习俗，虽然在公元6世
纪有些法兰克家族已经这么做了，但数量非常少。成为一个修
道士，对于法兰克贵族来说也不一般。正如我们所见，修道院
很大程度上是教会的基础，由主教提供支持、进行严密控制。
诚然，莱兰为贵族提供了一种修道的生活方式，但这又是一种
罗马文化和宗教传统，吸引的大多是已经选择了宗教生活的贵
族神职人员。更多的北方贵族很少参与这种深深扎根于高卢－

罗马文化传统，并由从旧精英中招募的主教进行监督的修道院。这一切都随着一个人的出现而改变，这个人对公元 6 世纪的高卢人来说是如此特别又陌生，就像马丁对公元 4 世纪的高卢人而言一样。这个人就是爱尔兰修道士高隆庞（Columbanus）。

高隆庞

169　　爱尔兰社会及其在本地发展起来的基督教形式，与欧洲大陆上任何已知的事物都有着根本的不同。在所有愿意皈依新宗教的西方地区中，爱尔兰从未成为罗马帝国的一部分，它仍然是一个孤立且古老的凯尔特社会。仅从技术上来看，它是不文明的，也就是说，城市，这个古典社会和文化组织的主要元素，在公元 8 世纪开始的维京人袭击之前，在爱尔兰是完全陌生的。此外，它是彻底分散的，被组织成小王国或部落，这些小王国或部落又由被称为 septs（宗族，相当于日耳曼人的 Sippe）的家族组成。

　　基督教到底是什么时候来到爱尔兰的这个问题充满争议，但语言学证据显示，早在公元 4 世纪晚期或者 5 世纪早期，一些爱尔兰人就已经是基督徒了。然而，在公元 5 世纪上半叶之前，这里还没有主教或教区组织，随后第一任主教帕拉迪乌斯（Palladius）和帕特里克（Patrick）相继到达，开始组织一个仿照他们在欧洲大陆上所认识的高卢教会的教派。然而，虽然帕特里克的体系在北部赢得了支持，但在爱尔兰其他地方，古老的、前教会形式的基督教生活仍在继续着。他死后，他的大部分行政组织甚至在他最成功的地区也消失了。由于缺乏罗马城市和地方组织的传统，爱尔兰很难成为发展主教制教会的理想地区，在公元 6 世纪，爱尔兰教会成了一个由修道院社区组成的联合会，每一个社区都大致相当于一个部落，并且每一个社区都在该地区创始圣徒的"继承人"的管辖之下。

　　这些修道院（的存在）很大程度上要归功于东方修道院的传统，这些传统可能是通过莱兰传入爱尔兰的，但为了符合爱尔兰文化，它们又进行了根本性的转变。修道院的管理权牢牢地掌控在院长手中，这是一个在统治宗族中世袭的职位。当现有修道院的成员建立起新的修道院时，它们依然要受到原修道院院长的权威控制。修道院内部常常会有一个主教，但他的职能是主持礼拜和宗教仪式，而不是从事行政管理。与欧洲大陆上的修道院不同——那些地方的修道院只是决心逃离世界的男女们的社区，这些爱尔兰修道院是基督教生活的中心和主要的宗教机构，人们围绕着这些机构，模仿着它们的宗教实践。它们也是重要的拉丁文和拉丁文学习的中心，如果说这相当深奥，部分原因是在爱尔兰，拉丁文已经完全脱离了日常生活。更重要的是，它们也是极端严格的禁欲主义实践中心，有些是群居式的，另一些则由一些隐士的单间组成。

　　爱尔兰修道制度的一个主要特点是，修道士喜欢出国游历。这并不是现代意义上的朝圣之旅，即前往特定的圣地并返回，而是尝试将基督徒生活过成一次生死之间的异域之旅。因此，许多爱尔兰修道士开始将自己与所有熟悉的事物分开，他们或者独自出发，或者带着几个同伴，前往苏格兰、冰岛和欧洲大陆，目的不是传教，而只是作为一名修道士移民，生活在异族人中间。在这些到达欧洲大陆的移民中，最重要的是高隆庞，他在公元590年前后从苏格兰来到高卢。

　　高隆庞和他的同伴们来到了勃艮第的贡特拉姆宫廷，这里的国王也是图尔的格列高利最敬佩的，他热情地接待了他们，

170

并允许他们在孚日山脉中的阿内格雷（Annegray）一座被毁坏的堡垒中安顿下来。他们十分严谨的生活方式吸引了大批追随者，高隆庞很快又从贡特拉姆手中获得了另一处废墟，他在那里建立了吕克瑟伊（Luxeuil）修道院；不久后，他又建了第三处——方丹（Fontaines）修道院。他在勃艮第住了二十年，但随着他的修道生活方式的日益普及，他和原教会之间产生了对立。其中一些反对意见是基于他所在社区的宗教仪式形式，尤其是他根据爱尔兰历法而不是大陆历法来庆祝复活节的事实。更重要的是他的社区与主教制教会之间的关系。高卢的修道院严格地服从于当地主教。然而，根据爱尔兰传统，高隆庞控制着他建立的修道院，他只想让勃艮第的主教们留给他们和平的空间。他并没有向主教权威低头，而是去请求当时在罗马的教宗大格列高利（公元 590 ~ 604 年在位），请求允许他继续按照爱尔兰传统行事，这是一个在高卢前所未闻的做法。然而在请求到达之前，大格列高利就死了。

在争端还没解决之前，高隆庞就与王后布伦希尔迪丝和她的儿子狄奥多里克发生了冲突，他大胆地直接攻击了狄奥多里克的一夫多妻制。之后他被从勃艮第赶走，来到了纽斯特里亚的希尔佩里克的宫廷。在这里他受到了热烈的欢迎，就像他在提乌德贝尔特的奥斯特拉西亚王国受到的那样。他来到阿勒曼尼亚，在那里，他发现一些基督教仪式中混合了当地的多神教残余，于是在康斯坦茨湖旁的布雷根茨（Bregenz）建立了一个新社区。然而，当地的反对把他驱逐到了阿尔卑斯山另一侧的伦巴第王国，国王阿吉卢尔夫（Agilulf）接见了他，并授予他米兰和热那亚之间的博比奥（Bobbio）的一个地方，他在那里建立了一个新的修道院，也是他自己的最后一座修道院。在克洛泰尔战胜了布伦希尔迪丝之后，国王邀请他返回吕克瑟伊，但那时他已经太老了，于是留在博比奥，直到公元 615 年去世。

基督教法兰克贵族阶层

高隆庞对法兰克贵族的影响怎么估计都不为过。这是一种严谨而无畏的基督教形式，它不是高卢－罗马文化的表达，也不是主教控制的教会的产物。此外，它是由一位圣徒传播的，这位圣徒没有切断自己与世俗世界的联系，反而与法兰克王国北部的权贵家族保持着密切的联系。这些联系在纽斯特里亚的宫廷贵族中尤为强大，可以追溯到乔纳斯（Jonas）写的高隆庞生平传记。乔纳斯是苏萨（Susa）人，也是博比奥的修道士，当时博比奥恰好被创始人（高隆庞）的直接继承人管理着。事实上，高隆庞和他的修道传统为北方贵族网络的联合提供了共同的立场，并为他们的社会和政治地位找到了宗教基础。

受到高隆庞影响的贵族的名单读起来就像法兰克贵族名人录。比如，高隆庞在马恩河谷附近受到了阿涅里克（Agneric）的欢迎，此人与提乌德贝尔特关系密切，后者死后他又加入了支持克洛泰尔二世的奥斯特拉西亚人集团。他的儿子勃艮多法罗（Burgundofaro）成了达戈贝尔特的仲裁官，后来又成为一名主教；他的女儿勃艮多法拉（Burgundofara）成了一名女修院院长。在同一地区，高隆庞还受到了奥塔里乌斯（Autharius）和他的三个儿子奥多（Audo）、奥多埃努斯和拉多（Rado）的款待，他们中的第一个后来建立了自己的茹阿尔（Jouarre）修道院；第二个在勒拜（Rebais）建了一座修道院，之后成为达

172

戈贝尔特的仲裁官，最后死在了鲁昂主教任上。在奥斯特拉西亚，高隆庞与克洛泰尔二世的支持者有联系，尤其是与罗马里库斯（Romaricus），此人后来去了吕克瑟伊，建立了勒米尔蒙（Remiremont）修道院，在接下来的几个世纪里，它会成为一个主要的贵族修道院。贝图尔夫（Bertulf）——梅斯的阿努尔夫的一位亲戚——进入了吕克瑟伊，后来跟随高隆庞来到博比奥，在那里他最终成了院长。在勃艮第，高隆庞和瓦尔德莱纳斯（Waldelenus）公爵家族有着最密切的联系，这个家族的亲属最远南达普罗旺斯，东至苏萨。这些亲戚中的两位——欧塔提乌斯（Eustathius）和瓦尔德伯特（Waldebert）——后来都成了吕克瑟伊修道院院长。

这些法兰克家族有一些共同的特征。首先，他们中都有一个或多个成员强烈地被这种新的修道制度吸引，作为修道士访问或进入过吕克瑟伊。其次，他们自己还在家族地产上建立了修道院。这些修道院整体上遵循了高隆庞为他的勃艮第修道院制定的纪律，虽然到公元 7 世纪时这些纪律被吸收进了圣本笃制定的戒律之中，当时本笃修会已经开始影响法兰克的修道院，形成了所谓的爱尔兰-法兰克修道院传统。这种混合规则保留了高隆庞规则的大部分独立性，同时又缓和了爱尔兰苦修主义的极端性。最后，这些修道院对于社会来说具有新的意义。它们不仅是宗教信仰的中心，而且成为家族控制的小政治单元的精神中心。修道院融入了建立它们的家族的政治和社会生活之中。这些家族的成员建立了这些修道院，并担任它们的第一任院长，这些人后来被尊崇为圣徒，从而为一个家族在传统的领主权威之上，又增加了超自然力量的威望。

圣马丁时代粗鲁、原始的高卢修道院形象终于一去不复返了。相反，法兰克贵族建立的修道院更符合他们高贵的身份。这些都是伟大的修道院，有着装饰华丽的教堂，贵族男女可以在其中继续保持一种高贵的生活方式，哪怕他们是在献身于上帝。其中一些修道院的财富，可以从高隆庞支持者阿涅里克的女儿勃艮多法拉的遗书中看到。[9]她是莫城附近一个女修院的院长，修道院就建在她父亲的庄园上，后来被称为法尔穆捷（Faremoutiers）修道院，但她并没有因为进入修道院而放弃自己的财富。她在写于公元 633 年或 634 年的遗嘱上，指定她的基金会为其主要继承人。这些捐赠包括她从父亲那里继承的或从各种人那里获得的财产，包括乡村别墅、葡萄园、马恩河和欧布坦河（Aubetin）上的磨坊，以及莫城城内及其郊区的房屋和土地。这显然不是一个质朴的隐居地，而是一个通过与创始人家庭的个人和财产关系而整合起来的富有机构。这种联系也不会因勃艮多法拉的死亡而终结，修道院继续被控制在家族手中，成为一个家族墓地和精神中心。

这种家族墓地的最佳例子是茹阿尔的圣保罗教堂。前面已经讨论过，它是由高隆庞支持者奥塔里乌斯的儿子奥多建立的。在这里，依然可以在其他人的坟墓中间找到奥多的墓、茹阿尔第一任女院长狄奥多希尔达（Theodochilda）的墓，还有她的兄弟阿吉尔伯特（Agilbert）的墓，此人作为传教士在英格兰度过了他职业生涯的前半段，并在回到大陆担任巴黎主教之前被封为韦塞克斯（Wessex）主教。此外，教堂墓穴里还葬有狄奥多希尔达的堂兄阿吉尔伯塔（Agilberta）、巴伐利亚人巴尔达（Balda，她也是阿吉尔伯塔和狄奥多希尔达的姑妈），以及巴尔达的表妹兼奥塔里乌斯的妻子莫达（Moda）。随着时间的推移，所有这些人都被尊为圣徒，这个家族墓地也

174

成了其成员精神力量和威望的中心。

可能与这类家族小礼拜堂墓地的发展有关的，是在同一时期发生的法兰克葬俗的转变。自公元4世纪以来，法兰克人通常被埋葬在拉瓦埃这样的乡村墓地，在那里，死者穿着全套衣物在墓穴中安息，并配有武器、用具和珠宝首饰。皈依基督教并没有影响这样的风俗。这种葬俗不是宗教信仰的声明，而是社会和文化的延续——与埋葬在这里的祖先休戚与共。

然而，从公元6世纪下半叶开始，这种葬俗开始被埋葬在教堂内或教堂周围的做法取代。这是高卢－罗马人长久以来的风俗，早在克洛维时期，法兰克王室就采取了教堂墓葬的方式。现在，这种做法开始从例外变成了规则，各个家族都寻求葬在圣徒墓的旁边。如果一个家族有自己的教堂，产生了自己的圣徒，就像奥塔里乌斯的后代那样，那就更好了。在其他情况下，一般会选择在老的排墓遗址上建造一座小的墓穴教堂，而不是启用新的墓地。例如，在阿登的马泽尔尼（Mazerny），公元6世纪的墓葬以传统的方式大致呈南北向平行排列；然而，墓园里一组大致呈长方形的7世纪墓葬，乍一看似乎迷失了方向——大约有14座墓是东西向的。考古学家贝利·杨（Bailey Young）认为，这些墓穴最初被封闭在一个木制的小礼拜堂中，并围绕着一男一女的墓穴形成了一个家族群组。这两座墓穴中丰富的陪葬品表明，被埋葬者是社会地位较高的人，可能是小教堂的创始人，这座小教堂一直是他们家族的墓地，直到整个大墓地可能在公元8世纪后期被遗弃。[10]

在其他一些情况下，如在莱茵兰（Rhineland）的弗隆海姆和比利时卢森堡省的阿尔隆（Arlon），这些小教堂显然是建在于公元6世纪初甚至5世纪末死去的男女的墓穴之上的。在这些案例中，他们的后代似乎希望为他们的祖先（其中一些人可能是异教徒）提供一种手段，使其可以分享贵族家族神圣化新举措带来的利益。

与奥塔里乌斯家族的情况一样，这些家族修道院并不与当地主教有关联，只与建立者的家族有关，与这种发展趋势紧密相关又平行发展的，是那些改变了贵族形象的新的神圣观念。在本书第四章中，我们考察了高卢－罗马教会所阐述的圣洁模式：圣徒们要么是出身于元老院，追求主教那种积极的生活，要么是逃离世界成为修道士或隐士的神圣男女，与世界隔绝，但仍谨慎地服从主教的权威和指挥。在公元 7 世纪，一种新型的圣徒日益出现了——他们出身于贵族，曾经积极地在王室宫廷服务，后来建立修道院、担任主教、从事传教活动，但他们始终与世界保持着密切的关系。他们远不是逃避当时罪恶的男人和女人，而是与国王和其他贵族都保持着良好的关系。在皈依了宗教生活之后，他们依然继续参与世俗的政治活动。圣徒传的作者们在撰写他们的生平时，都谨慎地根据这样的原则来展现他们，即套用《马太福音》第 22 章第 21 节里的话："这样，恺撒的物当归给恺撒；神的物当归给神。"[11]在公元 7 世纪的圣徒传中，恺撒的角色并没有被遗忘——很少有圣徒会被描写成与国王有着如此融洽的关系，当人们想到那些对达戈贝尔特宫廷里的不道德行为的指控时，这种情况尤其显著。例如，奥多的兄弟——鲁昂的圣奥多埃努斯，是一位为王室服务的圣徒，据说达戈贝尔特对他的宠信远超其他朝臣。圣旺德雷吉塞尔（Saint Wandregisel）是一位高贵的奥斯特拉西亚人，他曾在王家行政部门任职，甚至在剃发后依然骑马前往宫廷——这是彰显贵族风范的最好交通方式。这些新圣徒中最著名的是梅

176　斯的阿努尔夫，他是国王的亲密顾问和代理人，也是奥斯特拉西亚贵族中的领袖人物之一。

　　当然，许多早期的元老院主教依然占据着重要的社会职位——我们已经看到，他们把获得教区当成到达晚期古典主义晋升体系最高点的行为。然而，在公元5~6世纪的圣徒传中，他们早期的职业生涯很快就被忽略了，几乎是带着歉意。传记反而总是强调他们的世俗生活与后来的宗教生涯之间的决定性断裂，在某些情况下，他们被描绘成在皈依宗教后，只是象征性地履行世俗的职务。苏尔皮西乌斯·塞维鲁就把图尔的马丁描写成，甚至在正式离开罗马军队之前就放弃了作战。另一方面，公元7世纪的圣徒传又详细讲述了传主在皈依前的生活，描述了他们的家庭、他们建立的美好婚姻、他们在宫廷中的职责，以及他们享有的权力和威望。与苏尔皮西乌斯把马丁描绘成一个爱好和平的士兵－修道士不同，梅斯的阿努尔夫的传记作者甚至赞扬了阿努尔夫非凡的使用武器的技能。墨洛温王朝的圣徒传仅仅介绍了那些皈依后继续作为战士服务于上帝的圣徒。公元7世纪的圣徒从来没有放弃过家庭和社交活动，相反，圣徒本人的圣洁还可以反射在他们身上。圣徒的家庭和社会阶层因此也被神圣化了。

　　这种表现形式的变化并不仅仅意味着文学传统的转变。圣徒传本质上是一种宣传形式，这些对贵族圣徒的描述是一种程序的组成部分，这种程序在宫廷中，以及越来越多地在北方贵族的权力中心发展起来，以庆祝、证明并促进一个自觉的基督教法兰克精英阶层的形成，并以从纽斯特里亚传播到法兰克世界各地的独特文化传统作为特征。

　　说这种新型圣徒和与之相关的爱尔兰－法兰克修道主义是

为精英阶层的需要服务，并不意味着这仅仅是贵族阶层的一种
政治策略。事实上，这种新的政治神圣性在法兰克王国基督化
的过程中，可能比旧的高卢－罗马传统更有效。基督教长期以
来一直是一种城市现象，即使在西方最罗马化的地区，它对农
村的渗透程度也很低。北方法兰克贵族以及像高隆庞这样的流
浪爱尔兰修道士的更积极参与，开始将基督教仪式和崇拜引入
乡村。无论是在达戈贝尔特的层面，还是那些试图在其权力范
围内推行信仰统一的地方法兰克贵族的层面，宗教崇拜和政治
权力都被认为是不可分割的。因此，帮助基督教进入法兰克社
会是符合贵族利益的。例如，公元 7 世纪上半叶，在阿尔萨斯
（Alsace）担任公爵的贡多因（Gundoin）的家族，负责在阿尔
萨斯以及北勃艮第建立修道院，并在那里引入对圣奥迪利亚
（Saint Odilia）的崇拜。奥迪利亚是这个家族的成员，这一点也
不令人惊奇，但这个家族与高隆庞也没有密切的关系。同样，
图林根的公爵鲁道夫（Rodulf）的家族也参与了基督教化，在
其于埃尔福特（Erfurt）和乌兹堡（Würzburg）的住地传播这种
信仰。对于这些贵族来说，信仰和宗主权是不可分割的。

　　一些最重要的传教活动是由在纽斯特里亚宫廷受教育，并
与达戈贝尔特有着密切合作的王家主教承担的。阿曼杜斯
（Amandus），一个得到王室支持的阿基坦人，主要负责在佛兰
德（Flanders）建立修道院，特别是在埃尔农［Elnone，后来
的圣阿芒（St. Amand）］、根特（Ghent）和安特卫普。阿查里
乌斯（Acharius）和他的继任者埃利吉乌斯和芒莫利努斯
（Mummolinus）从努瓦永出发，深度参与了传教活动，就像泰
鲁阿讷的奥多玛（Audomar of Therouanne）那样。所有这些活
动都得到了国王的支持，特别是国王从王室财库中拨出了大量

土地赠予他们。

　　这一活动是为了在北方确立基督教和法兰克人的存在，特别是在弗里西亚，此地在克洛泰尔二世、达戈贝尔特及其直接继承人统治期间，已经变得对法兰克王国越来越重要了，这是因为它在商业中扮演的重要角色，以及它处于巴黎、伦敦、科隆和沙伊特（Scheidt）与威悉河之间地区的贸易路线上。从乌得勒支一座教堂的建立可以看出，基督教的扩张和王室对这项贸易的参与之间存在密切关系。[12] 在公元 600 年前后，随着与科隆的贸易的扩张，莱茵河口变得日益重要；在此前后，弗里西亚人模仿墨洛温货币铸造的金币，在英格兰东南部、日德兰西海岸上从易北河口到利姆水道（Limfjord）的地带，以及从莱茵河上游一直到科布伦茨（Coblenz）甚至康斯坦茨湖都有发现。到公元 630 年时，位于乌得勒支以南的迪尔斯泰德（Duurstede）已经成了弗里西亚贸易的中心。此时，达戈贝尔特建立了乌得勒支教会，将它置于科隆的屈尼贝尔主教的控制之下，并把乌得勒支的堡垒捐赠给了他，条件是他要向弗里西亚人传播福音。同时，他还将铸币匠马德利努斯（Madelinus）和里莫阿尔德斯（Rimoaldus），从马斯特里赫特（Maastricht）的造币厂调到迪尔斯泰德，以照看该地区日益发生的商业贸易并从中获利。这一地区的基督教化与对其经济活动的控制是密切相关的。

　　爱尔兰－法兰克宗教运动的影响并不局限在国王、纽斯特里亚宫廷和北方贵族阶层之内。在宫廷中长大的南方人，如卡奥尔的德西德里乌斯，也深受其影响，而且随着各种贵族传统在法兰克王国的融合变得更加显著，这一运动向南、向东以及向北蔓延。尽管个别的高卢－罗马主教经常认真地履行他们对教区内农村居民的基督教化责任，但直到公元 7 世纪上半叶，卢瓦尔河以北、以南以及莱茵河以东地区，才第一次认真地、协调地和系统地试图不仅在精英阶层内部，而是在整个社会传播基督教。在西方历史上，宗教文化的潮流第一次发生逆转。经过几个世纪的地中海式基督教的逐渐向北渗透之后，一种新的、充满活力的基督教形式与王室和贵族的利益及权力基础紧密相连，正从北方蔓延开来，并逐渐改变了罗马化的南方。

第六章　墨洛温的衰亡

达戈贝尔特的继承人

他在沙隆继续从事着司法工作，接着经欧坦到欧塞尔，然后经桑斯到巴黎；在这里，由于戈玛特鲁迪丝王后不能生育，她在法兰克人的建议下被留在了勒伊（Reuille）别墅里，国王又娶了一个最漂亮的女孩——南特希尔迪丝，并让她成为他的王后。[1]

这段对达戈贝尔特二次婚姻的描述，取自事件发生后很久才写成的《达戈贝尔特传》（*Gesta Dagoberti*），这代表了后人对达戈贝尔特决定抛弃戈玛特鲁迪丝的事后诸葛亮式的看法。传记的资料来源是伪弗雷德加，他没有提到离婚的原因，只说国王是在勒伊与戈玛特鲁迪丝结婚的，对南特希尔迪丝的美貌也只字不提，只说她婚前是个缝纫女工。[2] 如我们所见，墨洛温王朝并不认为在娶另一个妻子之前必须把前一个休掉。在这个事例中，达戈贝尔特这么做可能有几个原因。戈玛特鲁迪丝是他的继母西希尔迪丝（Sichildis）的妹妹，也是他父亲命令他娶回家的，因此，她可能是他的继兄查理贝尔特的姑姑，也是布罗多夫的妹妹，布罗多夫刚刚因为帮助查理贝尔特谋反而被处决了。与妻子离婚是摆脱这个家族最后影响的合乎逻辑的一步，这个家族与王室的联盟本来就是由他父亲策划的。

然而，后来的传统将离婚归咎于她不能生育也是可以理解的。到了公元 629 年，达戈贝尔特一定迫不及待地想要继承人，就算他不想要，"法兰克人"（也就是贵族）肯定也想要。 180 从王朝建立开始，没有留下成年继承人通常意味着麻烦——必然存在一个漫长的空白期，其特点是人们为了控制未来的国王或国王们而进行恶斗，而贵族派系则有机会增强他们的权力，并结束达戈贝尔特所希望维持的稳定局面。他之所以能够从他父亲建立的稳定中获利，是因为他在父亲去世前六年就已经参与统治了。联合统治被证明是提供王室延续性的最可靠手段。因此到了公元 629 年，他背负着生产继承人的重大压力，既是为了自己，也是为了整个贵族阶层。虽然贵族们不能容忍独裁者，但软弱的国王对任何人都没有好处。中央权力薄弱的时期通常意味着混乱、旧怨的爆发和大人物之间的激烈竞争。一个强大的王国需要一个强大的国王，因此他需要一个儿子。这次再婚不是他为了得到继承人而做的唯一尝试。在接下来的一年，奥斯特拉西亚女人拉涅特鲁迪丝（Ragnetrudis）为他生了一个儿子——西吉贝尔特三世。大约在公元 633 年，南特希尔迪丝给他添了第二个儿子——克洛维二世。

但有了儿子依然不够，公元 639 年达戈贝尔特死时，他的儿子们都太小，不能给他父亲和祖父留下来的传统提供必要的连续性，这也决定了接下来一个世纪中大部分时间内的模式。西吉贝尔特三世英年早逝，留下年幼的儿子达戈贝尔特二世，他接受了剃度，被送到爱尔兰开始了修道院流亡之旅，二十年后才返回；克洛维二世在经过两年的政权空白期和长期的冲龄执政后，一直统治到公元 657 年去世，他留下了更多未成年的儿子——奥斯特拉西亚的希尔德里克二世、纽斯特里亚的克洛泰尔三世，以及狄奥多里克三世，后者在公元 673 年继承了他的兄弟克洛泰尔。因此，在将近四十年里，墨洛温家族都无法为王国的中央集权提供任何连续性。然而，这些墨洛温的国王并非像大众传说的那样，全部都是"傀儡国王"（rois faineants）。比如奥斯特拉西亚的希尔德里克二世就试图恢复王权并进行直接统治，他死于为了抵制其行动而发生的谋杀。同样，他的兄弟狄奥多里克也不满足于名誉上的王权，而是在宫相埃布鲁安（Ebroin）死后重新统一了王国，并在很短的一段时间内实现了真正的统治，但他在泰尔特里战役（battle of Tertry，公元 687 年）中被丕平二世击败，之后被牢牢控制，直到公元 690 年或 691 年去世。他死后，这样的循环再次重复。他留下了一个未成年的儿子作为继承人，也就是克洛维四世。因此，从公元 691 年开始，墨洛温王朝的国王们再一次被各种贵族集团彻底控制，这些贵族集团现在是政治霸权斗争的核心。王室成员是一种有用的象征，人们围绕着他们来组建各种各样的支持集团，但他们没有发挥独立作用的空间。甚至后期墨洛温王室之间的确切亲属关系都不够明确。同时代的人并不认为他们有足够的兴趣，去记录最后一个墨洛温国王希尔德里克三世（公元 743～751 年在位）和克洛维更为杰出的后代之间的确切关系。

因此，与任何其他单一因素相比，一系列的未成年国王是导致王室权力下降的最主要原因。在下一章，我们还要研究，是这种情况而不是遗传退化的神话，导致了王朝的垮台。然而，它还不足以完全解释所发生的一切。其他王室家族在经过了长期的未成年国王统治之后依然可以幸存，并恢复对政府的控制。公元 7 世纪和 8 世纪早期墨洛温王朝权力的丧失，只是法兰克世界更加复杂的转型的一部分。虽然这些转变源于克洛泰尔二世和达戈贝尔特统治时期已经形成的政治、社会、经济和宗教传统，但它们并没有不可避免地导致墨洛温的衰亡。然而，当这样的情况再和一系列年幼的国王结合起来，就会产生致命的后果。

在纽斯特里亚－勃艮第和奥斯特拉西亚内部，贵族集团互相争斗着，试图控制王国的财库、修道制度和宫相的职位。在弗里西亚、图林根、阿勒曼尼亚、巴伐利亚、普罗旺斯和阿基坦的地域上，当地的公爵自封为亲王，建立了自治的公国。

在这场斗争中，改革派修道制度和王室服务之间的平衡已经失去了，法兰克教会比以往任何时候都更多地采用了世俗统治的特点，主教们不仅要管理他们的社群、充当国王的顾问，而且直接参与了对法兰克王国各地区控制权的斗争。教会从高卢－罗马贵族那里继承的教育传统，在此期间遭受了无法弥补的损害。到公元 8 世纪中期，法兰克王国已经出现了十分明显的文化衰落，而这可能还不到一个世纪的时间。 182

弗里西亚和北部的迪尔斯泰德港的丧失，以及普罗旺斯的暂时混乱，使得地中海港口福斯（Fos）和马赛"步履蹒跚"，这就同时干扰了王国长途商业关系的南北两个端点。内乱也结束了对邻国的定期掠夺，切断了战利品和贡品的供应，而这些贡品作为货币的主要来源，都是贸易时不可或缺的。随着用于展示和进行国际贸易的金币的衰落，新的当地银币出现了，这虽然证明了当地交换网络的活跃，却可能也表明了长途贸易的减少。

然而，这一时期也见证了重要的传教活动、爱尔兰－法兰克修道运动的巩固、圣本笃戒律在法兰克王国大部分地区的逐渐扩张，以及那些从长远来看比法兰克帝国本身更稳定的地理单元的出现。下面我们将逐一考察这些变化。

纽斯特里亚－勃艮第

虽然奥斯特拉西亚贵族曾经希望达戈贝尔特将统一的王国传给他的大儿子西吉贝尔特三世，但在他死前四年，达戈贝尔特却指定西吉贝尔特仅继承奥斯特拉西亚，而他的小儿子克洛维二世可以获得纽斯特里亚和勃艮第。此外，西吉贝尔特还获得了达戈贝尔特三分之一的王室土地：阿基坦的普瓦捷、克莱蒙（Clermont）、罗德兹（Rodez）和卡奥尔，普罗旺斯的马赛，以及卢瓦尔河以南的其他城市。剩下的三分之二被达戈贝尔特的遗孀南特希尔迪丝和克洛维平分，后者在他父亲去世时大概只是个四岁左右的孩子。

183   达戈贝尔特任命了纽斯特里亚贵族领袖和王室的忠诚支持者阿依加（Aega）为宫相和摄政王（公元 639～641 年在位）。他和南特希尔迪丝共同主持王室和王国。当阿依加在公元 642 年去世后，另一位纽斯特里亚显贵——与达戈贝尔特的母亲哈尔德特鲁德（Haldetrud）有亲戚关系的埃尔奇诺尔德（公元 641～658 年摄政）接替了他。他的土地集中在塞纳河下游的瑞米耶日和圣旺德里耶地区，以及马恩河和索姆河上的努瓦永－圣康坦（Noyon-St.-Quentin）地区。

埃尔奇诺尔德似乎属于纽斯特里亚的一个庞大而强大的宗族，在公元 7 世纪的大部分时间里，该宗族试图主导纽斯特里亚的生活。他和他的亲属巩固并提升其政治与社会地位的过程，恰好说明了在达戈贝尔特去世后的几代人的时间里纽斯特里亚贵族阶层的转变。在埃尔奇诺尔德死后，纽斯特里亚显贵们选择了埃布鲁安担任宫相，他是第一个由贵族阶层选举，而不是由国王或者摄政王指定的宫相。不过在他之后，公元675年，埃尔奇诺尔德的儿子再次被选为宫相。间接证据表明，后来的几位宫相——瓦拉托（Waratto，公元 680~686 年任宫相）及其子吉斯勒马鲁斯（Ghislemarus，公元 680 年任宫相），以及其女婿贝尔卡里乌斯（Bercharius，公元 686~688 年任宫相）——也可能与他有亲属关系。当公元 687 年丕平二世在泰尔特里击败了贝尔卡里乌斯，并据推测在一年后将他处决了之后，丕平安排了自己的儿子德罗戈（Drogo）和贝尔卡里乌斯的遗孀（也是瓦拉托的女儿）安斯特鲁迪丝（Anstrudis）的婚姻。这个家族在公元 7 世纪积累的亲属关系和财产被认为是非常重要的，应被融合进丕平家族。

埃尔奇诺尔德最初是和爱尔兰－法兰克修道院运动紧密相关的。他最初欢迎爱尔兰朝圣者的到来，比如游僧兼修道院院长的福尔修斯（Furseus），他在爱尔兰和东盎格利亚（East Anglia）建立修道社区后，于公元 641 年前后抵达纽斯特里亚。埃尔奇诺尔德帮助福尔修斯，在拉尼（Lagny）以及他在佩罗讷（Péronne）的地产上建立了修道院。他还将旺德雷吉塞尔的地产给了福尔修斯，后者在那里建立了丰特奈尔（Fontenelle）修道院。

参与修道院运动是埃尔奇诺尔德建构其家族财富过程的一部分，这些财富日益独立于王室了。福尔修斯首要是一个宗教人物，埃尔奇诺尔德围绕着他建构了他的家族信仰。埃尔奇诺尔德邀请爱尔兰修道院院长担任他儿子的教父，并为此邀请他到佩罗讷。精神亲属关系将福尔修斯和埃尔奇诺尔德的后代绑在了一起。虽然在佩罗讷，捐赠给福尔修斯、让他去建立修道

184

院的地产是从王室财库中申请的，但根据几乎同时代人写的
《圣福尔修斯的美德》（*Virtues of Saint Furseus*）一书，在圣徒
选择了这个地点后，埃尔奇诺尔德并没有将之归功于王室的慷
慨，反而认为这是上帝的青睐："我感谢上帝给了我这块土
地，而你决定在这里建立你的居所。"[3]佩罗讷修道院的建成以
及圣徒的出现，显然是为了衬托埃尔奇诺尔德，他把这两者都
当作自己的财产。福尔修斯死在了梅泽尔罗勒（Mézerolles），
这是他在索姆地区、拉伊莫公爵（Duke Raimo）的庄园里建
立的一个小修道院，宫相来到这里毫不客气地要求"把我的
修道士还给我"。据《圣福尔修斯的美德》记载，这件事经过
了一种神断才决定：两头公牛被拴在一辆载着圣徒尸体的马车
上，它们将去往上帝决定让它们去的地方；公牛们径直走向了
佩罗讷，于是福尔修斯就被埋葬在了那里。

无论是在圣徒生前还是死后，埃尔奇诺尔德都十分关切地
培养了他与福尔修斯的关系，但这并不意味着他是爱尔兰修道
院传统的无条件支持者。福尔修斯死后，埃尔奇诺尔德驱逐了
佩罗讷的爱尔兰修道士们，可能将他们换成了法兰克人。埃尔
奇诺尔德家族命运的未来是不祥的，修道士们在伊杜贝尔加
（Iduberga）处找到了新的庇护；伊杜贝尔加是赫尔斯塔尔的
丕平的妻子，因此也是奥斯特拉西亚贵族最高阶层的一员。

南特希尔迪丝和埃尔奇诺尔德在勃艮第的权力很小，从克
洛泰尔二世以来就没有王家宫相去控制该地区。公元 642 年，
南特希尔迪丝来到了勃艮第王国的奥尔良，在那里重建了统治
机构。她希望在这个地区增加她的直接权威，设法让一部分贵
族选择了宫相弗拉奥查德（Flaochad）。此人与纽斯特里亚特
别是南特希尔迪丝有着密切的联系，他娶了王后的侄女。埃尔

奇诺尔德显然将这视为一次为他自己的地位寻找外援的机会，　185
因为他和弗拉奥查德签订了一个协议，承诺相互为对方的地位
提供支持。尽管弗拉奥查德承诺对王国贵族和主教保持忠诚，
但他很快就遭到了以勃艮第贵族威利巴德（Willibad）为首的
贵族阶层的强烈反对。威利巴德是达戈贝尔特的三个忠实支持
者之一，这三个人在将近十五年前帮助国王除掉了布罗多夫。
弗拉奥查德和威利巴德之前显然是盟友，但弗拉奥查德的新职
位让他们反目成仇。

　　威利巴德反对的原因使我们对公元 7 世纪中期的勃艮第王
国有了相当深入的了解。这种反对被视为勃艮第－罗马人对
"法兰克人"弗拉奥查德的敌视，以及维持地方自治的尝试，
甚至是简单的当地贵族对宫相的私人恩仇。这些原因似乎相当
复杂。自上一次宫相时代以来，威利巴德一直是从该地区受到
的善意忽视中获利最多的勃艮第人之一。由于对里昂、维埃纳
（Vienne）和瓦朗斯（Valence）地区的控制，他变得非常富有
和强大。其他人，特别是在勃艮第王国的旧中心沙隆周围的人
们，也从中获利颇丰，而任命一个与法兰克纽斯特里亚有密切
联系的宫相，显然意味着这种独立受到了威胁。

　　然而，威利巴德也很难成为一个统一的勃艮第的领袖。
其他一些勃艮第贵族，包括贝桑松的克兰尼勒努斯公爵
（Duke Chramnelenus）和尚布利的旺达尔伯图斯公爵（Duke
Wandalbertus of Chambly）——他们都属于高隆庞的支持者瓦
尔德莱纳斯的宗族，以及第戎的阿玛尔加公爵（Duke Amalgar
of Dijon），他们都选择了支持弗拉奥查德。原因不在于他们是
在最后一次争取自治权的斗争中反对勃艮第人罗马人或法兰克
人，而在于他们代表了勃艮第的其他主要宗族，这些宗族长期

以来一直在与威利巴德竞争，过去可能还与他的家族有过不和。纽斯特里亚支持的宫相（弗拉奥查德）的到来，给了他们一个强大的外援，他们可以以此与威利巴德做斗争，这场斗争最终导致在欧坦发生了一场由这些主角和他们最紧密的盟友参加的流血战斗。根据伪弗雷德加的记载，剩下的纽斯特里亚人和勃艮第人都只是袖手旁观，这证明对当时大多数人而言，这场战斗不是种族或民族抵抗，也不是公众造反，而只是一场私人械斗。[4] 因此，这场冲突既是内部的，即勃艮第的主要家族之间的相互对立和冲突，也是外部的，即勃艮第贵族反对纽斯特里亚权威的斗争。

努力重新引入宫相职位，以及确定纽斯特里亚对该地区的控制的长期效果是微乎其微的。威利巴德与他的紧密支持者一起被杀，但弗拉奥查德也没有来得及享受他的胜利——战斗发生 11 天后，他死于发烧。南特希尔迪丝，这个促成了当下事态的人，在最终的冲突之前数月已经死去了。勃艮第的宫相职位显然继续存在，被掌握在一个叫拉多伯图斯（Radobertus）的人手中，直到公元 662 年前后，两个王国的宫廷最终统一在纽斯特里亚宫相埃布鲁安手中。冲突真正的胜利者可能是瓦尔德莱纳斯家族。在接下来数十年，他们将把权威扩展到贝桑松以南的下勃艮第和普罗旺斯。

埃尔奇诺尔德除了因与克洛维二世的祖母有亲属关系而拥有的地位、他的宫相职位、他从帝国财库继承或获得的财富，以及作为一批爱尔兰修道士的"主人"享有的精神威望外，还享有另一种权力来源：他在他的奴隶中为年轻的国王克洛维选择了一个妻子。巴尔德希尔迪丝（Baldechildis）是作为一个盎格鲁－撒克逊奴隶来到法兰克的，据她的传记作者所说，埃尔奇诺尔德被她的美貌、智慧和坚强的性格深深迷住了，打算娶她为妻（至少是做个妾）。不想她最终成了他的国王的妻子。

和地位低下的女人结婚是自查理贝尔特一世（公元561～567年在位）以来墨洛温国王的普遍做法，他娶了本来是他妻子的侍女的两姐妹美洛弗莱德（Merofled）和马科薇法（Marcoveifa）。之后希尔佩里克一世（公元560/561～584年在位）又和他妻子的一位仆人弗蕾德贡德结婚。提乌德贝尔特二世的两个妻子比莉希尔迪丝（Bilichildis）和狄奥德希尔德（Theudechild）都曾经是奴隶，就像达戈贝尔特的妻子南特希尔迪丝一样。这样的婚姻会产生相当大的政治影响。与贵族之女的婚姻必然意味着与妻子的家族结盟，并将其男性亲属提升到有利的地位上。这反过来又会疏远其他贵族团体，并且，如果王后的儿子们在未来的王国分裂中不受青睐，那么就会形成以她的亲属为中心的强大的反对力量。达戈贝尔特的妻子戈玛特鲁迪丝的亲属所造成的难题，已经显示了这种威胁有多严重。另一方面，奴隶或者出身低下的女人并不代表强大的贵族派系，如果她们没有生孩子，或者失去了国王的宠爱，只须将她们晾在一边就行了。但是，如果她们生了男性继承人，又表现出足够的能力和聪明才智，就像南特希尔迪丝和巴尔德希尔迪丝那样，她们就可以升到相当的地位。

由于缺乏强有力的男性亲属，这些王后往往向教会寻求支持，并反过来证明自己是最重要的修道院创始人和传教士活动的支持者。巴尔德希尔迪丝就是这样，她与巴黎的克洛德伯特（Chrodobert）主教、鲁昂的奥多埃努斯主教，以及吕克瑟伊的瓦尔达贝尔特（Waldabert）院长、科尔比的狄奥德弗里德

（Theudefrid of Corbie，科尔比是狄奥德弗里德本人创办的一座修道院）和瑞米耶日的菲利贝尔特（Filibert）都建立了特别重要的关系。公元 657 年她的丈夫克洛维死后，她在这些教会顾问的支持下，取得了小儿子克洛泰尔三世（公元 657～683 年）的摄政权。她在创建宗教组织时的慷慨无私，帮助巴黎地区从一个主要的王室财政区转变为一个教会地区，这一政策一度为她和儿子们赢得了重要的支持，但这最终为阿努尔芬家族提供了一种手段，使他们能够在纽斯特里亚占据重要地位。但是，这种结果在当时无疑并没有出现在她的脑子里。

　　她积极参与修道院的创建和改革，主要包括创立了科尔比和谢勒的修道院，将混合规则引入圣但尼修道院，保证这个修道院享有主教的教会豁免权和国王的世俗豁免权，并为其他许多方堂和修道院提供支持和财富。她的目的不仅仅是获得这些机构的政治支持。宗教改革计划是达戈贝尔特已经表达过的对"王国稳定"的关切的延续，特别是提高王室威望的一种方式。她和其他墨洛温王朝国王和王后所支持的方堂，在很大程度上都是王家墓地，相当于贵族建立的小修道院，如茹阿尔修道院。这些机构对祭奠死者仪式的改革和管理，与王室崇拜的发展密切相关；通过这种崇拜，巴尔德希尔迪丝就把以前的墨洛温国王和她自己的儿子结合了起来。正如巴尔德希尔迪丝的传记作者用一句话所表达的（这句话几乎可以肯定是基于这些机构获得的王家特权之一）：对这些机构的慷慨，是为了"让他们（修道士）更乐意代表国王请求最高国王基督的宽大，以实现和平"[5]。

　　此时，对传统上与王室联系在一起的圣徒的利用也出现了新转折。巴尔德希尔迪丝、她死前的丈夫、她的儿子们，为了让这些特殊的死者的力量包围自己，开始在王宫里收集一些圣徒的遗物。他们不满足于在传统的地方——也就是法兰克王国神圣的土地上——崇拜圣徒，开始把圣徒聚集在国王周围。因此，克洛维二世将圣但尼的手臂从教堂中拿走了；不久之后，在图尔被尊崇了几个世纪的圣马丁披肩被添加到了王家收藏品中，它后来成了小礼拜堂的中心，而"小礼拜堂"（chapel）这个名字就来源于"披肩"（cappa）一词。

公元 658 年，埃尔奇诺尔德死了，巴尔德希尔迪丝大概不想加强她前主人的家族力量，便与"法兰克人"一起选择了埃布鲁安作为他的继承人。埃布鲁安是一位来自苏瓦松地区的贵族，已经是王室的一员了。埃布鲁安和巴尔德希尔迪丝恢复了将纽斯特里亚与勃艮第的宫廷合并的政策，试图以克洛泰尔的名义在这两个地方都重申他们的权威。结局自然是纽斯特里亚和勃艮第的暴力反抗。

第一次针对埃布鲁安的攻击，是由拉德贝尔特公爵（Duke Radebert）的儿子拉格内贝尔特（Ragnebert）领导的一次未遂的暗杀阴谋。拉德贝尔特公爵是一个可能与勃艮第宫相拉多伯图斯有关联的纽斯特里亚人，而拉多伯图斯的宫相职位就是由埃布鲁安取代的。拉格内贝尔特和他的同伙被抓后，他本人被送往了勃艮第的修道院流放，在那儿，埃布鲁安命令人将他杀死。

这次未遂的攻击代表了对埃布鲁安和巴尔德希尔迪丝的反抗。在里昂教区，拉格内贝尔特被人们当作烈士纪念，就像同样死于纽斯特里亚人之手的威利巴德那样。然而，在公元 7 世纪下半叶，真正的问题并不在于勃艮第人从纽斯特里亚霸权中获得的自治权，而在于纽斯特里亚和勃艮第贵族的个人权力。

私人利益优先于地区利益，甚至教会巨头也越来越多地将自己的教区转变为独立的领主区，他们建立造币厂，并自主处理本地的事务。巴尔德希尔迪丝和埃布鲁安试图通过任命忠诚的主教来遏制这一现象，这些主教被招进王宫，在王宫里接受教育，而且他们是爱尔兰－法兰克修道制度的支持者。这意味着他们的措施打破了克洛泰尔二世正式确立的只任命本地人担任职务的传统。他们面临着来自里昂主教奥南蒙德（Bishop Aunemund）和他的兄弟、这座城市的伯爵达尔菲米斯（Dalfimis）等家族势力对这项新政策的强烈反对，他们共同将里昂及其周边地区变成了一个自治的公国。奥南蒙德在勃艮第领导的反抗运动导致他自己被处决。盎格鲁－撒克逊人威尔弗里德（Wilfrid）在《传记》（*Life*）中指责巴尔德希尔迪丝下令杀死了 9 名主教——这是她结束主教－贵族自治领地的唯一手段。在里昂，她让她忠实的支持者和施舍者吉内修斯（Genesius）取代了奥南蒙德。她还任命了来自圣旺德里耶的修道士埃伦贝尔特（Erembert）担任图卢兹的主教，任命另一位支持者莱奥德加（Leodegar）担任欧坦的主教，而莱奥德加的兄弟瓦里努斯（Warinus）是巴黎伯爵。

只要巴尔德希尔迪丝还在摄政，这些教士就会坚定地支持她和埃布鲁安所领导的计划。然而，当公元 664 年或 665 年她被迫退休到了她在谢勒的修道院中时，教士们就加入了反对者的行列，领头的就是莱奥德加。公元 673 年，克洛泰尔三世突然死亡，埃布鲁安让克洛泰尔的弟弟狄奥多里克三世继承王位。纽斯特里亚和勃艮第贵族的反应是，将支持转移到狄奥多里克的兄弟希尔德里克二世上，后者已经被称为奥斯特拉西亚的国王了。由于被众人抛弃了，埃布鲁安别无选择，只好接受了被流放到吕克瑟伊修道院的命运，而他的傀儡狄奥多里克则被流放到了圣但尼。

纽斯特里亚和勃艮第的重新统一并没有持续下去。很快，莱奥德加也失去了希尔德里克二世的宠信，被送到了吕克瑟伊。公元 675 年，希尔德里克二世被刺客杀害，这可能与埃布鲁安和莱奥德加都有关，其结果是一场内战。埃布鲁安和莱奥德加从流放中回来了，后者与狄奥多里克三世结成同盟，狄奥多里克也已经从圣但尼回来了。莱奥德加的势力选择了埃尔奇诺尔德的儿子勒德修斯（Leudesius）作为宫相，而埃布鲁安加入奥斯特拉西亚人一方，而奥斯特拉西亚人团结在据说是希尔德里克儿子的克洛维三世周围。在斗争中，埃布鲁安成了胜利者，杀死了莱奥德加和勒德修斯，将纽斯特里亚和勃艮第又重新统一了五年。然而，当埃布鲁安试图将他的权力扩大到奥斯特拉西亚时，他遭到了抵抗，抵抗者聚集在梅斯的阿努尔夫与赫尔斯塔尔的丕平的双重后代丕平二世那里。公元 680 年，埃布鲁安被一个纽斯特里亚显贵杀害，后者逃到了丕平处寻求庇护。

奥斯特拉西亚

在纽斯特里亚－勃艮第王国，一连串的未成年国王和由此产生的自相残杀式竞争撕碎了达戈贝尔特当年的联合，不过这一切是如何发生的只能靠推断，因为许多细节都极其粗略。然而，我们对这一时期奥斯特拉西亚的了解甚至更加模糊。自克洛维以来，第一次一个可能不是王室血统的人统治了一个法兰克的次级王国。

达戈贝尔特指定的奥斯特拉西亚国王西吉贝尔特三世死于

公元 656 年，留下了儿子达戈贝尔特二世。接下来发生的事情是一个巨大的，可能也是无休止的争论的话题。唯一接近当时的人所写的、提到此事的资料来源《法兰克人史纪》（*Liber Historiae Francorum*）这样说：

> 西吉贝尔特国王去世后，格里莫阿尔德让他的小儿子达戈贝尔特剃度，派其和普瓦捷的迪多主教（Bishop Dido）前往爱尔兰朝圣，并扶持自己的儿子登上了王位。法兰克人因此非常生气，他们准备了一个陷阱，抓住了他，把他带到了法兰克国王克洛维面前。他被囚禁在巴黎，在那里他被捆绑着，不断地遭受折磨；他由于骚扰了他的主人，应该被处死，于是他就这样被折磨致死了。[6]

这里提到的格里莫阿尔德指的是奥斯特拉西亚的宫相格里莫阿尔德一世，也是老丕平一世的儿子，他的儿子指的是希尔德贝特，他显然统治了奥斯特拉西亚一段时间。这样看来，在下个世纪（公元 8 世纪）将取代墨洛温王朝的那个家族，其实在公元 7 世纪 50 年代就做过一次初步的、失败的尝试，只是遭到了纽斯特里亚贵族的挫败。但人们目前还不清楚这样的事情是否真的发生过，尽管可以肯定的是王室继承的意义正受到贵族权力的考验。

像墨洛温王朝历史的许多部分一样，实际发生的一系列事件及其时间顺序都已经无法确定，尽管不乏一些学术论据为这种或那种理论进行辩护。如果按表面价值来考虑上述记载，那么，由于西吉贝尔特三世死于公元 656 年，而他的兄弟克洛维二世死于公元 657 年，这种篡位行为在格里莫阿尔德被出卖给纽斯特里亚人并被处决之前，似乎最多只持续了一年。然而，另一份特许状提供的证据却表明格里莫阿尔德活到了公元661年，这为这种理论带来了一些变化。人们也可以假设达戈贝尔特二世统治到了公元661年，然后格里莫阿尔德把他流放到了爱尔兰，将自己的儿子希尔德贝特送上了王位。为了支持这种理论，必须假设古代的抄写员在抄写上面引用的段落时，将原本的"Chlothario"（克洛泰尔）错误地抄写成了"Chlodoveo"（克洛维），这样，格里莫阿尔德的处决实际上发生在公元661年或者662年克洛泰尔三世执政时期。但又有另一份特许状是写于"国王希尔德贝特的第六年"，它表明这次篡位发生在更早的时候，并且格里莫阿尔德的儿子被人们接受为奥斯特拉西亚和纽斯特里亚的合法国王，从西吉贝尔特之死持续到希尔德贝特自己在公元661年去世；在这之后，他的父亲才被背叛和处决。另一些人猜测，实际上并不存在什么篡位行为，而是格里莫阿尔德是一个墨洛温王室女儿的后代，因此有权给儿子取一个墨洛温王室的名字，并让他继承西吉贝尔特。甚至可能达戈贝尔特二世都不是被野心勃勃的格里莫阿尔德，而是被纽斯特里亚人流放的。因此，对于篡位的整体看法将是后来从纽斯特里亚的角度对事件进行重新解释的结果。我们永远无法确定真相。

192

　　无论在奥斯特拉西亚发生的事情的真相是什么，整个令人困惑的事件都表明，人们对该地区与墨洛温王权关系的态度发生了重大转变。据推测，当格里莫阿尔德的儿子被立为国王时，西吉贝尔特三世的儿子达戈贝尔特二世还没有出生。如果真是如此，这个王国很有可能面临这样的可能性：国王死后，他的兄弟克洛维二世将继承他的王位，由此将整个王国统一在纽斯特里亚的控制之下。显然这对于奥斯特拉西亚来说是不可接受的，如我们所见，这是一个比纽斯特里亚和勃艮第都更加有团结自治传统的地区。不管是在克洛泰尔二世还是在达戈贝尔特治下，奥斯特拉西亚人一直有自己的国王、宫廷以及中央法院，由此他们的身份一直被保护着。无论希尔德贝特的继任者有什么样的背景，奥斯特拉西亚人对纽斯特里亚的敌意都是最重要的因素。

这种敌意并不是建立在东西部之间、日耳曼人和罗马人之间的任何"种族"对立的基础上的。在公元7世纪，奥斯特拉西亚不仅包括梅斯和特里尔周围的东部地区，还包括像兰斯、沙隆和拉昂这样的古罗马城市。没有语言屏障将这些地区隔离，各个家族在所有地区都有广泛联系。贵族们也认同自己是法兰克人。人们主要考虑的是势力范围和地方政治传统。

不管格里莫阿尔德的血统如何，也不管他儿子登上王位的性质如何，他的毁灭对其家族的抱负都是一个沉重打击，尽管这一打击并没有永久地终结家族的未来，这表明这个家族的根基有多稳固。但在短期内，这个家族的抱负和他们在奥斯特拉西亚的权威都被削弱。在希尔德贝特死后，巴尔德希尔迪丝和埃布鲁安设法将她的小儿子——纽斯特里亚国王克洛泰尔三世——送上了奥斯特拉西亚的王位。在这一安排中，以西吉贝尔特的遗孀希姆内希尔德（Chimnechild）和奥斯特拉西亚的伍尔福德公爵（Duke Wulfoald）为首的格里莫阿尔德的反对者，似乎起了主导作用。第二年，他们想了一个折中方案：克洛泰尔的弟弟希尔德里克二世将娶他的表妹，也就是西吉贝尔特三世与希姆内希尔德的女儿、流亡的达戈贝尔特二世的妹妹。希姆内希尔德成了年幼的希尔德里克的摄政者，由此保持

193

了奥斯特拉西亚人对宫廷的控制。

在一个亲属关系完全或主要是通过男性血统来追溯的社会里，格里莫阿尔德的失败本来将意味着他所在家族的终结。然而，由于中世纪早期贵族宗族的流动性，即使如此严重的逆转也无法根除丕平家族。格里莫阿尔德自己的世系显然以希尔德贝特的死亡而告终，但他父亲的家族与梅斯的阿努尔夫家族，通过格里莫阿尔德的妹妹蓓加与阿努尔夫的儿子安塞吉塞的婚姻而缔结联盟，保证了家族的延续。关于他的家族，人们在接下来二十年没有听到任何声息。然而随着时间的推移，丕平家族的传统会回到丕平二世身上，甚至格里莫阿尔德也会在公元8 世纪早期以宫相格里莫阿尔德二世的身份被铭记。

这个家族得以幸存的原因之一是，家族中的一些人已经获得了宗教地位，特别是梅斯的阿努尔夫和尼韦勒的格特鲁迪丝（Gertrudis of Nivelles）。阿努尔夫的遗体最初被埋葬在勒米尔蒙，后来由他的继任者转移到了梅斯的使徒教堂（Church of the Apostle），在那里，他的后代培育和发展出了对他的崇拜。阿努尔夫在这个家族的自我认知发展中所扮演的特殊角色，表现在这样一个事实上：通常的圣徒传记传统要求列出圣徒父母的名字，但与之不同的是，阿努尔夫在公元7 世纪的传记中没有写上他父母的身份，也没有任何后续的尝试成功核实过他们的身份。就像神话中的英雄一样，阿努尔夫就是这个家族的创始人，但他自己没有明确的祖先。

格特鲁迪丝是格里莫阿尔德的姐姐和丕平家族的尼韦勒修道院的女院长。尽管早先人们将格特鲁迪丝视为"日耳曼的伊西斯女神"无疑是歪曲事实，但她曾经拒绝了达戈贝尔特二世宫廷中的一桩政治婚姻，并在家族修道院里度过了一辈

194 子；对这个女人的崇拜的增长，成了她的妹妹蓓加与安塞吉塞的后代神圣化的一个重要因素。

对这两个人的崇拜为家族提供了一种神圣的合法性，使之与从达戈贝尔特一世开始，并由巴尔德希尔迪丝继续发展的日益壮大的王室崇拜，形成了直接的对立。到这个世纪末，阿努尔夫和格特鲁迪丝已经发展了一个人数远超阿努尔芬家族及其附庸的追随者队伍。对两人的崇拜都传遍了法兰克王国，这里也很快就将由他们的后代进行统治。

阿努尔芬家族治下的再统一

如我们所见，公元 673 年纽斯特里亚国王克洛泰尔三世的死亡，以及纽斯特里亚 - 勃艮第贵族对埃布鲁安的反抗，使得人们邀请希尔德里克二世来担任纽斯特里亚的国王。然而，为了保护他们自己不受奥斯特拉西亚人的控制，国王必须保证按照克洛泰尔二世的巴黎法令（Edict of Paris）的规定去做，禁止从这个联合王国（纽斯特里亚 - 勃艮第）各地区之外任命执政官员。当国王试图背弃这项协议，任命奥斯特拉西亚公爵伍尔福德为整个王国的宫相时，他和怀孕的妻子一起被暗杀了。

由此而起的内战给以丕平二世为代表的格里莫阿尔德家族的回归铺平了道路，丕平二世是奥斯特拉西亚的公爵，曾经与埃布鲁安结成联盟反对伍尔福德和达戈贝尔特二世，达戈贝尔特二世已经于公元 676 年从爱尔兰返回，并开始了夺回对奥斯特拉西亚的控制权的认真尝试。公元 679 年，达戈贝尔特二世被谋杀，原因大概和希尔德里克被杀一样，两个王国的贵族们不习惯这样一个既想当国王又想实际统治的墨洛温国王。埃布鲁安在公元680年的遇刺（伍尔福德死于同一年）表明，奥斯特拉西亚人在丕平公爵的领导下，不会接受纽斯特里亚的支配。

纽斯特里亚宫相瓦拉托和奥斯特拉西亚保持了六年的和平，但这样的和平是困难重重的。公元686年瓦拉托死后，丕平向他的继承人兼女婿贝尔卡里乌斯发起了进攻，在索姆河畔的泰尔特里战役中击败了纽斯特里亚人。战后，丕平控制了狄奥多里克三世，后者曾经通过迁就埃布鲁安、瓦拉托和贝尔卡里乌斯而保住了自己的性命。丕平现在有机会让自己不再是公爵或宫相，而是，用后来编年史学家的话说，成为整个法兰克王国的元首（princeps）或统治者。

泰尔特里战役之后

丕平获得了机会，却尚未赢得现实。公元686年后，丕平开始了他最危急和最困难的行动：巩固在纽斯特里亚的权力。要想达到目的，单靠军事征服是不够的，像埃布鲁安尝试的那种对贵族的铁腕镇压也不行。另一场贵族叛乱随时可能会发生，另一次谋杀也有可能出现，而丕平也可能走上其他许多人的失败老路。相反，在公元688年，他回到了奥斯特拉西亚，留下了他的代理人诺德贝尔图斯（Nordebertus）和他自己的儿子德罗戈，以巩固他的家族在纽斯特里亚的权力结构，包括曾经是瓦拉托权力来源的家族网络、王家法庭，以及教会的襄助等。

在这些目标中，第一个（巩固曾经是瓦拉托权力来源的家族网络）是最容易实现，也是最现成的。在泰尔特里战役之后不久，贝尔卡里乌斯就死了，据说是被他的岳母杀死的，然而丕平对他的死不可能太悲伤，因为贝尔卡里乌斯的遗孀安斯特鲁迪丝随后嫁给了丕平的大儿子德罗戈。如前面的讨论，瓦拉托的家族可能与埃尔奇诺尔德的家族紧密相连，又通过埃尔奇诺尔德与达戈贝尔特一世的母亲发生了联系。而通过安排德罗戈和安斯特鲁迪丝（瓦拉托的女儿）的婚姻，丕平就将纽斯特里亚的埃尔奇诺尔德帮派拉拢了过去。强大的纽斯特里亚宗族不再抵抗，而是成了阿努尔芬家族权力基础的一部分。

与古老的纽斯特里亚宫相家族的亲属关系，给丕平涉足纽斯特里亚权力的第二根支柱——墨洛温法院——留下了机会。我们已经看到，从达戈贝尔特一世以来，伸张正义已经成了墨洛温国王们一个主要职能。由于长期无法通过任命伯爵和主教来行使政治领导权，墨洛温法院成了他们对法兰克王国唯一最重要的贡献。国王的宫廷里聚集着从法兰克王国各地来的大人物。在国王，或他的宫相，或宫廷伯爵的主持下，王国内与平信徒或者教会权力相关的、具有重要性的案件，就在这里进行讨论并判决。虽然后来的国王很难实现达戈贝尔特曾因之而闻名的那种可怕的正义——事实上这些后来的墨洛温国王可能经常不在场，但这些集会却为贵族提供了一种结构，使其可以参与非暴力却至关重要的竞争。

事实证明，获得这一权力基础的过程更为缓慢，也更为微妙。各大巨头之间必须达成共识；敌人必须在舆论法庭上根据法兰克习惯法的规则被击败。要做到这些并不总是容易的，这里有两个案子可以证明这一点。第一个案子与丕平没收了埃布鲁安前支持者阿马尔贝尔特（Amalbert）的财产有关。阿马尔贝尔特被指控通过不公平的手段攫取了一个孤儿的财产。然而，这个被指控的人并没有出现。当阿马尔贝尔特的儿子阿马尔里库斯（Amalricus）试图为他父亲辩护时，法庭却裁决他没有得到父亲的授权。这个案件的判决结果有利于孤儿一方，财产也被归还给了他，阿马尔贝尔特被判交一笔罚款。千万不要被对诉讼程序的正式描述所误导，认为该案只是由出席的贵族根据技术上的是非曲直所做的裁决——这种语言掩盖了丕平家族为他们的事业而进行的幕后操纵。当人们意识到孤儿的监护人不是别人，正是丕平的代理人诺德贝尔图斯时，这一点就开始呈现出来了，而这一判决是丕平家族追捕其宿敌的一系列法庭较量的最后行动。正如保罗·福拉克（Paul Fouracre）所指出的那样，这场胜利是丕平动员贵族的集体力量对抗某个个人的能力的胜利。出席法庭的是 12 名主教和 40 名世俗贵族。[7]

　　王家法庭并非总是阿努尔芬家族政策的工具。其他贵族依然有可能在王家法庭上偶尔给他们带来挫折。这样的失败可以在第二个法庭决议中看到。公元 697 年，德罗戈在国王希尔德贝特三世（公元 694/695～711 年）位于贡比涅的宫廷——这座王家行宫在很大程度上取代了巴黎，成为墨洛温国王最喜欢的住所——中受审，以面对托桑瓦尔（Tussonval）修道院院长关于努瓦西（Noisy）的一块地产的指控。院长出示了一份国王狄奥多里克三世的文书，确认了修道院对该庄园的所有权，并声称德罗戈不公正地占有了它。德罗戈回答说，遗产是以交换契约的方式由他妻子给他的。因此，这件事看上去似乎是他试图占据瓦拉托家族之前拥有的财产。院长承认之前的确计划过交换财产，但断言这样的交换最终并没有发生。德罗戈无法提供交换的书面证明，于是这个案件就判定修道院院长胜诉。

　　诉讼程序和法律价值再次提供了一个正式的结构，在这个结构中，更广泛的问题造成的冲突都可以决出输赢。这些聚集在一起审理案件的"主教和贵族"包括了丕平本人、丕平的儿子和继任者（被任命为宫相）格里莫阿尔德，以及丕平的忠实支持者——博韦主教康斯坦丁（Bishop Constantine）。同时出席的还有欧塞尔的萨瓦里克主教（Bishop Savaric）和普罗旺斯或下勃艮第的本地贵族阿涅里克，他们两人显然在公元7世纪后期以牺牲王国为代价扩大了自己在当地的统治。因此，这种法庭程序可能是丕平派和反丕平派的一次碰撞，在这个案子中，后者获胜。

丕平在纽斯特里亚的权力的第三根支柱是教会。我们已经看到，纽斯特里亚国王、王后和贵族是如何在建立宗教机构作为其权力的主要基础方面发挥了主导作用的。在这个过程中，他们将许多旧的财政土地转变为教会土地。丕平及其继任者有条不紊地暗示，自己才是这些机构的保护者，从而在该地区掌控了巨大的权力。再一次，他的家族与瓦拉托家族的合并成为这项政策的关键。在公元7世纪末和8世纪初，丕平巩固了他对鲁昂地区教会的控制权，那里有埃尔奇诺尔德和瓦拉托的大部分庄园。在这个过程中发挥主要作用的机构是圣旺德里耶修道院和瑞米耶日修道院，以及鲁昂教会。他很早就获得了小型宗教基金会弗勒里昂维克桑（Fleury-en-Vexin）的赞助，随后在圣旺德里耶的修道士的帮助下，对之进行了扩充和改革。最重要的是，他将这个修道院置于自己及自己家族的保护之下，这是一种将国王排除在外的形式，从而将该机构置于自己的直接控制之下。渐渐的，他和他的继任者开始保护和赞助圣旺德里耶修道院和瑞米耶日修道院。由于鲁昂的安斯贝尔特主教（Bishop Ansbert）对这些机构行使权威，有必要将其驱逐出境，此人是老纽斯特里亚党派的支持者。这些措施使得把丕平的支持者戈迪努斯（Godinus，之前可能是里昂主教）送上瑞米耶日修道院院长的职位成为可能。丕平同样把泰鲁阿讷的拜努斯主教（Bishop Bainus）送上了圣旺德里耶修道院院长的职位，此人之前与弗勒里昂维克桑有联系。

由于对这些极其富有的机构的控制，丕平在塞纳河下游地区确立了稳固的地位，并从那里将家族的影响力扩展到这个再统一王国的其他地方。例如，南特、沙隆和苏瓦松教区基本上经历了相同的过程：修道院被改造和扩大，新的修道士（通常来自圣旺德里耶）被引进，属于或效忠于丕平家族的修道院院长和主教被扶持起来，关键机构被接管，置于家族的保护之下。

三项措施——与当地贵族融合、操纵王家法庭、控制教会组织——强化了丕平在全国的权力。然而，他对奥斯特拉西亚和纽斯特里亚的觊觎，为法兰克王国周边地区的公爵们提供了机会，试图在他们的地区进行同样的控制和巩固。此外，公元714年他和儿子格里莫阿尔德二世的死亡，为家族成员之间的暴力冲突打开了大门，他们都试图获得继承权；这种暴力冲突构成了巨大的威胁，要摧毁他在过去三十年里精心建造的整个大厦。

公元714年早期，丕平感觉到他将不久于人世，便派人去接他的儿子——指定的宫相继承人格里莫阿尔德。但是，在去会见身在瑞皮耶（Jupille）的父亲的路上，格里莫阿尔德在列日（Liège）的圣兰伯特大方堂（Basilica of St. Lambert）遇刺身亡。几个月后，丕平自己也死了，留下了继承人争议，并给反丕平家族的派系留下了最后一次捍卫独立的机会。结果是三年的战争，接着是六年绝望的政治斡旋，在此期间，丕平建立的三管齐下的权力基础基本上都崩溃了，取而代之的是他的最终继任者——查理·马特（Charles Martel）。

丕平留下了三个可能的继任者。丕平自己的选择是格里莫阿尔德的未成年儿子狄奥多尔德（Theudoald），丕平将其托付给了自己的遗孀普雷科特鲁德（Plectrude）。其次，丕平的儿子德罗戈（死于公元 708 年）有几个儿子，包括雨果（Hugo，公元 714 年成为教士）、阿努尔夫、丕平和戈德弗里德（Godefrid），后两者没有活到成年；最后则是查理·马特，史称铁锤查理（Martel 的意思是"铁锤"），他也是丕平唯一幸存至成年的儿子。然而他并不是普雷科特鲁德的儿子，而是由丕平的一个妾——或者按照法兰克传统可能会被称为额外的妻子——所生。无论如何，普雷科特鲁德监禁了查理，将狄奥多尔德立为纽斯特里亚的宫相，阿努尔夫则被封为梅斯的公爵。

在很短的时间内，纽斯特里亚的贵族便抓住机会开始造反，他们团结在了希尔德贝特三世的儿子达戈贝尔特三世（公元 711～715 年在位）周围。他们在贡比涅附近击败了丕平家族的军队，逼迫狄奥多尔德逃走了。狄奥多尔德在战斗之后很快就死去了，纽斯特里亚人选择了他们自己的人拉加姆弗里德（Ragamfred）为宫相。为了彻底粉碎丕平家族，拉加姆弗里德与北方的弗里西亚人以及阿基坦公爵埃多（Duke Eudo）结成了联盟，向东进军到梅斯。查理逃脱了他继母的监禁，开始组织他的奥斯特拉西亚支持者与纽斯特里亚人作战。就在这时，达戈贝尔特死了，纽斯特里亚人又找了希尔德里克二世的一个儿子，一个叫丹尼尔（Daniel）的修道士，并将他以希尔佩里克二世的名义立为国王。在另一方，查理也选择了自己的墨洛温国王克洛泰尔四世。

墨洛温王室的支持者们从法兰克王国各区域蜂拥到了纽斯特里亚，他们从鲁昂、亚眠、康布雷、巴黎地区、上勃艮第、阿勒曼尼亚，最远从普罗旺斯和巴伐利亚而来。希尔佩里克二世的宫廷变成了一个各种团体的聚集地，他们都试图检验丕平家族的野心，这更多是为了保护他们的独立性，而不是为了支持墨洛温王朝。

查理必须同时与普雷科特鲁德和纽斯特里亚人作战。而在公元717年，他战胜了他的继母，第二年又在苏瓦松击败了纽斯特里亚人。最终，查理进驻纽斯特里亚，开始巩固其家族的权力。

这次重新巩固大致需要五年时间，这也是一个非常痛苦的过程，他在纽斯特里亚和勃艮第，一个城市接一个城市地重新建立了控制权。他实现这一目标的主要手段是利用在修道院和教会的职位。其结果不仅是在王国确立了一个强大的元首，而且还建立了一种新的教会和一种新的文化。相较于其他事件，这也许更能标志着与古代后期地方控制传统的决裂，并且其将成为加洛林时代的特征。然而，在我们讨论查理治下的文化和宗教转变之前，我们必须首先看一看在这个政治动荡的时期法兰克王国其他区域内的变化。

区域王国的形成

在宫相贝尔卡里乌斯被杀后，安塞吉塞的儿子小丕平从奥斯特拉西亚过来接替他，担任了宫相的职务。从这时开始，四个国王有了他们的［王家］称号，却没有王家的尊严……当时阿勒曼尼公爵戈达弗雷德（Godafred）和

200

周围的其他一些公爵，都拒绝服从法兰克人的公爵的命令，因为他们不再能像以前那样为墨洛温国王们服务了，他们独来独往。[8]

这位公元 9 世纪时的作者描述了丕平家族和法兰克王国区域内其他公爵之间的关系，这一描述也许比他所知道的更精确。宫相的职位事实上已经变成了一个王家的职位。在公元 7 世纪之前，"princeps"（元首）这个词仅指帝国或王室职务。现在，宫相却越来越代表着最高统治权。然而，王权的削弱同区域权力的巩固一起，把纽斯特里亚和奥斯特拉西亚的宫相推向了准王室地位，这样的变化也对其他地区的公爵产生了同样的影响。在图林根、弗里西亚、阿基坦、阿勒曼尼亚和巴伐利亚，宫相也变得更加独立。到公元 8 世纪早期，甚至主教们也在他们自己的地区像元首一样行事了。当他们的共同纽带——与一个强大的墨洛温国王建立的关系——消失后，这些独立的贵族对丕平家族并没有类似的忠诚，这个家族充其量只是与他们平等，而且在很多情况下社会地位甚至不如他们。

法兰克世界的每一个外围地区，都有自己独特的社会和政治组织，每一个都以不同的方式与中心相联系。我们在这里将考察最重要的三个地区——阿基坦、普罗旺斯和巴伐利亚——将此作为在法兰克王国发生的变化的案例。

阿基坦

罗马文化和社会的延续性在阿基坦体现得最明显。阿基坦也是法兰克王国内部最富裕的地区，它在地理上与西哥特王国以及巴斯克地区接壤，这让它又具有至关重要的战略意义。

在阿基坦，人们与罗马社会和文化的联系极为紧密，那里的语言、社会组织和宗教文化与公元 6 世纪时一样地继续存在着。大庄园中居住着奴隶和自由佃农，自公元 5 世纪以来，这一直是该地区农业和社会组织的特征，并且一直没有大的中断。据估计，其中一些被称为"fundus"的庄园的规模几乎与现代法国的一个省一样大，规模较小的可能仍然能达到现代镇的规模。到了公元 7 世纪，如果说有变化，那就是这些地产的规模扩大了，因为贵族们通过购买、交换和继承增加了他们的财产。

与此同时，阿基坦的自由土地保有权（free tenures）却一直很小。在公元 6 世纪，通过马赛港传入的瘟疫在这个地区肆虐，消退之前已经向北传播到了奥尔良。它的影响是人口大幅减少，以及缺乏劳动力导致的耕地损失。到了公元 7 世纪后期，人口开始缓慢增长，农民被鼓励耕种属于王室财政、贵族和教会机构的荒地。对这些自由农民的安排是这样的：他们可以回到土地上进行耕种，从而获得其中一部分，将之作为自己的土地。因此，该地区的土地财富正在缓慢增长，这为发展地区自治提供了基础，也使阿基坦成为值得各路势力争夺的奖品。

阿基坦的财富除了它的农产品之外，还包括它的食盐、毛皮、大理石、铅、铁和银矿，这一切长期以来让它成了一份有价值的法兰克财产。我们已经看到，在每一次王国分裂时，每一个国王都会得到阿基坦的一部分。反过来，这些国王对北部的大修道院和教堂非常慷慨，常把阿基坦的财产、收入和关税豁免授予这些北部机构。勒芒、梅斯、科隆、兰斯、巴黎、沙隆以及其他北部的主教辖区，都在阿基坦持有大量的财产，而

202

如圣旺德里耶、圣但尼、科尔比和斯塔沃洛（Stavelot）的修道院也一样。北部人在南部的存在，保证了两个地区的平信徒和教会巨头之间持续的互动。

北部人在南部的存在，与阿基坦人在北部的不容忽视的存在也是平行的。自克洛维以来，南部的元老院贵族就在墨洛温王朝的宫廷中扮演着关键角色，为北部提供了重要的主教，并在整个法兰克王国建立了政治和婚姻联盟。因此，在不否认该地区的特殊性和罗马性的前提下，人们可能过分强调了该地区贵族的罗马特征。虽然中小型土地拥有者毫无疑问地遵循着当地的传统，但大贵族阶层同时是两个世界的一部分，可以自由地从一个世界迁移到另一个世界，并能够利用他们广泛的关系，参与到整个法兰克王国的政治和文化运动之中。他们的确是"罗马人"，但主要是在这样的对比意义上，卢瓦尔河以北的人，无论"种族"血统如何，都已经开始把自己看作法兰克人了。就像"法兰克"已经变成了一种地理描述，"罗马人"也只是意味着居住在南方的居民而已。在公元 7 世纪的前三十多年，"罗马人"越来越急切地寻求着法兰克王国其他区域所渴望的那种自治。

这种自治的愿望还辅之以巴斯克人或加斯科涅人对安全的持续需要。我们已经看到，达戈贝尔特让他同父异母的兄弟查理贝尔特二世当了一个小阿基坦王国的国王，并将这个地方作为控制巴斯克人的据点。埃布鲁安也在公元 650 年前后做了本质上相同的事情，他为一位从图卢兹来的名叫菲利克斯（Felix）的贵族在阿基坦设立了贵族领地，并赋予他"统治所有城市，远至比利牛斯山脉和最邪恶的民族——巴斯克人（所在地区）"[9]的权力。事实上，他重建了查理贝尔特的边境王国，却设立了一个非王室的职位来掌管统治权。菲利克斯死后，他的继承人卢普斯（Lupus）在希尔德里克二世去世后留下的重重迷雾中，宣布了他的主权，甚至是王权。

虽然卢普斯一年后就死了，但有迹象表明，所谓的阿基坦自治一直持续到了公元8世纪。我们听说过的下一位阿基坦公爵是埃多，他自称"阿基坦亲王"。我们对于他的出身和背景一无所知。他的名字表明他可能来自纽斯特里亚，然而，很可能他同时拥有纽斯特里亚和阿基坦的关系，在这个基础上，他建立并巩固了自己的地位。这是当时遍布法兰克王国全境的独立"亲王"的典型做法。在丕平家族逐渐巩固北部的统治期间，以及公元714年丕平去世后争夺继承权的斗争期间，埃多得以在北部和东部扩展其独立的公国。宫相拉加姆弗里德和他的墨洛温国王希尔佩里克二世所领导的纽斯特里亚反丕平家族派，发现埃多是一个很好的盟友。只要他向西南仅面对巴斯克人，向东南面对分裂的哥特王国，向北面对混乱的法兰克世界，他就可以巩固至关重要的独立性了。但这种均衡在公元710～711年，由于伊斯兰教势力的入侵和西哥特西班牙的突然崩溃而被摧毁了。

西班牙的崩溃是突然和彻底的。公元711年罗德里格斯国王（King Rodrigas）在瓜达莱特（Guadaleta）战役中被摧毁后，全国各地的抵抗力量迅速瓦解；公元719年，塞普提曼尼亚（Septimania）陷落；到公元721年，一支穆斯林军队围攻了图卢兹，在这里，他们被埃多和他的阿基坦人挡住了去路，埃多因巴斯克援军而变强，送给了穆斯林军队一场惨败。埃多似乎收到了教宗格列高利二世对他胜利的祝贺，教宗正在寻求与意大利之外的重要亲王结盟，这既是为了保卫西方不受穆斯204

林侵犯，可能更重要的是寻找对抗伦巴第人的潜在盟友。接着是一个巩固与和平的时期，在这期间，埃多显然与具有战略性的塞尔达涅（Cerdagne）地区中叛逆的柏柏尔指挥官签订了一项条约，把他的女儿嫁给了柏柏尔人。可以猜测，这是因为他意识到他未来的主要威胁来自北部，他需要穆斯林的中立——如果不是支持的话。

十年后，丕平二世的儿子和继承人查理·马特已经在北部确立了自己的地位，这足以让他着手处理法兰克世界的其他次级王国和独立区域了。公元 731 年，他入侵阿基坦，并掳走了大量战利品。这将埃多置于一个不可能维持的位置上。他塞尔达涅的盟友之前已经被西班牙总督消灭了，这让他失去了穆斯林的支持。第二年，穆斯林西班牙总督阿卜杜·拉赫曼（Abd ar-Rahman）利用阿基坦暴露的位置，入侵了加斯科涅和阿基坦，最远掠夺至北方的波尔多和普瓦捷。当埃多试图阻止他时，阿基坦的军队已经被穆斯林摧毁了，于是他被迫请求查理·马特的帮助。随之而来的法兰克人在普瓦捷和图尔之间的胜利，阻止了穆斯林在比利牛斯山以北的推进，却也意味着阿基坦的独立运动开始走向终结。埃多被削弱到查理封臣的地位。在查理死于公元 741 年，以及他的儿子丕平三世死于公元768 年后，埃多的儿子和继承人都试图重新确立独立性，但均被残酷地镇压了。

普罗旺斯

与阿基坦一样的模式在法兰克王国周围不断地重复着，这种模式可以归纳为：贵族们与当地和法兰克地区都有关系，他们利用中央权力的瓦解，确立了独立的领主地位，并选择了一个墨洛温王族作为象征，在其周围聚集了一批支持他的"忠诚者"，他们与法兰克王国以外的国家结盟，以保护自己不受丕平家族的影响。而在普罗旺斯，同样的步骤在公元7世纪最后三分之一的时间里上演了。

在这里，贵族安提诺（Antenor）和毛伦图斯（Maurontus）——后者很可能是纽斯特里亚宫相瓦拉托的远亲——能够利用此种情况，在与丕平家族的对抗中确立了自己的自治地位。然而，这种独立性显然不针对墨洛温国王本身，尤其是希尔德贝特三世。安提诺是公元697年出席希尔德贝特王家法院的贵族之一，在那次审理中，德罗戈试图利用自己的婚姻关系增加其家族的财产，却以失败告终。希尔德贝特似乎成了全法兰克王国丕平家族反对力量的集结点。正如我们将要看到的，不仅普罗旺斯叛军出现在他的宫廷内，并协助他击败丕平家族，而且他的宫廷成员后来还出现在与丕平及其继任者敌对的地区。

在希尔德贝特的继任者希尔佩里克二世的领导下，这种表面上的墨洛温式的支持似乎在一定程度上得以延续，他在短时间内组织了反对查理·马特的活动。即使在明显的叛乱时期，希尔佩里克显然对马赛和福斯的海关官员仍保持着一定的影响力，并且能够保证圣但尼修道院在那里享有传统的豁免权。一方面，这些普罗旺斯贵族似乎希望按照丕平家族的模式建立独立的贵族制度——他们宣誓效忠于合法的墨洛温国王，出席他的宫廷，并承认他对类似王室财库的重要方面的权威。另一方面，他们并没有比丕平和后来的查理·马特更加接受墨洛温王朝的统治。

安提诺和毛伦图斯这样的亲王的权力既基于他们在社会中的地方关系，也基于他们对教会和世俗职位的控制。几十年来

206 的婚姻、继承和土地流转，已经让这些人在他们活跃的地区控制了大量的地产。这些地产通常由相对孤立的农庄和更大的庄园（前文提到的 fundus）组成，在自由佃农的控制和指挥下，由奴隶耕种。这些自由佃农往往是"获得自由的人"，也就是说，他们以前是奴隶或奴隶的后代，后来被主人解放了。这些被解放的人似乎是控制当地的关键因素。古典时期"获得自由的人"的地位是一种中间地位，他们所生的子女被认为是彻底自由的，但到公元 7 世纪时，这种地位已成为一种永久的、可继承的地位。被解放的奴隶的后代通常被安置在一块土地上，甚至被安置在数块土地上，在奴隶的帮助下进行耕种，他们继续对前主人的家庭负有相当大的经济和道德义务。虽然从技术上说他们是自由的，但如果他们无法履行对主人的特殊义务，就会处于被重新降为奴隶的风险之中。因此，他们特别适合管理大地主的庄园、经营地主的生意，以及笼统地说，充当他们的主人和一般社会之间的直接纽带。

在社会光谱的另一端，富豪控制着诸如伯爵、公爵或其他贵族的职位，以及起源于特定地方公民传统的地方机构。他们还控制了主教的职位；作为竞争对手的家族在逐城争夺对教会的控制权，并乐于在必要时刺杀在任者，以达到他们的目的。教堂和修道院是特别重要的财富来源，可以在其追随者中进行分配，以保证他们的忠诚。在马赛，安提诺没收了圣维克多修道院的地产，并命令院长将所有土地权的记录放在祭坛上烧毁，从而防止后来的院长重申对该财产的权利。查理·马特充满争议的将教堂土地没收来酬劳其支持者的做法，只是公元 8 世纪早期许多"亲王"采用的策略的一种延续罢了。

207 和其他地区一样，普罗旺斯内部的这场竞争最终对不平和查理·马特有利。如果安提诺和毛伦图斯试图建立自己的亲王地位，将不得不以牺牲其他地方贵族为代价，因此他们发现自己不仅要面对丕平家族，而且还要面对当地的竞争对手，这些对手往往在地区和国际上有着同样广泛的联系。在普罗旺斯，竞争来自勃艮第－瑞朗王国（Burgundian-Juran）①的瓦尔德莱纳斯宗族，本书前面已经提到他们出自贝桑松地区。到公元7世纪晚期，与奥斯特拉西亚有着密切联系的这个族群，与另一个家族缔结了婚姻关系，这个家族控制着以苏萨、盖普（Gap）和昂布兰（Embrun）为中心的进入意大利的重要阿尔卑斯山口。在公元8世纪前三分之一的时间里，这个家族的首领阿博统领着毛伦图斯的反对力量。

这些地方性的竞争导致了世世代代的恩怨，随着时间的推移，每一个派别都开始寻找外部盟友来帮助他们按对自己有利的方式扭转局势。在公元8世纪二三十年代，毛伦图斯找到了塞普提曼尼亚的穆斯林，并邀请纳博讷的瓦利（Wali）进入普罗旺斯来帮助他，而阿博则和查理·马特合作，后者组织了一系列的远征，进入了罗讷河下游地区。就像在西班牙和阿基坦，穆斯林很快试图推开他们过去的盟友，占领这个地区。查理利用这种局势，将自己粉饰成基督教的拥护者，将塞普提曼尼亚的穆斯林驱逐出去，控制了这个地区，将他的当地盟友阿博立为该地区的首席贵族，并用没收的反对派财产巩固阿博的地位，就这样以对加洛林有利的方式结束了叛乱。

然而，查理并不满足于确立一个盟友然后允许他重新开始可能导致另一场分离主义运动的进程。阿博可能很晚才与查理

①　即勃艮第王国，瑞朗王国为其前称。

结盟，也许是因为没有合法继承人，他才被允许成为首席贵族。死后，他把所有的财产、几代家族战略家积累的财富，以及忠实服务查理的回报，都留给了他的家族修道院——诺瓦莱萨（Novalesa）修道院，它位于现在意大利的皮埃蒙特（Piedmont）。阿博死后，这个修道院像那些伟大的纽斯特里亚修道院一样，被转到了加洛林家族的直接控制之下，并将这一家族送上了地区权力的巅峰。

巴伐利亚

在公元 8 世纪早期，没有被纳入丕平家族轨道的一个主要地区是巴伐利亚。巴伐利亚位于法兰克、伦巴第、斯拉夫和阿瓦尔世界的重要交会处，在阿吉洛尔芬公爵的领导下，早已发展成为一个自治区域。阿吉洛尔芬家族扩张领土与自主行动的能力，在很大程度上取决于他们与邻国保持平衡以及在他们的"王国"内部团结不同民族的能力。在法兰克中央权力强盛时，比如在达戈贝尔特一世治下，巴伐利亚人没有选择，只能向墨洛温王朝的权威低头，特别是他们还受到了萨莫领导的斯拉夫人王国，以及继承了匈人在潘诺尼亚霸权的阿瓦尔人的威胁。当这些邻居都衰弱时，比如在萨莫死后（约公元 660 年），巴伐利亚人就迅速利用了有利的形势，将他们的控制力最远扩张到了维也纳森林。但当邻居们强大时，比如二十年后的伦巴第公爵特伦特（Trent）时期，巴伐利亚人就只好撤退，在这个例子中是从南蒂罗尔（Tyrol）的博岑（Bozen）地区撤离。同样，从萨莫王国的威胁中解脱出来的阿瓦尔人，也能够一直推进到恩斯河（Enns River）上的洛什（Lorsh），在因斯（Inns）和维也纳森林之间留下一块由阿瓦尔人巡视的无人区。

阿吉洛尔芬家族自主权日益增强，这部分是建立在他们对残存的财政土地的控制之上，在巴伐利亚的某些地区，这些土地似乎是从古代晚期幸存下来的；他们的统治也建立在残存的罗马行政组织基础上。这在他们位于雷根斯堡的宫廷中就可以最清楚地看出来，它是建立在这座城市的罗马总督官邸（pretorium）之上的。

区域扩张和多元化人口的政治联合，都与宗教信仰的统一紧密相关，对教士活动的领导权和政治霸权的竞争也是齐头并进的。在公元 7 世纪初，这个地区的人口不仅包括一直信奉正统基督教的阿尔卑斯罗马人，也包括异教徒的凯尔特人和斯拉夫人，以及阿里乌斯派的日耳曼人群体。让他们皈依的策略和要皈依的民族一样多样。 209

首先，像萨尔茨堡（Salzburg）这样孤立的基督教社区，具有与古代晚期基督教的延续性。这种延续性的程度到底有多大依然很难确定，但不像其他日耳曼区域，巴伐利亚的皈依并不是完全的外来现象，而是有着本土的根源。

巴伐利亚基督教的另一个独特之处在于它与北意大利特别是维罗纳的古老联系。这些联系也可以追溯到古代晚期，与其说法兰克人统治下建立的巴伐利亚公国摧毁了它们，不如说早期法兰克人对意大利北部的征服实际上加强了这些联系。在阿吉洛尔芬家族治下，公爵与伦巴第王室紧密的家庭关系确保了这种联系继续存在。

爱尔兰－法兰克修道院制度也经吕克瑟伊来到了巴伐利亚。这种传统的最早代表是欧斯塔修斯院长（Abbot Eustasius）和修道士阿格雷斯提乌斯（Agrestius），他们在公元 7 世纪前三分之一的时间里在巴伐利亚传教。他们的活动和其他人——如圣埃默拉姆（Saint Emmeram）——的活动，就像在西部一样，是法兰克人努力的一部分；他们努力建立的不仅是基督教，还是一个与法兰克王国紧密相连的社会。巴伐利亚公爵们为了巩固自己的地位也需要这种形式的基督教，然而，他们仍然有理由担心它是一支破坏他们自治权的"第五纵队"，因为这些神职人员同他们与西部特别是与奥斯特拉西亚一同建立的机构的联系过于紧密了。

毫不奇怪，在公元 8 世纪早期，巴伐利亚公爵狄奥多（Theodo）开始利用法兰克王国的权力真空，将自己的公爵领地转化成一个中央集权的君主国。这时，在对内部的教会进行组织时，他并没有转向西方需求帮助，而是转向了南方。公元 716 年他访问了罗马，寻求教宗格列高利二世的帮助，以建立一个正规的教会等级制度。这个巴伐利亚 – 教宗联盟预示着阿基坦的埃多和查理·马特的结盟。

210   巴伐利亚不仅变成了一个事实上独立的次级王国，而且在公元 7 世纪晚期，它日益成为一个丕平家族敌人的避难地。其中最重要的是敌人沃姆斯的鲁伯特主教（Bishop Rupert），他显然是在公元 694 年前后从墨洛温王朝的宫廷中自我流放到雷根斯堡的，在那里他受到狄奥多的接待，并被授予在古罗马城市萨尔茨堡建立一个主教区的权利。后来鲁伯特回到了西部，可能参与了围绕希尔佩里克二世集结的短命的反对运动。

不像其他公元 7 世纪晚期和 8 世纪早期的独立王国，巴伐利亚一直到查理大帝统治时还保持着独立性。原因是巴伐利亚与加洛林权力中心之间的距离过长，以及公爵们成功地维持了他们与伦巴第人，以及有时和阿瓦尔人的联盟关系，另外，丕平和他的继任者有其他更加紧迫的事情要处理。

法兰克王国的其他区域通常遵循着阿基坦和普罗旺斯模式，而不是巴伐利亚模式。弗里西亚、阿勒曼尼亚、图林根都被置于查理·马特的宗主权之下。这个漫长的过程消耗巨大，充满了毁灭性。在阿基坦、勃艮第和普罗旺斯，查理大帝征战带来的物理性伤害持续了数代人之久；但在欧洲社会的文化转型中，其影响更为深远。

对社会的影响

西部地区自从古代以来就有主教领主权的说法，当时的主教，如公元 5 世纪欧塞尔的日耳曼努斯，被证明比当地的巴高达战士更有能力保护社区免受一个经常充满敌意和冷漠的世界之害。然而，在公元 700～730 年，主教领主权的性质却发生了急剧的转变。我们可以看一下之前讨论过的日耳曼努斯的继任者主教萨瓦里克的生平简介，这份材料记录在几乎是当时人所写的欧塞尔主教历史之中：

> 萨瓦里克……如人们所说，拥有着高贵的出身。他开 211
> 始有点偏离他的身份，开始贪恋世俗的关怀，超过了对一
> 个主教合适的程度，以至于他用武力征服了奥尔良、讷韦
> 尔（Nevers）、托内尔（Tonnerre）和阿瓦隆地区（the
> Avallonais）。这位主教抛开教会的尊严，组建了一支庞大
> 的军队，但当他向里昂进军，准备用武力征服它时，他被
> 神圣的闪电击倒，当场死亡。[10]

至少萨瓦里克还是一位主教。他那被称为"空位主教"

（vocatus episcopus）的继任者海因马尔（Hainmar），显然从来没有经过圣职授予和祝圣，而这本来是一个人获得主教职位必须经历的步骤。据说在他"殉道"之前在这个职位上待了十五年，之后由于被指控与阿基坦的埃多一同阴谋背叛查理·马特，在试图逃离时被"殉道"了。这些战士主教，或者说得更明确一些，这些占据了主教职位的战士，与公元6世纪的政治主教，甚至是梅斯的阿努尔夫和欧坦的莱奥德加，都相去甚远。

主教制的根本变化并不是主教们成了争取政治主导权的关键人物，也不是他们的教区被视为私人财产、用作家族领地组织的堡垒，同样不是他们愿意在公元8世纪发生的血腥战斗中扮演更积极角色。所有这些都是教会悠久传统的一部分，只在后来教会宣传者的落伍观念中才受到谴责。教会王朝甚至在公元5～6世纪就存在了，主教们甚至在法兰克人到来之前，就深深地卷入了政治之中。

真正全新的是新型主教与早期主教权力的差异。早期的主教权力不仅建立在世俗关系之上，而且始终以"主教是神权的代表和守护者"为基础。相比之下，新型的主教主要是，甚至完全是一个世俗的权贵。早期主教的权力来自他们对人们接触圣地和圣物的控制权，同时也来自家族财富和关系网；早期主教体现了晚期罗马的文化传统，承担着诸如社会救济和维护社区和平这类传统公民职责。但是，新型主教的权力和特权完全来自他们对一个或多个教区的物质资源的控制。

萨瓦里克和海因马尔并不是例外。在公元8世纪的前三十多年里，主教，作为古代晚期最基本的设置和罗马生活方式的主要代表，正在迅速地转变得让人们几乎无法辨认。没有人比查理·马特更善于利用这一点。他自己的堂兄弟①雨果同时担任了鲁昂、巴约和巴黎主教，还很可能是利雪、阿夫朗什和埃夫勒（Évreux）的主教，同时还是圣旺德里耶、圣但尼和瑞米耶日的院长。这种形式的多元主义变得越来越普遍。在特里尔，一个儿子继承了父亲的职位，于是他不仅成了这座城市的主教，而且也成了拉昂和兰斯的主教，尽管还不清楚那两个城市是否真的任命他为主教了。雨果死后，主教和修道士职位的世俗化进程更进了一步。他在劳恩和圣旺德里耶的继任者甚至都不识字。

查理对教会和修道院的使用，是他在纽斯特里亚巩固政权这一进程的标志。他父亲巩固自己地位的方法——吸收其他宗族加入他的家族、操纵王家法庭，以及承担对修道院教堂的保护——是不够的。试图吸收其他纽斯特里亚执政家族及其盟友，从长期来看被证明是不成功的。王家法院变得更加凶险，因为墨洛温国王们已经证明自己仍然能够独立行事，并与反对派达成共同基础；因此，他们的法院不再是查理能够进行政治操纵的舞台。教会因此将成为查理新的巩固政权工作的焦点，但不是以他父亲所尝试的方法。这将是一个新的教会，由他的亲属和最信任的伙伴控制，不用去考虑宗教或教育形式、当地的文化传统以及教会选举或祝圣的细枝末节。

只有一个机构，查理还对之充满了敬畏和小心翼翼，那就是圣但尼（修道院）。他清楚地知道，这个方堂掌握的大量财产是控制纽斯特里亚的关键。圣但尼曾经支持拉加姆弗里德反

---

① 原文如此，事实上雨果应为查理同父异母哥哥德罗戈的儿子，也就是查理的侄子，在本书同一页的下文中，作者正确地将雨果称为查理的侄子。

对查理，在公元 717 年之后，他小心翼翼地开始巩固权力，任

213　命他的侄子雨果担任修道院院长，但同时也保护其广泛的财产权不受其他人的染指，并将墨洛温王室巨大的庄园克利希 - 鲁夫雷（Clichy-Ruvray）的剩余部分也授予修道院。据估计，这部分土地就超过了 2000 公顷，充实了修道院财产。这次授予使得圣但尼修道院成为巴黎地区到目前为止最大的地产持有者。当然，到这时，它既属于圣但尼，也属于查理——他和修道院的联系是如此紧密，以至于他让自己的儿子丕平三世在那里接受教育，并且他在公元 741 年死后，也被埋葬在这座方堂的门廊之下。

　　这种新的宗教状况当然不是从查理开始的，他只起到了促进作用，真正具有决定性意义的，是法兰克人的文化和宗教生活。破坏性的战争和教会的转变消除了长期以来与教会文化联系在一起的语言文化的培养。在查理和他儿子丕平三世的军队的蹂躏下，阿基坦不再是学习的中心，普罗旺斯也是如此。平信徒识字的传统实际上已经消失了，他们在王室和宫相府的作用也不存在了。写作实际上被神职人员垄断了，作为结果，对写作的运用也相应减少，而写作在墨洛温王朝历史上曾经如此重要。

　　从罗马文化传统和高卢 - 罗马公民身份的角度来看，上述情况的结果无疑是灾难性的。然而事实上，查理·马特完成了在过去两个世纪里其他世俗势力无法做到的事情。通过操纵教会的职位、没收教会控制的财富、任命无知和完全世俗的支持者，他最终成功地摧毁了长期以来保持法兰克主教独立权力的宗教基础。从此以后，中世纪的主教将成为强大的领主，不时在权力上与公爵、伯爵甚至国王相抗衡。他们再也不会像前几

个世纪那样，以神的垄断者的身份掌握这种特殊的权力。这一
身份，以及在文化生活中的领导地位，将转交给修道院。

在公元 8 世纪早期宗教文化的白板上，查理和他的继任者
建造了一座新型的主教和修道院大厦，同时也为他们自己的统
治建立了新的宗教基础。大厦的支柱是盎格鲁－撒克逊传教士　214
和罗马教宗。

盎格鲁－撒克逊教团

公元 7 世纪初是爱尔兰对欧洲大陆影响最大的时期，这是
由于高隆庞和许多不太出名的爱尔兰流浪朝圣者的努力——他
们在高隆庞之后找到了前往大陆的道路，并与贵族密切合作，
帮助推广了爱尔兰－法兰克基督教会。但到此时，从丕平二世
时代开始，盎格鲁－撒克逊人越来越多地取代了爱尔兰人，成
了法兰克王国土地上最活跃的传教士和改革者。这两个团体有
天壤之别。首先，到公元 7 世纪后期，英格兰已经有了一个由
教宗代理人强加的牢固的主教等级制度，而不是拥有爱尔兰
（此时在爱尔兰本身正在衰落）式的、去中心化的修道院式教
会，或者具有法兰克那样的当地教会的本地化传统。其次，盎
格鲁－撒克逊教会与盎格鲁－撒克逊的国王已经形成了密切的
合作关系。主教和修道院院长们早已习惯于与他们所在地区的
国王密切合作，并接受控制。最后，盎格鲁－撒克逊的修道主
义本质上是圣本笃会式的。坎特伯雷的奥古斯丁（Augustine
of Canterbury）和他的许多同伴都是修道士，罗马的主教制基
督教在爱尔兰岛上的传播，与本笃会修道院的扩张密切相关，
由圣本笃·波斯哥（Benedict Biscop）在他位于韦尔茅斯
（Wearmouth）和贾罗（Jarrow）的大修道院中来强化。盎格

鲁－撒克逊传教士传入大陆的，正是这种罗马－本笃会形式的基督教。

最早的盎格鲁－撒克逊传教士威尔弗里德和威利布罗德（Willibrord）集中在弗里西亚，在这里确立了他们的基本政治特征以及随后的使命。威尔弗里德曾经是约克的主教，因反对将自己庞大的教区切割而被坎特伯雷大主教狄奥多尔（Theodore）罢免。威尔弗里德第一次来到弗里西亚人中时，是他在经莱茵兰去罗马的路上（他帮助安排了达戈贝尔特二世的回归，使他在纽斯特里亚成了不受欢迎的人）。他的继任者威利布罗德在公元690年到来，并在丕平的保护下展开工作，当时这个地区已经被法兰克人重新征服。他做的第一件事就是去罗马为他的活动请求获得教宗的批准。这对于一个法兰克神职人员来说是不可理解的，但对于盎格鲁－撒克逊人来说却可能是天职。

将弗里西亚人基督教化和在军事上征服他们，这两个过程是齐头并进的。皈依意味着皈依法兰克基督教，从而与他们自己独立的社会和政治过往彻底决裂。弗里西亚人对此相当清楚。有故事说，拉德博德公爵（Duke Radbod）正在接受宗教教诲，并且已经接近要受洗的程度了，他问威利布罗德，他的祖先是在天堂还是在地狱，这位正统派回答，他们当然在地狱，因为他们是异教徒，但公爵本人毫无疑问在受洗后会到达天堂；听说这些之后，拉德伯德拒绝受洗，他表示忍受不了下辈子没有祖先的陪伴。[11]

威利布罗德活到了80多岁，死于公元739年。理论上，他已经成了一个自治大主教区的首领，处于教宗的直接领导下。丕平把他派到罗马去受封为弗里西亚大主教，因此他以英格兰教会为模板，建立了一个新的大主教区。他曾设想一个扩展到整个弗里西亚和丹麦以及萨克森的庞大传教工程。但事实上，他只在丕平和后来的查理所控制的区域内取得了成功。在其他地方，他遭遇了彻底的失败。此外，在他死后，他的主教省份被吸纳进了法兰克教会。

威利布罗德更著名的继承人和同胞温弗里德（Wynfrid）——教宗给他赐名为卜尼法斯（Boniface）——的努力也遭到了同样的限制。虽然一开始卜尼法斯也聚焦弗里西亚，但他很快就在莱茵河以东听到了召唤。像威利布罗德一样，他前往罗马，确保了教宗对其行动的授权，在公元719年被派往"外邦"（the gentiles）开展传教事务。所谓的外邦大概指的是图林根。在那里取得初步成功后，他于公元722年回到罗马成为主教，并于公元738年再次接受委任，在巴伐利亚和阿勒曼尼亚组织教会。虽然以"日耳曼人的使徒"（The Apostle to the Germans）闻名，但卜尼法斯的传教工作大都发生在已经基督教化了几代人的地方。来自莱茵河两岸的爱尔兰－法兰克传教士、漫游式主教和贵族，都已经在阿勒曼尼亚、图林根的大部分地区，特别是巴伐利亚建立了基督教社区。但这些社区并没有被组织成一个单一的教会，也不遵从罗马的传统。卜尼法斯想要改变这一切。此外，这些教派也并不是加洛林王朝政治控制的工具。虽然最后一个问题对卜尼法斯来说不是最重要的，但对他的加洛林支持者来说正好相反。

这些变化并没有得到普遍的认可，尤其是那些完全信奉正统教义却非罗马指定教士的人的认可。比如，萨尔茨堡的维吉尔主教（Bishop Virgil）是个才华横溢的爱尔兰人，却顽强地拒绝接受罗马教规。在每一个例子中，卜尼法斯都热切地在他的授权范围内强加一种对罗马制度结构以及罗马道德和宗教传统的严格解释。在由查理·马特以及他死后的丕平三世和查理大帝强行推行的地区，其结果是相当可观的，尽管这种世俗的援助更多是针对那些反对自治的人，而不是针对那些由加洛林统治者自己任命的不道德、不合格或不胜任的主教。

事实证明，卜尼法斯对其使命的真正关心和他高超的组织技巧都是卓有成效的。他在黑森（Hesse）、图林根和法兰克尼亚（Franconia）建立了本笃会修道院作为文化融合点，并将主教辖区作为教会控制的中心。他集权式教会形式的价值甚至得到了仍然保持独立的巴伐利亚奥迪洛公爵（Duke Odilo）的赞赏，后者邀请他去组织巴伐利亚教会。威利布罗德去世时，他的省被划入了卜尼法斯的管辖区。到了公元 742 年，他被承认为"东方大主教"（Archbishop of the East），这个教区是一个庞大的、组织良好的、日益以改革为导向的等级化的大主教区。

这种组织活动在相当大的程度上使查理及其继任者受益匪浅。到了公元 742 年，人们可能在查理的儿子卡洛曼（Carlomann）的名义下召集了一个奥斯特拉西亚地区所有主教参加的会议。这个为了在教会内部建立严格等级秩序的会议，为以后的教会会议确定了风格。会议在春天召开，为的是配合一年一度的军事集会或"五月田猎"（May field），参加者不仅包括主教，也包括世俗的权贵。此外，会议的法令不是像古代以来的传统那样，以主教的名义颁布，而是以卡洛曼的名义颁布。公元 744 年在西部召开的一次会议也很快遵循了这一模式，会上颁布了一个类似的计划，并为按照奥斯特拉西亚模式构造西方教会奠定了基础。公元 745 年和 747 年，全法兰克教会会议也在同样的情况下召开。通过传教士主教的支持，加洛林王朝获得了对一个纪律严明的、有效的中央控制工具的控制权。

在改革教会的同时，卜尼法斯，一个毕生献身于本笃会修道主义的人，致力于建立和改革修道院系统，使得圣本笃会的戒律，而不是爱尔兰－法兰克或高卢－罗马传统，在加洛林王朝治下的法兰克占据了上风。在这里，他当然也得到了来自查理及其儿子们的大力支持。本笃修道会以旧的教会形式为代价获得了广泛的传播，这标志着加洛林王朝在法兰克世界的控制范围日益扩大。

然而，尽管他为加洛林王朝服务，但他并不仅仅是它的产物。如果他是的话，他的影响力不可能有那么大。公元 742年，当他被任命为东方大主教时，他被称为"圣彼得的使者"（missus Sancti Petri）。[12]正是从罗马，他获得了他的魅力，而这种魅力正是他试图传给他的教会的。

与旧式的墨洛温主教制不同，法兰克主教制的新宗教基础不是建立在当地贵族控制的传统之上的，甚至也不是建立在当地圣徒的庇护下的。对于查理的政治主教而言，很明显他们除了宫相的支持之外，其余什么都不需要。但卜尼法斯和他的从属主教们（suffragans）仍然是外来者，由教宗任命或由盎格鲁－撒克逊传教士选择，他们不能依靠本土传统的圣徒体系。他们必须从外部进口这些圣徒，而且主要是从罗马。

因此，公元 8 世纪不仅在整个法兰克王国建立了罗马式的主教和修道院，而且还将罗马圣徒的遗物以批发的形式大量输入了这些新教堂。这一举措主要来自罗马的倡导。在公元 739年，教宗格列高利三世送给查理·马特一把圣彼得墓的钥匙，以及一部分圣徒的锁链。这些礼物给法兰克王国留下了极其深

218

刻的印象。"这样的东西在以前从来没有见过或者听说过。"
后来《弗雷德加编年史》的作者这样写道。[13]但他错了。以圣
彼得墓的钥匙和脚镣作为礼物是很久以前的传统，尤其是在英
格兰，因为教宗试图使其牢牢地附属于罗马教会。现在，同样
的程序被用来将法兰克教会绑好送给罗马。在这个过程中，西
欧的神圣地理环境也开始变化。高卢烈士、圣洁的主教，甚至
圣洁高贵的祖先的坟墓，都不再是连接天地的中心点。现在这
些连接点可以出现在任何地方，它们是可以移动的，而它们的
权力来自罗马。

新君主制

新成立的法兰克教会与墨洛温王朝的前辈教会有着根本的
不同，是建立在一个神圣的基础之上的。王室神圣性的转变几
乎是事后才被人们想到的。从公元718/719年开始，查理和他
的继承人就牢牢地控制住了局面。公元739年，阿博的遗嘱甚
至这样记载日期："在杰出的查理统治法兰克王国的第二十一
年。"[14]好几个漫长的时段过去了，甚至连一个充当傀儡的墨洛
温国王都没有出现。在以前，如果要控制法兰克王国，这些傀
儡是必须的，至少是有用的。在古代晚期的背景下，他们体现
和代表了王国的统一以及法兰克合法性的传统。

到了这个世纪中期，这种身份和合法性已经过时了。尽管
它可能仍然被用作外围巨头反对加洛林王朝统治的借口，就像
丕平二世时期的情况一样，但是，这一传统对前来改造法兰克
王国的罗马人和盎格鲁－撒克逊人来说没有太大意义。他们对
王权的不入流的观点，即国王不仅要统而且要治，也逐渐被法
兰克王国的精英们掌握。加洛林教会的体系是建立在引进的罗

马神圣性的基础上的，他们确立自己的政治地位也只是个时间问题。

这件事的发展是逐渐的、自然的，并且对教宗和相府是同样有利的。自公元 8 世纪初以来，教宗们一直在寻求外界的支持——支持他们对抗意大利中部的伦巴第人，支持他们日益独立又岌岌可危的地位。东部帝国已经不可能再提供严肃的帮助了，在任何情况下，教宗都对接受君士坦丁堡的有效控制不感兴趣。他们曾经寻求巴伐利亚人和阿基坦人的帮助，但这两者都达不到教宗们的期望。这样，到了公元 739 年，格列高利三世向查理·马特发出请求帮助的呼吁，并在同一时间给他送去我们前面提到的圣物。格列高利的计划可能是，在遥远的法兰克贵族的保护下，在意大利中部建立独立的罗马宗主权。虽然这些最初的提议很少能够实现，但它们开启了教宗和加洛林王朝之间漫长而复杂的关系。

十多年后，查理的儿子丕平需要教宗的帮助。在他的父亲死亡，以及他的兄弟于公元 747 年决定开始宗教生活（先是在罗马，然后是在卡西诺山）之后，丕平发现自己是法兰克王国唯一的统治者，但不是这一职位的唯一声索者。他同父异母的兄弟格里夫（Grifo）早已被排除在继承权之外，但此人是一位不逊于丕平的潜在王子，一直是王国外围地区反对派团体关注的焦点。卡洛曼在进入修道院以前也留下了儿子，他们在当时可能也威胁到了丕平自己的继承人。丕平需要一个不同于单纯的政治权力的权威来源，并且比其他法兰克显贵，甚至比他自己的亲属更优越。这一次，在其教会寻找到神圣性的那个地方——罗马，他也找到了自己想要的东西。

因此，在公元 749 年或 750 年，他派出了乌兹堡的布尔查德主教（Bishop Burchard）和后来的圣但尼修道院（也是丕平长大的地方）院长富尔拉德（Fulrad）去问教宗匝加利亚（Pope Zachary）①："当时的法兰克（墨洛温王朝的）国王完全没有权力，但仍然占据着王位，这到底是对还是不对？"[15]这不是一个法兰克问题，而是一个罗马问题，得到的回答是一个早已注定的结论。因此，公元751年，在教宗匝加利亚的"命令下"，丕平"按照法兰克传统"被选为国王，由卜尼法斯或法兰克的主教们施以涂膏礼。这种仪式有着依据圣经的、哥特的、爱尔兰和盎格鲁－撒克逊的先例，但对法兰克王国来说，它却是一种创新之举——以前从未有过一位国王是通过教会仪式来确认他的职位的。墨洛温王朝的血统和他们标志性的长发都已经完结了。最后一位墨洛温国王希尔德里克三世，甚至作为一个不合时宜的象征也不再有用，他剃度之后，转移到一个修道院，在那里度过了余生。

---

① 此时丕平的身份依然是宫相。

第七章 墨洛温欧洲的遗产

克洛维的后代失去了他的尚武和凶狠精神这种遗产，他们的不幸或缺点给墨洛温王朝最后的国王贴上了懒惰的标签。他们升上王位却没有权力，沉沦入墓穴，连个名字都没有。贡比涅附近的一座乡村宫殿被分配给他们作为居所或者说是监狱，但每年的 3 月或 5 月，他们都被装进一辆牛车去参加法兰克人的会议，向外国使节致意，并批准宫相的法令。

爱德华·吉本（Edward Gibbon）在其伟大的著作《罗马帝国衰亡史》（*History of the Decline and Fall of the Roman Empire*）中描写了最后的墨洛温国王们。[1] 他是友善的：传统上，大多数历史学家认为，墨洛温王朝的衰落主要是由于国王们的个人堕落、先天退化，或两者兼而有之。人们认为，克洛维及其继任者的光荣的残忍和无信仰的残酷，继之以他最后的继承人的无能、消极和不称职。在过去的一千两百年里，这个家族并没有得到多少赏识。此外，从苏瓦松的胜利到丕平的涂膏礼（成为国王）这整个时期，都是欧洲传统的继承人感到极度不安的时期。

虽然西方每一个国家都迫不及待地宣称查理大帝（Charlemagne、Karl der Grosse、Carlo magno）是他们自家的，泛欧洲主义者则称他为"欧洲之父"，但对于克洛维甚至达戈贝尔特，基本上无人认领。在德国，几代人对部落公国及其起源的研究，都一直在寻求大迁移时代与加洛林帝国解体后出现的公爵领地之间的连续性。学者们却倾向于忘记这些部落公国其实是墨洛温王朝及其代理人的人为创造。

在法国，国家记忆从西亚格里乌斯的高卢－罗马时期〔或者甚至更早，从阿斯泰利克斯（Astérix）时代开始〕直接跳到查理大帝的荣耀。一个长期的传统，在三次灾难性的法德战争的滋养下，鼓励法国人忘记在"温柔的法兰西"（douce France）之前，存在着一片"法兰克人的土地"（Frankono lant），而这片法兰克人的土地是以塞纳河下游为中心的。"Les Francs sont-ils nos ancêtres?"（法兰克人是我们的祖先吗？）是流行的法国杂志《历史与考古》（*Histoire et Archéologie*）最近一期的头版文章标题。[2]在欧洲历史的大部分时间里，莱茵河两岸的普遍愿望是回答"不是"。

人们不愿意承认墨洛温时期和后来欧洲历史之间的连续性，是多个原因导致的。第一个也是最明显的原因是，人们倾向于不加批判地接受加洛林王朝及其支持者制造和传播的反对墨洛温王朝的宣传，其目的是破坏墨洛温王室的威望。这种故意贬损墨洛温王朝的观点，却常常被按照字面意思完全接受，并被认为这就是对该王朝，尤其是对其不光彩结局的准确评价。

这幅墨洛温家族的画像，解释了为什么后来的王朝不愿意与它联系在一起，但并不能解释为什么人们对整个时期都持有负面看法。也许墨洛温时期社会、文化和机构的特殊性质提供了一个理由。我们所研究的这个世界，在任何时候都深深扎根于古代晚期，与更早期（古代）或之后的时期（加洛林王朝）相比，这个世界却几乎不为人所理解。我们必须同时考察这两个因素，才能了解墨洛温时期在欧洲历史上的负面形象。

无能的国王

吉本对最后的墨洛温国王的描述大部分继承自查理大帝的传记作者艾因哈德（Einhard），他对伟大皇帝生平的记载开始于一段对墨洛温王朝的描述，在其中，他通过轻视他们来摒弃他们。根据艾因哈德所说，早在希尔德里克三世退位之前，这个家族就丧失了一切权力，不再拥有任何重要的东西，只剩下了国王的头衔。希尔德里克的工作只是——

> 披着长发，垂着长须，坐在宝座上面，扮演着统治者的角色，他倾听来自任何地方的使节的陈词，在他们离去的时候，向他们说一说别人教给他或者命令他回答的词句，好像是出于自己的意旨似的……无论到什么地方去，他都乘坐一辆车子，车子由两头牛拉着，一个牧人赶着，颇具乡村风味。他通常就是这样到王宫或民众大会去的，也是这样回家的。民众大会每年举行一次，讨论国家大事。[3]①

这种形象早就被公元 8 世纪早期青睐加洛林王朝崛起的历史学家们展示出来了。《弗雷德加编年史》的第一个续写者就已经着手重新编写《法兰克人史纪》（*Liber Historiae Francorum*）——一部于公元 727 年完成的纽斯特里亚编年史，但它是以一种奥

---

① 本段译文在商务印书馆《查理大帝传》译文基础上有少许改动。

斯特拉西亚人和加洛林人的视角呈现出来的。第二部续写之作是在查理·马特同父异母的兄弟希尔德布兰德公爵（Count Childebrand）的命令下开始准备的，它与加洛林传统更加紧密相关。在这些文本中，我们开始看到所谓墨洛温王朝的特征，这些特征他们还将背负下去，持续几个世纪。比如希尔德里克二世"整体上说太轻浮、太可笑了。他引起的丑闻和蔑视在法兰克人民中激起了骚动"[4]。这不是一个特别危险的国王或暴君的形象，而是一个能引发嘲笑的国王的形象。这种轻佻与格里莫阿尔德这样的人的特点形成了鲜明对比——"最温和的人，充满仁慈和温柔；他慷慨地施舍，不断地祈祷"[5]；以及查理·马特——"最精明的统帅"。[6]

224

这一传统在艾因哈德这里达到了顶峰，他认为墨洛温国王是荒谬的时代错误。与其说他们麻烦，不如说他们毫无用处。当然，我们可以在不质疑这种形象的本质是否准确的前提下，对这一判断提出异议。留着古董发型、坐着具有仪式性的牛车的国王在年度大会上接见大使，并作为法兰克团结的象征出现，这不禁让现代读者想起了英国君主，他坐在镀金马车上，接见大使，向议会宣读执政党撰写的年度演讲稿。王国的人格化象征对社会极为有用和重要，尽管他们并不统治，但这恰恰是因为他们的作用是在政治之外的。希尔德里克在法兰克人和其他人面前代表了法兰克人和法兰克传统，这不仅体现在他的外表上，而且无疑也体现在他主持年度大会的方式上。即便是牛车，它也远远不是乡村的标志，而是法兰克人身份的古老象征——从我们提到的公元1世纪的牧民斯泰卢斯开始，日耳曼人的宗教和政治生活就与牲畜紧密相连。然而，欣赏这种角色需要对传统及其在政府中的作用有更为微妙的理解，而这是加洛林王朝及其日益罗马化的顾问所不能做到的。

　　因此，他们取代墨洛温王朝是基于一个新颖的但从长远来看极其有力的正当理由。希尔德里克并不是因为暴政、邪恶、不公正或任何其他恶行而被罢免的，他被罢免的原因只是单纯的无法胜任。因此，正如爱德华·彼得斯所指出的，一个新的重要的王权范畴被引入到正义的"国王和暴君"的传统二分法中，即无用的国王（rex inutilis）。[7]作为无用的国王的典型，墨洛温国王将被历史铭记，但不是带着一个王朝所能接受的恐惧和厌恶，而是带着蔑视。这种对最后的墨洛温国王的蔑视，又反映在了他们的前辈，甚至是伟大的达戈贝尔特国王的身上。法国儿歌《好国王达戈贝尔特》（Le bon Roi Dagobert）传达了一个国王既愚蠢又无能且懦弱的形象，他需要他的忠实顾问——在这种情况下是圣埃罗（Saint Eloi，努瓦永的埃利吉乌斯）——来照顾他：

225

　　　　好国王达戈贝尔特，
　　　　他的内裤穿反了，
　　　　伟大的圣埃罗对他说："哦，我的国王！
　　　　陛下您的内裤穿反了。"
　　　　"确实如此，"国王对他说，
　　　　"我这就把它穿正回来。"

　　　　好国王达戈贝尔特，
　　　　在安特卫普平原上狩猎，
　　　　伟大的圣埃罗对他说："哦，我的国王！
　　　　陛下您气喘吁吁！"

　　"确实如此，" 国王对他说，

　　"一只兔子在追我。"[8]

　　一个离开了帮助就连裤子都穿不好的国王，一个在兔子面前仓皇逃窜的国王，几乎不值得人们怀着敬意记住他。

　　加洛林王朝的史官们极为成功地创造了一个前王朝的形象，这个形象已经被接受了十几个世纪。后来的政治辩护者可以将它作为一个因无能而失去权力的王朝的榜样。如果一个墨洛温国王可以被罢黜并送到修道院，同时选举一个新国王并为他祝圣，那么一个加洛林国王同样可以被废除。不到一个世纪之后，这件事就落到了查理大帝的儿子虔诚者路易（Louis the Pious）身上。更重要的是，在公元 10 世纪，加洛林王朝被萨克森王朝（Saxon dynasty），特别是卡佩王朝（Capetian dynasty）取代时，人们也是用对墨洛温国王的标准来衡量它们的国王的。他们也被视为无能的，因此可以被取代。在法国以及后来的英国，反对国王的传统不仅基于暴政，而且基于无能，这种传统将持续到公元 17 世纪和 18 世纪，尽管到了 18 世纪末，典型的无能国王路易十六（Louis XVI）将被送往的不是修道院，而是断头台。

　　由加洛林王朝创造，并因政治目的而不断更新的墨洛温国王的负面形象，的确解释了人们对该王朝的负面看法，但这不足以解释为什么公元 6 世纪和 7 世纪，即西方历史的形成时期，也像达戈贝尔特和希尔德里克时期一样，很少受到人们的赏识。这种态度最好用这个世界的异质性和产生它的古代晚期的特征来解释。作为结论，我们将研究这个法兰克社会的一些显著特征。

早期法兰克社会的独特性

　　墨洛温文明诞生并消亡于古代晚期的框架之内。它特有的政治结构依然是：它是帝国日耳曼军事指挥官们的王国，这些指挥官通过吸收罗马行省行政当局的机制，有能力在比利牛斯山和阿尔卑斯山以北的西部诸省，将其王室家族确立为合法的统治者。指挥官的统治主要在于指挥法兰克的军队，以及提供司法，也就是，只要对于人民的传统是可行的或者适用的，就将罗马法和罗马化的蛮族法律强制推行下去。其权力的经济基础一方面来自广大的罗马财政土地，另一方面来自罗马征税机器的继续运转。王国内部更广泛的社会组织继续以小社区、古代晚期的古典主义城市为基础，这些社区和城市的地方权力结构依然保持了完整性。在围绕着苏瓦松的北高卢，在特里尔和科隆所在的莱茵兰，或在更加遥远的雷根斯堡和萨尔茨堡，只要有可能，墨洛温王朝及其代理人就会将他们自己纳入现有的罗马结构，并从中衍生出他们的权力和合法性。在相对较短的时间内，属于帝国日耳曼指挥官的机动部队的武士集团在原来罗马帝国的领土上建立起来，并融入了该地区的土著居民之中。与意大利和西班牙的哥特人不同，这个社会的显著特点是，它坚持了土著居民信仰的正统基督教，这使得欧洲各社区迅速融合成为可能。在公元 8 世纪，这个进程是如此彻底，以至于它不仅创造了一个新世界，而且使得过去对后世的人们几乎是不透明的。 227

　　法兰克王国的一个基本特征是其居民的政治和文化身份具有流动性。对于许多认同罗马文化传统，而不认同日耳曼征服和占领的现代法国人来说，墨洛温王朝时期的高卢－罗马贵族是令人失望的。高卢－罗马人随时准备捍卫他们的罗马文化传统，甚至不惜反对罗马帝国政府对其地方控制权的干涉企图。因此，他们心甘情愿地和任何蛮族统治者达成共同目标，只要这些统治者肯接受他们原来的生活方式。从阿尔勒的恺撒利乌斯，到努瓦永的埃利吉乌斯，再到兰斯的雷米吉乌斯以及其他人，罗马身份与政治自主性是相当分裂的。在政治领域，阿基坦和普罗旺斯精英们的行为与他们的北方同行们完全一样——顽固地拒绝融入区域政治结构的现代范畴，即基于文化和种族认同的政治结构，而毫不犹豫地与其他种族的精英们联姻。简而言之，尽管偶尔有人试图把南部描绘成一个英勇抵抗日耳曼法兰克蛮族的地区，但在现代法国人看来，这个地区的精英们组成的更像是一个通敌者的社会。

北部的法兰克人更是令人费解，他们本身是一个奇怪的日耳曼语战士混合体，却通过一个亚古典主义的（subclassical）罗马行政机构进行统治。这个机构的主要特征，甚至包括王权，都是罗马军事和民事传统的产物。与他们作为法兰克人的自豪感相匹配的，只是他们渴望服务于罗马国教——正统基督教——的热忱，以及在君士坦丁堡的罗马皇帝眼中赢得对其合法性的认可。在墨洛温王朝的编年史中，对拜占庭帝国的政治命运的记载几乎和对法兰克王国的记载一样多。法兰克人悠闲地融入由罗马城市、国际商业、文明政府、成文法和拉丁文组成的世界，却又不放弃他们珍视的世仇争斗、亲属关系结构和个人联盟，这让那些期待法兰克人会像塔西佗笔下的日耳曼部落那样行事的人深感不安。难怪公元19世纪和20世纪初的德国人回首寻找他们古老的过去时，基本上绕过了这些罗马法兰克人，转而推崇那些莱茵河以东地区更逼真的日耳曼人神话。

　　当然，事实上高卢和西日耳曼的罗马化王国，以及莱茵河以东的"部落"公爵领地都是墨洛温世界的产物。在这两个地区，公元 5 世纪末集中的地方利益团体首先发展成围绕着领导人或有影响力的家族的个人单位，接着到了公元 7 世纪，这些个人的联合体——通常是因军事目的（如在阿基坦对抗巴斯克人或者在图林根对抗斯拉夫人）而建立的——又演变成了因政治目的而使用种族和文化团结词汇的地区单位。因此，在公元 10 世纪和 11 世纪塑造欧洲特性的政治组织单元——西部的阿基坦、勃艮第、普罗旺斯、"法兰西"，以及东部的巴伐利亚、图林根、萨克森等——都是在墨洛温时期首先出现的。尽管这些地区的名称来自先前存在的地理单位或个人团体，但在公元 7 世纪时，它们得到了各自的治理机构、地理范围和领导阶层。加洛林王朝时期只不过是墨洛温世界晚期地区主义发展的一个间歇期罢了。

　　这种深刻的地方主义是墨洛温时期的特征，因为它的主要演员"法兰克人"和"罗马人"都是在高卢 - 罗马古代的架构下形成的，尤其是在行省城市中。文化和政治重心从城市向乡村的转移与墨洛温世界的消失也是同时发生的。在很大程度上，这也意味着宗教权威从城市主教世界向乡村修道院的转移，这一进程早在公元 6 世纪就开始了，但直到 7 ~ 8 世纪，才在爱尔兰和盎格鲁 - 撒克逊修道士的主导下完成。西部教会的乡村化与城市作为经济和政治中心的衰落也是并行的。随着国际贸易的衰落和修道院在西方经济生活中的重要性日益增加，城镇相对于修道院更是失去了它们的重要性；在这些修道院中，本身就有一个巨大集市的圣但尼修道院是最重要的例子。此外，像科尔比修道院、圣巴冯（St. Bavon）修道院以及

229

卜尼法斯的富尔达（Fulda）修道院这样的大修道院，成了主要的手工生产中心以及初级产品和制成品的经销代理。随着城镇的政治重要性的降低，国王和他们的代理人占据了乡村别墅，以此作为他们的主要居所，而不居住在克洛维及其继任者青睐的城市。最后一批墨洛温国王主要居住在贡比涅，而加洛林国王们大部分时间都待在某个他们喜爱的乡村庄园，直到查理大帝选择了无足轻重的乡村温泉地亚琛（Aachen）作为他的主要居所。

罗马帝国的权力中心已经逐渐远离了西部，这在很大程度上是与它的人口分布相匹配的。国际化罗马文化的语言和仪式被用来强调当地的利益，在墨洛温权力的基本要素，如圣徒、主教、国王和贵族中尤其如此。在古代晚期和墨洛温时期，他们中的每一个人都是从当地的、本土的根源中获得权威的。当这些人再次依赖于更广泛的秩序时，一个新的世界就产生了。

在公元 6 世纪，宗教力量根植于当地的圣徒，甚至是根植于圣徒们的遗骸。当一个被恶魔附身的图卢兹女孩被带到罗马的圣彼得大教堂去驱魔时，恶魔拒绝离开她：它坚持只有兰斯的雷米吉乌斯才能驱逐它。[9]正如雷蒙德·范·达姆（Raymond Van Dam）所指出的，高卢在其土著烈士和特殊主顾的力量下，被视为罗马的直接竞争对手。[10]与在政治领域中一样，西部也准备在宗教领域寻求自己的方向。到了公元 8 世纪和 9 世纪早期，罗马的注意力开始重新转向西部。公元 9 世纪初，一个来自阿基坦的又哑又聋的小女孩来到了塞利根施塔特（Seligenstadt），她的父亲在其他许多地方寻求治疗失败后，把她带到了这里，这是一个由艾因哈德在莱茵兰建立的修道院。

刚进方堂，她就剧烈地抽搐起来，嘴巴和耳朵都流出血来，然后倒在地上。当被扶起来时，她已经可以说话并能够听见了，她宣布自己已经被教堂里受人敬仰的圣玛策林（Marcellinus）和圣彼得治愈了，他们是罗马殉道者，他们的遗物最近才从罗马运到了法兰克王国。[11]

这两个奇迹表明了宗教力量从墨洛温王朝向加洛林王朝的转变。在这两个例子中，神力都是通过圣徒显现出来的，两次行动的地点都在阿尔卑斯山以北。然而，到了墨洛温王朝末期，这种权力却是由罗马促成的。玛策林和彼得已经被转移到了北部，还不是被转移到城市，而是一个乡村修道院，这个修道院又被古怪地命名为"圣徒之城"（City of the Saints）。

正如前一章所讨论的，与这种转变同步的，是罗马的权力移交给由卜尼法斯和加洛林王朝任命及监督的法兰克主教们。大主教区的重建，以及引入罗马习惯和规范来取代本地的高卢－罗马和爱尔兰－法兰克规范，将主教的权力与中央而不是地方资源联系在一起。

墨洛温国王是地方权威的杰出代表。他们从不需要选举或祝圣，他们本质上就是国王，与任何外部的宗教或世俗权威完全分离。丕平的选举和涂膏礼是在教宗的批准下，甚至根据一些传统的说法，是在教宗的指示下完成的。这从根本上改变了王权的性质，将其与一种特定的宗教和制度传统联系在一起。这一点与古高卢－罗马和法兰克人的世界完全不同。

最后，随着加洛林王朝的兴起，一个新的"帝国贵族"阶层也随之而起，它由许多背景不同的贵族组成。他们中许多人来自古老的奥斯特拉西亚家族；另一些人来自地区精英阶层，他们使加洛林王朝的统治在法兰克王国各个地区获得了巩固；还有一些人是通过为加洛林王朝服务，甚至是为他们的前任王朝服务而崛起的，但他们很早就加入了获胜的一方。加洛林王朝从这个相对较小的家族群体中抽调了他们的主教和伯爵，把他们派到帝国各地。由于他们的地位基于王室的垂青，而不是主要靠地方关系，这些家族与罗马圣徒、盎格鲁－撒克逊主教或加洛林王朝的国王一样，都更加依靠外部的权威和权力来源。只有经过足够长的时间，这些家族才会通过通婚在他们被引入的地区扎根，并产生中世纪鼎盛时期（High Middle Ages）的地区贵族。

尽管这些转变是以罗马传统的名义完成的，但到了公元 8世纪末，当这些新的元素都牢固地扎根于此时，真正属于晚期西罗马帝国的东西却几乎什么都没留下。赞助卜尼法斯的罗马本身就是一个新的、人为的创造物，就像在加洛林王朝的圈子里培养的拉丁文传统和帝国命运一样。然而，经过改造的蛮族世界如此迫切地需要一个罗马帝国的传统，甚至比公元 6 世纪时更需要，以至于在公元 800 年的圣诞节那一天，查理·马特的孙子获得了皇帝和奥古斯都的头衔。蛮族世界，这个罗马的创造物，又变成了它的创造者。

附录一　墨洛温世系

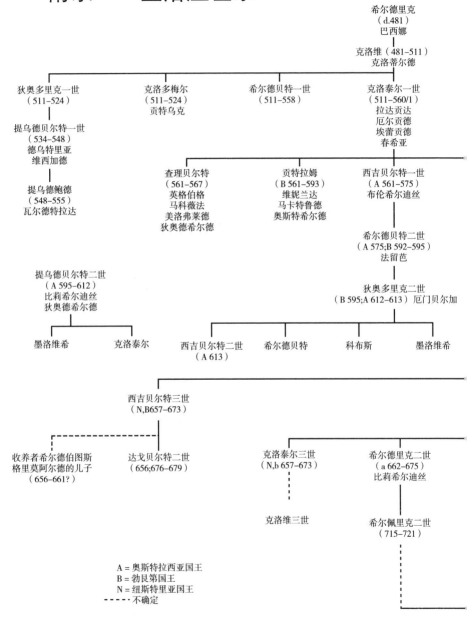

希尔德里克
（d.481）
巴西娜

克洛维（481–511）
克洛蒂尔德

狄奥多里克一世
（511–524）

提乌德贝尔特一世
（534–548）
德乌特里亚
维西加德

提乌德鲍德
（548–555）
瓦尔德特拉达

克洛多梅尔
（511–524）
贡特乌克

希尔德贝特一世
（511–558）

克洛泰尔一世
（511–560/1）
拉达贡达
厄尔贡德
埃蕾贡德
春希亚

查理贝尔特
（561–567）
英格伯格
马科薇法
美洛弗莱德
狄奥德希尔德

贡特拉姆
（B 561–593）
维妮兰达
马卡特鲁德
奥斯特希尔德

西吉贝尔特一世
（A 561–575）
布伦希尔迪丝

希尔德贝尔特二世
（A 575;B 592–595）
法留芭

提乌德贝尔特二世
（A 595–612）
比莉希尔迪丝
狄奥德希尔德

狄奥多里克二世
（B 595;A 612–613）厄门贝尔加

墨洛维希　　克洛泰尔

西吉贝尔特二世
（A 613）

希尔德贝特

科布斯

墨洛维希

西吉贝尔特三世
（N,B657–673）

收养者希尔德伯图斯
格里莫阿尔德的儿子
（656–661?）

达戈贝尔特二世
（656;676–679）

克洛泰尔三世
（N,b 657–673）

希尔德里克二世
（a 662–675）
比莉希尔迪丝

克洛维三世

希尔佩里克二世
（715–721）

A = 奥斯特拉西亚国王
B = 勃艮第国王
N = 纽斯特里亚国王
----- = 不确定

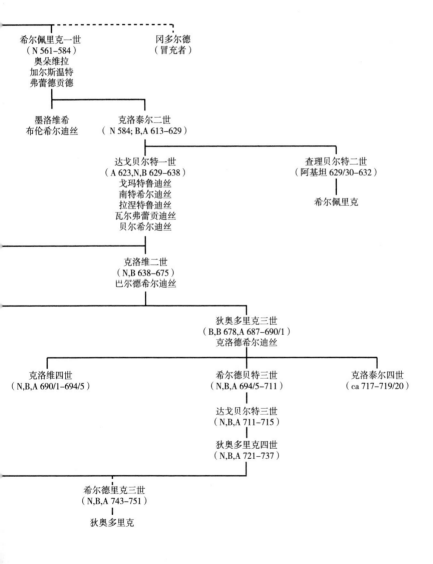

希尔佩里克一世
（N 561–584）
奥朵维拉
加尔斯温特
弗蕾德贡德

冈多尔德
（冒充者）

墨洛维希
布伦希尔迪丝

克洛泰尔二世
（N 584; B,A 613–629）

达戈贝尔特一世
（A 623,N,B 629–638）
戈玛特鲁迪丝
南特希尔迪丝
拉涅特鲁迪丝
瓦尔弗蕾贡迪丝
贝尔希尔迪丝

查理贝尔特二世
（阿基坦 629/30–632）

希尔佩里克

克洛维二世
（N,B 638–675）
巴尔德希尔迪丝

狄奥多里克三世
（B,B 678,A 687–690/1）
克洛德希尔迪丝

克洛维四世
（N,B,A 690/1–694/5）

希尔德贝特三世
（N,B,A 694/5–711）

克洛泰尔四世
（ca 717–719/20）

达戈贝尔特三世
（N,B,A 711–715）

狄奥多里克四世
（N,B,A 721–737）

希尔德里克三世
（N,B,A 743–751）

狄奥多里克

附录二　关于名字的说明

　　　中世纪早期名字拼写的多样化令人困惑，这源于当时书籍抄写的不断变化，以及公元 5 世纪至 9 世纪早期中世纪语言的内部转换，还有现代学者根据现代对等词来复制中世纪名字的偏好。这样的结果让学者们感到困惑，比如，苏瓦松战役胜利者（克洛维）的名字以多种形式出现，如 Chlodovic、Chlodovicus、Chlodowech 和 Clovis，所有这些名字与现代的 Ludwig、Luigi、Louis 和 Lewis 都是等同的。伟大的东哥特国王（狄奥多里克）的名字传入墨洛温家族后，可以见到 Theodoricus、Theuderic、Thodoric、Theoderic 和 Thierry 等写法。Gunthchramn（贡特拉姆）最终变成了 Guntram。Sigibert（西吉贝尔特）也写成 Sigebert。Brunechildis（布伦希尔迪丝）变成了 Brunichild、Brunehaut 和 Brunhilda。在书中，我并没有将这些名字对应到现代的拼写形式（那样会根据拼写的不同，将名字的所有者自动地变成法国人或者德国人），而是尝试为每个名字使用一种一致的、与当时相符合的拼写形式，只有 Chlodovic（克洛维）是个例外，因为他在今天作为 Clovis 已经尽人皆知。

注 释

序

1. Florus of Lyons, *Opuscula adversus Amalarium*, PL 119. 82a.

第一章 公元5世纪末的西罗马

1. P. C. J. A. Boeles, *Friesland tot de elfde eeuw* (S'Gravenhage: Martinus Nijhoff, 1951), 130, plate 16.

2. Eugippius, *Vita Severini* 21, *Monumenta Germaniae Historica* (hereafter MGH) *Auctores Antiquissimi* (hereafter AA) vol. I posterior, p. 19.

3. Walter Goffart, *Barbarians an. d Romans A. D. 418 – 584: The Techniques of Accommodation* (Princeton: Princeton University Press: 1980).

4. Walter Goffart, *Caput and Colonate: Towards a History of Late Roman Taxation* (Toronto: University of Toronto Press: 1974).

5. *Vita patrum Iurensium Romani, Lupicini, Eugendi*, II, 10, *MGH Scriptores rerum Merovingicarum* (hereafter SSRM) 3 p. 149.

6. Martin Heinzelmann, *Bischofsherrschaft in Gallien: Zur Kontinuitat romischer Fuhrungsschichten vom 4. bis zum 7. Jahrhundert. Soziale, prosopographische und bildungsgeschichtliche Aspekte*, *Beihefte der Francia* 5 (Munich: Artemis Verlang, 1976).

7. Raymond Van Dam, *Leadership and Community in Late Antique Gaul* (Berkeley: University of California Press, 1985), 51 – 56.

第二章 截至公元6世纪的蛮族世界

1. *Germania*, 46. tr. H. Mattingly, (Harmondsworth, U. K. : Penguin Books, 1948), 140.

2. 这里，以及本章的其他一些地方，本书作者引自 Bruno Kriuger, ed.

Die Germanen：*Geschichte und Kultur der germanischen Stamme im Mitteleurope.* Bd. I *Von den Anfangen bis zum 2. Jahrhundert unserer Zeitrechnung* 2. berichtigte Auflage（Berlin：Akademie-Verlag, 1978）。

3. Plinius Maior, *Naturalis historia*, ed. C. Mayhoff（Leipzig：Teubner, 1892）, 18, 44.

4. Julius Caesar, *Bellicum Gallicum*, ed. Otto Seel（Leipzig：Teubner, 1961）, 6, 22.

5. Bohme, Horst Wolfgang, *Germanische Grabefunde des 4. bis 5. Jahrhunderts zwischen unterer Elbe und Loire*：*Studien zur Chronologie und Bevolkerungsgeschichte* 2 vols. *Munchner Beitrage zur Vor-und Fruhgeschichte*, Bd. 19（Munich：C. C. H. Beck'sche Verlags Buchhandlung：1974）.

6. 如下叙述主要依靠 Herwig Wolfram, *History of the Goths*（Berkeley：University of California Press, in press）。

7. Hans Zeiss, "Furstengrab und Reihengrabersitte," *Forschungen und Fortschritte 12*（1936, 302 – 303, reprinted in Franz Petri, ed. *Siedlung, Sprache, und Bevolkerungsstruktur im Frankenreich, Wege der Forschung* 49（Darmstadt：Wissenschaftliche Buchgesellschaft, 1973）, 282.

第三章　克洛维王国时期的罗马人和法兰克人

1. Gregory of Tours, *Historia Francorum*（hereafter HF）2, 9. 本书作者经常使用和改编 Lewis Thorpe 的译本（Harmondsworth, U. K.：Penguin Classics, 1974）。

2. *Chronicarum quae dicuntur Fredegarii scholastici Liber III*, 2. *MGH SSRM* 2, 93.

3. 转引自 Joachim Werner, "Zur Entstehung der Reihengraberzivilisation：Ein Beitrag zur Methode der fruhgeschichtlichen Archaologie," *Archaeologia Geographica 1* 1950, 23 – 32。Reprinted in Petri, *Siedlung, Sprache und Bevolkerungsstruktur*, p. 294.

4. *MGH Epistolae* 3, 113.

5. Ian Wood, "Gregory of Tours and Clovis," *Revue beige de philologie et d'histoire* 63（1985）, 249 – 272；Friedrich Prinz, *Grundlagen und Anfange*：*Deutschland bis 1056. Neue Deutsche Geschichte*, ed. Peter Moraw, Volker Press, Wolfgang Schieder, vol. 1.（Munich：C. H. Beck Verlag, 1985）, pp. 63 – 64.

6. HF 2, 37.

7. HF 2, 37.

8. HF 2, 42.

9. *Lex Salica* Prologue 2, *MGH Legum Sectio* I, IV, 2, p. 4.

10. *Lex Salica* 82, 2, p. 142. 我非常感谢波利教授允许我参考他关于《萨利克法典》的研究成果，这些成果很快就会发表。

11. 本书作者参考了 Ian Wood, "Kings, Kingdoms and Consent," in *Early Medieval Kingship*, P. H. Sawyer and Ian Wood, eds. (Leeds: University of Leeds, 1977), 6 – 29。

12. *Concilium Epaonense anno* 517, canon 8, *MGH Concilia* I, 21.

13. HF 3, 34.

14. HF 10, 26.

15. Rene Joffroy, *Le cimetiere de Lavoye: Necropole merovingienne* (Paris: Editions A. & J. Picard, 1974).

16. Jean Chapelot and Robert Fossier, *The Village and House in the Middle Ages* (Berkeley: University of California Press, 1985), 54 – 55.

17. H. Ament, *Frankische Adelsgraber von Flonheim in Rheinhessen, Germanische Denkmaler der Volkerwanderungszeit* 5 (Berlin: 1970), 157.

18. Heike Grahn-Hoek, *Die frankische Oberschicht im 6. Jahrhundert: Studien zu ihrer rechtlichen und politischen Stellung, Vortrage und Forschungen Sonderband* 21 (Sigmaringen: Jan Thorbecke Verlag, 1976).

19. Franz Irsigler, *Untersuchungen zur Geschichte des fruhfrankischen Adels. Rheinisches Archiv, Veroffentlichungen des Instituts fur geschichtliche Landeskunde der Rheinlande an der Universitat Bonn* no. 70 (Bonn: Ludwig Rohrscheid Verlag, 1969).

20. Karl Bosl, "Freiheit und Unfreiheit: Zur Entwicklung der Unterschichten in Deutschland und Frankreich wahrend des Mittelalters," *Vierteljahresschrift fur Sozial-und Wirtschaftsgeschichte* 44 (1957), 193 – 219, reprinted *Fruhformen der Gesellschaft im mittelalterlichen Europa* (Munich: R. Oldenbourg, 1964), 180 – 203.

第四章　公元 6 世纪的法兰克王国

1. HF 4, 28.

2. HF 6, 46.

3. Martin Heinzelmann, "L'aristocratie et les eveches entre Loire et Rhin jusqu'a la fin du VIIe siecle," *Revue d'histoire de l'eglise de France* 62 (1975), 75 – 90.

4. Venantius Fortunatus, *Carmina* 4 – 10, *MGH AA* 4/1.

5. HF 5, 5.

6. HF 6, 15.

7. HF 4, 6.

8. Gregory of Tours, *Liber vitae Patrum* (hereafter L. V. P.) 7 *MGH SSRM 1*, 686 – 690.

9. HF 6, 7.

10. HF 2, 17.

11. HF 2, 22.

12. HF 4, 36.

13. HF 5, 48.

14. HF 6, 11.

15. HF 5, 36.

16. HF 6, 36.

17. HF 5, 42.

18. HF 4, 36.

19. HF 8, 20.

20. HF 8, 22.

21. *Concilium Aurelianense, anno 533*, canon 20, and *Concilium Aurelianense, anno 541, canon 15 MGH Concilia 1*, 64 and 90.

22. 特别是 "Relics and Social Status in the Age of Gregory of Tours," in Peter Brown, *Society and the Holy in Late Antiquity* (Berkeley：University of California Press, 1982), 222 – 250。

23. HF 8, 15.

24. HF 4, 34.

25. L. V. P. 10, 705 – 709.

26. Jacques Le Goff, *Time, Work and Culture in the Middle Ages*, (Chicago:
University of Chicago Press, 1980), 153 – 158.

27. *Capitula tractanda cum comitibus episcopis et abbatibus*, 12, *MGH Capitularia*
I, 162.

28. Vincent of Lerins, *Commonitorium* 2, 3, ed. R. S. Moxon (Cambridge:
Cambridge University Press, 1915), 10.

29. *Concilium Aurelianense*, 19, *MGH concilium 1*, 7.

30. HF 9, 39.

31. *Liber in Gloria Confessorum*, 85, *MGH SSRM 1*, 802 – 803.

第五章　克洛泰尔二世和达戈贝尔特一世治下的法兰克王国

1. *Fredegarii Chronicorum Liber Quartus cum Continuationibus* (hereafter CF),
J. M. Wallace-Hadrill, ed. and tr. (London: Thomas Nelson and Sons
Ltd. , 1960), 35.

2. *Childeberti secundi decretio*, *MGH Capitularia* 1, 15 – 23.

3. CF, 48.

4. CF, 74.

5. *Vita Desiderii Cadurcae urbis episcopi*, *MGH SSRM 4*, 569.

6. *Vita Desiderii*, 571 – 572.

7. CF, 50.

8. *Vitae Eligii episcopi Noviomagensis liber* II, 20, *MGH SSRM 4*, 712.

9. J. Guerout, "Le testament de Sainte Fare: matériaux pour l'étude et l'édition
critique de ce document," *Revue d'histoire eccllésiastique* 60 (1965), 761 –
821.

10. Bailey K. Young, "Exemple aristocratique et mode funéraire dans la Gaule
mérovingienne," *Annales ESC* 41 (1986), 396 – 401.

11. *Vita Audoini episcopi Rotomagensis*, *MGH SSRM 5*, 555.

12. Stéphane Lebecq, "Dans l'Europe du nord des VIIe-IXe siècles: Commerce
frison ou commerce franco-frison?" *Annales ESC* 41 (1986), 361 – 377.

第六章　墨洛温的衰亡

1. *Gesta Dagoberti I. regis Francorum*, *MGH SSRM 2*, 408.

2. CF, 49.

3. *Virtutes Fursei abbatis Latiniacensis*, *MGH SSRM* 4, 444.

4. CF, 78 – 79; J. M. Wallace-Hadrill, *The Long-haired Kings and Other Studies in Frankish History* (New York: Barnes & Noble Inc., 1962), 142 – 143.

5. *Vita Sanctae Balthildis*, *MGH SSRM* 2, 493 – 494.

6. *Liber Historiae Francorum* 43, *MGH SSRM* 2, 316.

7. Paul J. Fouracre, "Observations on the Outgrowth of Pippinid Influence in the 'Regnum Francorum' after the Battle of Tertry (687 – 715)," *Medieval Prosopography* 5 (1984), 1 – 31.

8. *Erchanberti Brevarium*, *MGH Scriptores* (hereafter SS), 2, 328.

9. *Miracula Martialis*, 3 *MGH SS* 15, 280.

10. *Ex Gestis episcoporum Autisiodorensium*, *MGH SS* 13, 394.

11. *Vita Vulframni*, *MGH SSRM* 5, 668.

12. *Concilium in Austrasia habitum q. d. Germanicum*, *742*, *MGH Legum* III, II, pars prior, 3.

13. CF, 96.

14. "Testamentum," ed. by Patrick J. Geary in his *Aristocracy in Provence: The Rhone Basin at the Dawn of the Carolingian Age* (Philadelphia: University of Pennsylvania Press, 1985), 40 – 41.

15. *Annales regni Francorum*, 749, ed. F. Kurze, *Scriptores rerum Germanicarum in usum scholarum* (Hannover: 1895).

第七章　墨洛温欧洲的遗产

1. Book 6, Chapter 62.

2. No. 56 (September 1981).

3. *Vita Karoli*, 1. tr. Lewis Thorpe, Einhard and Notker the Stammerer, *Two Lives of Charlemagne* (Harmondsworth: Penguin, 1969), 55.

4. CF, 81.

5. CF, 86.

6. CF, 18.

7. Edward Peters, *The Shadow King: 'Rex lnutilis' in Medieval Law and Literature' 751 – 1327* (New Haven: Yale University Press, 1970).

8. Jean-Edel Berthier, *1000 Chants* 2 (Paris: Les Presses d'Ile-de-France, 1975) , 50.

9. Fortunatus, *Vita Remedii*, *MGH AA* 4 , 12 – 23.

10. *Leadership and Community*, 171.

11. Einhard, *Translatio et miracula SS Marcellini et Petri*, 3 , 5 *MGH SS* 15 , 249 – 250.

进一步阅读的建议

直到最近，几乎所有关于墨洛温王朝历史的基本研究工作都是由法语和德语写的，并且几乎都没有被翻译成英语。以下的阅读建议是为英语读者提供的首要的介绍性书单；不过，其中也包括一些重要的欧洲大陆学术著作。

1 资料

关于墨洛温王朝历史资料的标准评述是 Wattenbach-Levison, *Deutschlands Geschichtsquellen im Mittelalter*: *Vorzeit und Karolinger*, 5 parts (Weimar: Herman Bohlaus Nachfolger, 1952 – 73)。只有叙事性的资料 Gregory of Tours, *History of the Franks*, L. Thorpe, tr. (Harmondsworth: Penguin, 1974); *The Fourth Book of the Chronicle of Fredegar with its Continuations*, J. M. Wallace-Hadrill, ed. and tr. (London: Thomas Nelson and Sons Ltd. , 1960); 以及 *Liber Historiae Francorum*, Bernard S. Bachrach, tr. (Lawrence, Kansas: Coronado Press, 1973) 已经翻译成英文。Martin of Tours（图尔的马丁）、Germanus of Auxerre（欧塞尔的日耳曼努斯）和 Honoratus of Arles（阿尔勒的霍诺拉图斯）的生平由 F. R. Hoare 的 *The Western Fathers* (New York: Sheed and Ward, 1954) 编纂并翻译。更多的文本可以在以下作品中找到：Edward Peters, ed. , *Monks, Bishops and Pagans*: *Christian Culture in Gaul and Italy, 500 – 700*

（Philadelphia： University of Pennsylvania Press， 1975 ） 和
J. N. Hillgarth， ed.， *Christianity and Paganism， 350 - 750：The
Conversion of Western Europe* （Philadelphia：University of Pennsylvania
Press，1986）。Jo Ann McNamara、John E. Halborg 以及 Gordon
Whatleg 已经翻译了所有墨洛温王朝女圣徒的生平，见即将出版的
Sainted Women of the Dark Ages。

2　一般性书籍

最近出版了四本关于整个法兰克时期的一般性研究书籍，　242
其中有关于墨洛温王朝所在世纪的有用章节的有：Edward
James， *The Origins of France：From Clovis to the Capetians， 500 -
1000* （London：Macmillan Press，1982，带有一份很有用的参考
书目）；Friedrich Prinz， *Grundlagen und Anfange：Deutschland bis
1056*， *Neue deutsche Geschichte*， Peter Moraw， Volker Press，
Wolfgang Schieder， ed.， vol. I （ Munich： C. H. Beck Verlag，
1985）；Karl Ferdinand Werner， *Histoire de France*， vol. 1. *Les
origines* （*Avant l'an mil*）， （Paris：Fayard， 1984） 和 Patrick Perin
and Laure-Charlotte Feffer， *Les Francs：vol. 1.， A la conquete de la
Gaule*， and vol. 2， *A l'origine de la France* （Paris：Armand Colin，
1987）。在 Gebhardt， ed. *Handbuch der Deutschen Geschichte*，
vol. 1 （Stuttgart：Ernst Klett Verlag， 1970） 中，有一份带有参
考书目的基本调查报告。

第一章

关于晚期罗马的历史，有丰富的英文作品。经典著作
Arnold Hugh Martin Jones， *The Later Roman Empire*， 3 vols.
（Oxford：Basil Blackwell， 1964） 由 Johns Hopkins University

Press 出版。其他重要著作包括：Peter Brown's *Religion and Society in the Age of Saint Augustine* （Berkeley：University of California Press，1969）；他的 *The World of Late Antiquity A. D. 150 – 750* （New York：Harcourt Brace Jovanovich, Inc.，1971）；他的 *The Cult of the Saints：Its Rise and Function in Latin Christianity* （Chicago：University of Chicago Press，1981）；他的 *Society and the Holy in Late Antiquity* （Berkeley：University of California Press，1982）；以及 Ramsay MacMullen, *Soldier and Civilian in the Later Roman Empire* （Cambridge, Mass：Harvard University Press，1963）。对高卢－罗马贵族家庭的标准研究著作还有 Karl Friedrich Stroheker, *Der senatorische Adel im spatantiken Gallien* （Reutlingen：Alma Mater Verlag，1948）。最近一项令人印象深刻的关于高卢的研究是 Raymond Van Dam, *Leadership and Community in Late Antique Gaul* （Berkeley：University of California Press，1985）。Michael McCormick, *Eternal Victory：Triumphal Rulership in Late Antiquity, Byzantium and the Early Medieval West* （Cambridge：Cambridge University Press，1986）则研究了罗马政治思想在东西方的连续性。

第二章

关于蛮族，最重要的英文著作是 E. A. Thompson 的作品，特别是 *Romans and Barbarians：The Decline of the Western Empire* （Madison：University of Wisconsin Press，1982）。依然有用的是 J. M. Wallace-Hadrill 的概述性作品 *The Barbarian West：The Early Middle Ages A. D. 400 – 1000* （London：Hutchinson and Company, Ltd.，1962）。同样重要的是 Walter Goffart, *Barbarians and Romans A. D. 418 – 584：The Techniques of Accommodation*

（Princeton：Princeton University Press, 1980）；Lucien Musset, *The Germanic Invasions* (Pittsburg：Pennsylvania State University Press, 1975) 和 Alexander C. Murray, *Germanic Kinship Structure. Studies in Law and Society in Antiquity and the Early Middle Ages* (Toronto：Pontifical Institute of Mediaeval Studies, 1983）。方法论视角下的基础性研究来自 Reinhard Wenskus, *Stammesbildung und Verfassung：Das Werden der fruhmittelalterlichen gentes* (Vienna-Cologne：Bohlau, 1977）。关于哥特人，Herwig Wolfram's *History of the Goths* (Berkeley：University of California Press, in press) 无论在实质上还是方法上都极其有价值，比如他的观点"中世纪早期的公国的形成，实际上是一种非王室统治"，见 *Viator* 2 (1971), 33 - 51。关于晚期的东哥特人，见 Thomas Burns, *The Ostrogoths* (Bloomington：Indiana University Press, 1984）。考古学证据的总结，见 Bruno Kruger, ed. , *Die Germanen：Geschichte und Kultur der germanischen Stamme in Mitteleuropa. Bd. 1. Von den Anfängen bis zum 2. Jahrhundert unserer Zeitrechnung*, 2nd edition (Berlin：Akademie-Verlag, 1978）。其余重要的著作有：Joachim Werner's "Zur Entstehung der Reihengräberzivilisation" in Franz Petri, ed. , *Siedlung, Sprache und Bevölkerungsstruktur im Frankenreich. . Wege der Forschung*, vol. 49 (Darmstadt：Wissenschaftliche Buchgesellschaft, 1973), 285 - 325 以及 Horst Wolfgang Bohme, *Germanische Grabfunde des 4. bis 5. Jahrhunderts zwischen unterer Elbe und Loire：Studien zur Chronologie und Bevolkerungsgeschichte*, 2 vols. , Munchner Beitrage zur Vor-und Fruhgeschichte Bd. 19 (Munich：C. H. Beck'sche Verlags Buchhandlung, 1974) 和他的 "Archäologische Zeugnisse zur Geschichte der Markomannenkriege

(166 – 180 N. CHR)," *Jahrbuch des Römisch-Germanischen Zentralmuseums* 22 (1975), 153 –217。关于多瑙河地区的民族，主要见最近的著作 Herwig Wolfram and Falko Daim, *Die Völker an der mittleren und unteren Donau im fünften und sechsten Jahrhundert* (Vienna：Verlag der österreichischen Akademie der Wissenschaften, 1980)。

第三章

关于早期法兰克人的基础性著作是 Erich Zöllner *Geschichte der Franken Bis zur Mitte des 6. Jahrhunderts* (Munich：C. H. Beck Verlag, 1970)。Eugen Ewig 的著作对于所有研究墨洛温王朝的人说来都是基础性的，大部分已经收录于 *Spätantikes und fränkisches Gallien. Gesammelte Schriften (1952 – 1973)* Beihefte der *Francia* 3, ed. Hartmut Atsma. 2 vols. (Munich：Artemis Verlag, 1976 – 1979)。同样重要的是 J. M. Wallace-Hadrill 的论文，收录于 *The Long-Haired Kings and Other Studies in Frankish History* (New York：Barnes & Noble, Inc. , 1962)。关于墨洛温考古，特别见 Patrick Perin, *La datation des tombes mérovingiennes：Historique-Méthodes-Applications* (Geneva：Librairie Droz, 1980)。最近几年，年轻的英国历史学家大都由 Wallace-Hadril 培养，他们已经开始为墨洛温王朝的历史做出重要的贡献，他们的著作见于：Wendy Davies and Paul Fouracre, *The Settlement of Disputes in Early Medieval Europe* (Cambridge：Cambridge University Press, 1986), P. H. Sawyer and I. N. Wood, *Early Medieval Kingship* (Leeds：University of Leeds Press, 1977) 和 Patrick Wormald, Donald Bullough, and Roger Collins, eds. , *Ideal and Reality in Frankish and Anglo-Saxon Society：Studies presented to J. M. Wallace-Hadrill* (Oxford: Basil Blackwell, 1983)。

关于家庭和社会的研究，见 David Herlihy，*Medieval Households* (Cambridge, Mass: Harvard University Press, 1985) 和 Suzanne Fonay Wemple, *Women in Frankish Society: Marriage and the. Cloister 500 – 900* (Philadelphia: University of Pennsylvania Press, 1981)。关于墨洛温王朝的经济，见 Renee Doehaerd, *The Early Middle Ages in the West: Economy and Society* (Amsterdam: North-Holland Publishing Company, 1978) ; Robert Latouche, *The Birth of Western Economy: Economic aspects of the Dark Ages* (New York: Barnes & Noble, 1961) ; Georges Duby, *The Early Growth of the European Economy: Warriors and Peasants from the Seventh to the Twelfth Century* (Ithaca: Cornell University Press, 1974)。

第四章

关于公元 6 世纪的政治和制度史，见 Herwig Wolfram, *Intitulatio I, Lateinische Königs-und Fürstentitel bis zum Ende des 8. Jahrhunderts, Mitteilungen des Instituts für österreichische Geschichtsforschung* Ergänzungsband 21 (Vienna: Hermann Bohlaus Nachf. , 1967) ; E. Ewig, " Die fränkischen Teilungen und Teilreiche *(511 – 613)* in *Spätantikes und fränkisches Gallien*, 114 – 170; 以及 J. M. Wallace-Hadrill, *The Long-haired Kings*, 148 – 206。同样有用的是 Bernard Bachrach, *Merovingian Military Organization 481 – 751* (Minneapolis: University of Minnesota Press, 1972) 和 Archibald R. Lewis, "The Dukes in the" Regnum Francorum "A. D. 550 – 751," *Speculum* 51 (1976), 381 – 410。 245
关于法兰克 – 拜占庭关系，见 Walter Goffart, " Byzantine Policy

in the West under Tiberius II and Maurice： The Pretenders Hermenegild and Gundovald（579 – 585），" *Traditio* 13（1957）, 73 – 118。

J. M. Wallace-Hadrill's *The Frankish Church* （Oxford： Clarendon Press，1983）中有关于教会的重要章节。英文材料中一个非常有用的介绍是翻译的 *Handbuck der Kirchengeschichte* 的第二卷，其中包含了 Eugen Ewig 关于中世纪早期教会的文章，其他人的文章见于 Hubert Jedin and John Dolan, eds.，*Handbook of Church History*，vol. 2，*The Imperial Church from Constantine to the Early Middle Ages*（New York：Herder and Herder，1980）。关于主教制，见 Martin Heinzelmann，*Bischofsherrschaft in Gallien： Zur Kontinuität römischer Führungsschichten vom 4. bis zum 7. Jahrhundert. Soziale，prosopographische und bildungsgeschichtliche Aspekte*，Beihefte der *Francia 5*（Munich：Artemis Verlag，1976）和 Georg Scheibelreiter，*Der Bishof in merowingischer Zeit*，*Veröffentlichung des Instituts für österreichische Geschichtsforschung* vol. 27（Vienna：Hermann Bohlaus Nachf.，1983）。关于图尔的马丁，见 Clare Stancliffe，*St. Martin and His Hagiographer： History and Miracle in Sulpicius Severus*（Oxford：Clarendon Press, 1983）。关于墨洛温王朝修道主义的经典研究还包括 Friedrich Prinz，*Fruhes Monchtum im Frankenreich*（Munich：1965），一个新的修订版正在出版中。Prinz 也编辑了一份关于修道院和社会的文集：*Mönchtum und Gesellschaft im Frühmittelalter*（Darmstadt： Wissenschaftliche Buchgesellschaft，1976）。吹捧性的墨洛温王朝传记和社会主要考察，见 František Graus，*Volk，Herrscher und Heiliger im Reich der Merowinger： Studien zur Hagiographie der*

Merowingerzeit (Prague： Nakladatelstvi Československé akademie věd, 1965)。

第五章

关于公元 6 世纪晚期和 7 世纪早期的动态历史，见 Ewig, "Die Frankischen Teilreiche im 7. Jahrhundert (613 – 714)," in *Spatantikes und frankisches Gallien*, 172 – 201 和 J. M. Wallace Hadrill, *The Long-Haired Kings*, 206 – 231。关于墨洛温王朝世俗官员的标准参考书是 Horst Ebling, *Prosopographie der Amtstrager des Merowingerreiches von Chlothar II* (613) *bis Karl Martell* (*741*), Beihefte der *Francia* 2 (Munich： Wilhelm Fink Verlag, 1974)。关于财产和财产管理，首先要看 John Percival, "Seigneurial aspects of Late Roman Estate Management," *The English Historical Review* 332 (1969), 449 – 473; Walter Goffart's "From Roman Taxation to Mediaeval Seigneurie： Three Notes," *Speculum* 47 (1972), 165 – 187 and 373 – 394; his "Old and New in Merovingian Taxation," *Past and Present* 96 (1982), 3 – 21; 以及 Adriaan Verhulst, "La genese du regime domanial dassique en France au haute moyen age," *Agricoltura e mondo rurale in occidente nell'alto medioevo*, *Settimane di studio del centro italiano di studi sull'alto medioevo* 13 (Spoleto： 1966), 135 – 160。

关于高隆庞和法兰克修道制度，见 H. B. Clarlte and M. Brennan, eds. , *Columbanus and Merovingian Monasticism*, British Archeological Reports s – 113. (Oxford： 1981) 中的文章；也可参见 Prinz 在 *Fruhes Monchtum* 和 "Heiligenkult und Adelsherrschaft im Spiegel merowingischer Hagiographie," *Hlstorisches Zeitschrift* 204 (1967), 529 – 544 中的基础性工作，以及 R. Sprandel, *Der*

246

merowingische Adel und die Gebiete ostlich des Rheines （Freiburg：1957）和 Sprandel's "Struktur und Geschichte des merowingischen Adels," *Historische Zeitschrift* 193 （1961），33 – 71。关于贵族与教士文化的发展，见 Pierre Riche, *Education and Culture in the Barbarian West, Sixth through Eighth Centuries* （Columbia, S. C.：South Carolina University Press, 1976）和 M. L. W. Laistner, *Thought and Letters in Western Europe A. D. 500 – 900* （Ithaca：Cornell University Press, 1957），以及 Franz Irsigler, *Untersuchungen zur Geschichte des fruhfrankischen Adels. Rheinisches Archiv, Veroffentlichungen des Instituts fur geschtliche Landeskunde der Rheinlande an der Universitat Bonn. no.* 70 （Bonn：Ludwig Rohrscheid Verlag, 1969），其中一部分已经有了英文翻译，见 Timothy Reuter, ed. and tr., *The Medieval Nobility：Studies on the ruling classes of France and Germany from the sixth to the twelfth century* （Amsterdam：North-Holland Publishing Company, 1978），以及 "On the aristocratic character of early Frankish society," 106 – 136。关于传教活动，见 Karl Ferdinand Werner, "Le role de l'aristocratie dans la christianisation du nord-est de 1a Gaule," *Revue de l'historie de l'eglise de France* 62 （1976），45 – 73；C. E. Stancliffe, "From Town to Country：The Christianisation of the Touraine, 370 – 600," *Studies in Church History* 16 （1979），43 – 59；Ian N. Wood, "Early Merovingian Devotion in Town and Country," ibid. , 61 – 76；以及 Paul Fouracre, "The work of Audoenus of Rouen and Eligius of Noyon in Extending Episcopal lnfluence from the Town to the Country in Seventh-Century Neustria," ibid. , 77 – 91。

第六章

关于公元 7 世纪晚期和 8 世纪的法兰克王国，除了上面提到的 Ewig 的论文之外，还有他的 "Volkstum und 247 Volksbewusstsein im Frankenreich des 7. Jahrhunderts," *Spatantikes und Frankisches Gallien* 1, 231 –273 （虽然本书作者并不同意他的一些结论）；Erich Zollner, *Die politische Stellung der Volker im Frankenreich* (Vienna: Hermann Bohlaus Nachf. , 1950) 和 Karl Ferdinand Werner, "Les principautes peripheriques dans le mande Franc du VIIle siecle," *1 problemi dell'Occidente nel secolo VIII*, *Settimane di studio del Centro italiano distudi sull'alto medioevo* 20 (Spoleto: 1973), 483 – 532。关于具体的区域，见 Edward James, *The Merovingian Archaeology of South-West Gaul*, 2 vols. British Archaeological Reports Supplementary Series 25 (i) (Oxford: 1977); Michel Rouche, *L'Aquitaine des Wisigoths aux Arabes 418 – 781: naissance d'une region* (Paris: Editions Jean Touzot, 1979); Patrick J. Geary, *Aristocracy in Provence: The Rhone Basin at the Dawn of the Carolingian Age* (Philadelphia: University of Pennsylvania Press, 1985); A. Joris, "On the Edge of Two Worlds in the Heart of the New Empire: The Romance Regions of Northern Gaul during the Merovingian Period," *Studies in Medieval and Renaissance History* 3 (1966), 3 – 52; Matthias Werner, *Der Lutticher Raum in fruhkarolingischer Zeit* (Gottingen: Vandenhoeck & Ruprecht, 1980); Herwig Wolfram, "Der heilige Rupert und die antikarolingische Adelsopposition," *Mitteilungen des Instituts fur osterreichische Geschichtsforschung* 80 (1972), 4 – 34; Otto Gerhard Oexle, "Die

Karolinger und die Stadt des heiligen Arnulf," *Fruhmittelalterliche Studien* I （1967）, 250 – 364 和 Herwig Wolfram, *Die Geburt Mitteleuropas: Geschichte Osterreichs vor seiner Entstehung*, 378 – 907 （Vienna: Kremayr & Scheriau, 1987）。

　　关于墨洛温王朝的王后们，见 Janet L. Nelson, "Queens as Jezebels: The Careers of Brunhild and Balthild in Merovingian History," *Medieval Women*, Derek Baker, ed. （Oxford: Basil Blackwell, 1978）, 31 – 77, 以及最近出版的 Pauline Stafford, *Queens, Concubines and Dowagers: The King's Wife in the Early Middle Ages* （London: Batsford Academic and Educational Ltd., 1983）。关于格里莫阿尔德和希尔德贝特令人困惑的历史，见 Eugen Ewig, "Noch einmal zum'staatsstreich' Grimoald, *Spatantikes und Frankisches Gallien* 1, 573 – 577 和 Heinz Thomas, "Die Namenliste des Diptychon Barherini und der Sturz des Hausmeiers Grimoald," *Deutsches Archiv* 25 （1969）, 17 – 63。关于加洛林王朝的崛起，见 Paul J. Fou'racre, "Observations on the Outgrowth of Pippinid Influence in the 'Regnum Francorum' after the Battle of Tertry （687 – 715），" *Medieval Prosopography* 5 （1984）, 1 – 31 和 Josef Semmler, "Zur pippinidisch-karolingischen Sukzessionskrise 714 – 723," *Deutsches Archiv* 33 （1977）, 1 – 36。关于盎格鲁 – 撒克逊传教士在大陆的活动，最基础的著作依然是 Wilhelm Levison, *England and the Continent in the Eighth Century* （OXford: Clarendon Press, 1946）。关于公元 8 世纪的教宗，见 Thomas F. X. Noble, *The Republic of St. Peter: The Birth of the Papal State, 680 – 825* （Philadelphia: University of Pennsylvania Press, 1984）。关于查理·马特和早期加洛林王朝，除了 Semmler 之外，还可

以见 Rosamond McKitterick, *The Frankish Kingdoms under the Carolingians 751 – 987* (London: Longman, 1983)。关于丕平加冕的作品繁多，最近的英文著作是 Michael J. Enright, *Iona, Tar. a and Soissons: The Origin of the Royal Anointing Ritual*, Arbeiten zur *Fruhmittelalterforschung* 17 (Bedin: Walter de Gruyter, 1985)。

第七章

Edward Peter's *The Shadow King: Rex Inutilis in Medieval Law and Literature 751 – 1327* (New Haven: Yale University Press, 1970) 依然是对"人们对墨洛温王朝的传统态度是如何形成的"这个问题的根本性探讨。关于艾因哈德对墨洛温王朝的描述，见 Adolf Grauert, "Noch einmal Einhard und die letzten Merowinger," in Lutz Frenske et al., *Institutionen, Kultur und Gesellschaft im Mittelalter. Festschrift fur Josef Fleckenstein zu seinem 65. Geburtstag* (Sigmaringen: Jan Thorbecke Verlag, 1984), 59 – 72。Karl Ferdinand Werner 花了许多年想要纠正法国人和德国人对法兰克历史的态度，特别见他在 *Vom Frankenreich zur Entfaltung Deutschlands und Frankreichs: Ursprunge-Strukturen-Beziehungen. Ausgewahlte Beitrage* (Sigmaringen: Jan Thorbecke Verlag, 1984) 中的第一篇论文："En guise d'introduction: Conquete franque de la Gaule ou changement de regime?" 1 – 11。

索 引

（以下页码为原书页码，即本书页边码）

* This index includes only the principal persons and places figuring in
the text.

Childebert III, 191–92, 197, 205
Childeric (Salic chieftain), 80–82, 171
Childeric II, 180, 189–90, 194, 223, 224
Childeric III, 220
Chilperic I, 99, 120
Chilperic II, 106, 199–200, 205
Chimnechild (widow of Sigibert III),
    192–93
Chloderic (son of Sigibert), 87
Chlodio (Salic chieftain), 80
Chlodomer (son of Clovis), 95
Chlodovic. See Clovis
Chlothar I, 95
Chlothar II, 121, 151–56, 194
Chlothar III, 189, 192
Chlotild (wife of Clovis), 85
Christianity
    in Bavaria, 209
    and Clovis, 84–86
    and Frankish royal tradition,
        165–67
    in Ireland, 169–70
    Iro-Frankish vs. Anglo-Saxon, 214
    in rural Francia, 135
    spread of, 11–12, 176–78, 214–18
    and Tervingians, 66–68
Church. See also Christianity; Epis-
    copacy; Monasteries
    and Charles Martel, 212–14
    in Francia, 98, 122–23, 133
    lands of, 162–65, 206, 208. See also
        Wealth, of monasteries
    and Pippinid power, 197–98
    role of bishop in, 32–35
Church burial, 174. See also Family
    burial chapels
Cities
    decline of, 228–29
    in early Gaul, 6–7
    and Frankish economy, 97–99
    and jurisdiction of bishop, 32
Citizenship, provincials and, 18
Civilization vs. barbarity, 4–5
Civitas, 93
Clans. See Kin groups
Classical ethnography, heritage of,
    41–43
Clergy. See Archdeacon, office of;
        Episcopacy; Monastic tradition
Clovis
    administration of, 88–95

and Christianity, 84–86, 141, 142,
    148, 168
consolidation of power by, 82–88
successors of, 117–19. See also
    Chlothar I; Theudebert I;
    Theuderic I
Clovis II, 180
Cniva (Gothic king), 64
Coloni. See Free tenant farmers
Colonia, 18–19
Columbanus. See also Iro-Frankish
    monasticism
    and Frankish aristocracy, 171–78
    and Irish monasticism, 169–71
Comitatenses, 22
Comitatus, 56–57
Commentaries (Julius Caesar), 42
Commerce. See Trade
Compiègne, as royal residence, 229
Concubinage, 106, 107
Constantine, 12, 64
Constantinople, founding of, 13
Constantius (Caesar), 11, 12
Council of Orléans, 148
Count of the city, 130, 131–32
Crafts
    in early Gaul, 7
    and Frankish commerce, 101
    of premigration Germanic peoples,
        48–50
"Crisis of the third century," 10–11
Cults, 34
Culture
    of fourth century Western
        aristocracy, 30–35
    and traditions of Germanic tribes,
        54
Cunibert of Cologne (bishop), 156,
    178
Curia, 7, 26–27, 28
Cursus honorum
    and count of the city, 130, 131–32
    and office of bishop, 129–30, 176

Dado (saint). See Audoenus of Rouen
Dagobert I
    and Austrasian aristocracy, 155–56
    and Bavaria, 208
    and Christianity, 165–67, 178
    divorce of, 160, 179–80, 186–87
    Francia under, 154–58, 165–67, 203

Military. *See also* Warriors
in early Gaul, 8
Frankish control of, 93–94
and Germanic tribes, 55, 56–57, 75
and Roman political power, 17
and Western empire, 18–19, 75
Missionaries. *See* Christianity, spread of
Modern views, 41–43
Monasteries. *See also specific monasteries*
in Aquitaine, 202
as economic centers, 228–29
in Francia, 177–78
under Martel, 212–14
in Neustria, 156–57
and Pippin II, 197–98
wealth of, 165, 173, 206, 207
Monastic tradition, 139–49. *See also*
Anglo-Saxon monasticism; Iro-Frankish monasticism
and Benedictine rule, 214–18
eastern, 144, 146–47, 169
and Frankish bishops, 147–49
in Ireland, 169–71
Iro-Frankish, 171–78, 182
of Lérins, 143–47, 168
of Martin of Tours, 140–43, 145–46
and mixed rule, 167–68
Moslems, 203–4, 207

Nantechildis (wife of Dagobert), 160, 179, 180, 182, 184–87
National councils of bishops, 148–49
Neustria, 120–21
under Dagobert I, 156–57
and Erchinoald, 183–84
and Martel, 212
royal court in, 158–62
Neustria-Burgundy, 182–90
Neustrian aristocracy
and Austrasian succession, 191
and Burgundy, 189–90, 194
after Dagobert, 183
and Pippinids, 199–200
Nicetius of Lyon (bishop), 131, 134, 136
Nobility. *See* Aristocracy
Nonnechius of Nantes (bishop), 125

Odilia (saint), 177

Odoacer (Germanic king), 13, 72
Ostrogotha (Amal king), 68
Ostrogoths, 71–73, 117–18. *See also*
Amals; Greuthungs
Ouen (saint). *See* Audoenus of Rouen

Pactus Legis Salicae, 90–91, 105–6, 110–11
Paganism, 23, 135, 168
Palladius (Irish bishop), 169
Pannonia, 4, 9, 17, 18–19, 71, 77–78, 157, 208
Paris, 98, 162
Parthian war, 9–10
Patrick (saint), 169
Paulinus (bishop), 33
Peasants. *See also* Free tenant farmers
barbarization of West and, 35–38
on fiscal estates, 163–64
in seventh century Aquitaine, 201–2
Pietas, 6, 34–35
Pippinids
and Aquitainian autonomy, 203–4
and Austrasian aristocracy, 156
early usurpation by, 190–94
and fiscal lands, 187
foundations of power of, 195–200
kin system of, 193–94
and Neustrian aristocracy, 183
and Provençal autonomy, 205–8
reunification of Francia under, 194–200
Pippin I of Herstal, 152, 155–56, 190
Pippin II, 190, 194–99, 214–18
Pippin III, 218–20, 230
Plectrude (wife of Pippin II), 199, 200
Pliny, 40, 46
Poitiers, monastery at, 147
Poly, Jean-Pierre, 91
Polygyny, 52, 104, 107
Polytheism, 135
Population
in Frankish cities, 98, 101
of Franks vs. Gallo-Romans in Francia, 114–15
in rural Frankish communities, 108
Postumus (pretender), 20
Praetorian Guard, 17

图书在版编目（CIP）数据

墨洛温王朝：创建与变革／（美）帕特里克·J. 格
里（Patrick J. Geary）著；郭建龙译. －－北京：社
会科学文献出版社，2022.2
书名原文：Before France and Germany：The
Creation and Transformation of the Merovingian
World
ISBN 978 - 7 - 5201 - 9118 - 0

Ⅰ. ①墨… Ⅱ. ①帕… ②郭… Ⅲ. ①墨洛温王朝 -
历史 Ⅳ. ①K565. 3

中国版本图书馆 CIP 数据核字（2021）第 216543 号

地图审图号：GS（2021）7066 号（书中地图系原文插附地图）

墨洛温王朝：创建与变革

著 者／〔美〕帕特里克·J. 格里（Patrick J. Geary）
译 者／郭建龙

出 版 人／王利民
组稿编辑／董风云
责任编辑／张冬锐 张金勇
责任印制／王京美

出 版／社会科学文献出版社·甲骨文工作室（分社）（010）59366527
地址：北京市北三环中路甲29号院华龙大厦 邮编：100029
网址：www. ssap. com. cn
发 行／社会科学文献出版社（010）59367028
印 装／三河市东方印刷有限公司

规 格／开 本：889mm × 1194mm 1/32
印 张：9. 75 字 数：223 千字
版 次／2022 年 2 月第 1 版 2022 年 2 月第 1 次印刷
书 号／ISBN 978 - 7 - 5201 - 9118 - 0
著作权合同
登 记 号／图字 01 - 2017 - 8736 号
定 价／65. 00 元

读者服务电话：4008918866